哲学与人生

珍藏版

傅佩荣 著

人民东方出版传媒
東方出版社

作者寄语

许多朋友对哲学产生兴趣，要我推荐一本入门书。我不揣冒昧，就诚恳介绍这本书，并且说明理由：“这是我在台湾大学所讲的一门通识课程，听众对象是大学生，内容算是深入浅出，知识亮点也都作了适当的铺陈。加上从口语转记为文字，可读性较高。”

本书2006年在大陆初版时，周国平教授撰文作序，让很多读者愿意一阅，十分感谢他的美意。后来的出版情况相当混乱，我看过八种不同的版本与封面，有些好像是盗印的，错别字都未及修改，让我对读者深感抱歉。

庄子说：“美成在久，恶成不及改，可不慎与？”（《庄子·人间世》）意即：做成好事要靠长期经营，做成坏事要改也来不及，岂可不慎呢？为了避免造成更大的困扰，更为了善尽一个作者的责任，我利用假期仔细校订本书，并且增加第十五章与附录。第十五章的标题是“拓展生命的深度与宽度”，代表我近期思考有关哲学与人生关系的心得，可以作为本书的总结。

东方出版社有心出版我的主要作品，提出完整的规划，显示充分的尊重与诚意。身为作者，自然希望自己的作品能以理想的面貌呈现于读者之前，大家在文化国度成为相知相惜的朋友，共同创造更美好的人生。

傅佩荣

推荐序
点燃对智慧的爱

哲学课可以是最令人生厌的，也可以是最引人入胜的，就看谁来上这门课了。谁来上是重要的。与别的课以传授知识为主不同，在哲学课上，传授知识只居于次要地位，首要目标是点燃对智慧的爱，引导学生思考世界和人生的重大问题。要达到这个目标，哲学教师自己就必须是一个有着活泼心智的爱智者。他能在课堂上产生一个磁场，把思想的乐趣传递给学生。他是一个证人，学生看见他便相信了哲学决非一种枯燥的东西。这样一个教师当然不会拿着别人编的现成教材来给学生上课，他必须自己编教材，在其中贯穿着他的独特眼光和独立思考。

傅佩荣先生的《哲学与人生》就是这样的一本教材。他开设的这门课程在台湾大学受到热烈欢迎，被学生评为“最佳通识课程”，我读了以后觉得是名实相符的。傅先生对于哲学真有心得，而且善于作简洁清晰的表达。比如在讲解哲学是“爱智”时，他把“爱智”定义为“保持好奇的天性，探询一切事物的真相”的生活态度，把“智慧”概括为“完整”和“根本”两个特征，又将“爱智”的“爱”解释为温和而理性的“友爱”，而与狂热的“情爱”、浮泛的“博爱”相区别，令人感到既准确又颇具新意。我还欣赏傅先生眼界和心胸的开阔，没有门户之见，在他的课程中做到了两个打通。一是打通各个精神领域，讲哲学而不局限于哲学学科，分别列出专章论述神话、艺术、宗教、教育对于人生哲学的特殊贡献，把人生问题置于文化的大视野中来考察。二是打通中西哲学，西方的重点放在苏格拉底和存在主义，中国则着重阐述了儒道二家哲学的内在理念及其价值，博采众家之长，在建构现代人生哲学时对一切思想资源保持开放的心态。

人们是否赞同本书中的某些具体观点，这丝毫不重要。一个优秀哲学教师的本事不在于让学生接受他的见解，而在于让学生受到他的熏陶，思想始终处于活跃的状态。我对哲学课的最低和最高要求是把学生领进哲学之门，使他们约略领悟到哲学的爱智魅力，但这岂是一件容易的事！多少哲学教学的结果是南辕北辙，使学生听见哲学一词就头痛，看见贴着哲学标签的门就扭头，其实那些门哪里是通往哲学的呢？因此，在向读者推荐本书的同时，我期待我们通识课程的改革，从而出现一批真正能把学生领进哲学之门的哲学教师和哲学教材。

周国平

自序 哲学与人生

先引一段简单的对话。

学生问:“人生有什么意义?”

老师答:“人生的意义就在于你可以不断地询问‘人生有什么意义’。”

这也是一段真实的对话。人生无异于询问的过程,因为人有理性,所以要求解释,于是每个人在生命的某一阶段,总会浮现出一种深刻的愿望,想要了解“与自己有关的这一切”究竟是怎么回事。

“哲学”作为一门学问,原来只是一种生活态度,就是保持好奇的天性,探询一切事物的真相。这种态度被称为“爱智”。自从苏格拉底说:“未经省察的人生,是不值得活的。”许多人开始觉醒,并且思考自己的人生应该何去何从。的确,哲学脱离人生,将是空洞的;人生缺少哲学,将是盲目的。方东美先生说:哲学不能烘面包，但是能使面包增加甜味。换言之，哲学不能当饭吃，但是能使人知道吃饭是为了什么。

我自十八岁开始研习哲学，至今四十多年。先由西方哲学入手，知道哲学家必须具备“澄清概念、设定判准、建构系统”的功力，否则难以形成一贯的见解，更谈不上引领时代的思潮。西方如此，中国亦然。我近年致力于解读儒家与道家的经典，发现其中所蕴含的人生智慧，可以与西方哲学家的最高境界并驾齐驱而相融互摄。经由合宜的诠释，我们可以同时品味及享用中西双方的成果，进而在回答自己“人生有什么意义”这个问题时，会觉得充实、圆满而喜悦。

我在台湾大学为全校同学所开的通识课程，名称即是“哲学与人生”，二十余年来选课学生超过一万人。我在设计课程内容时，兼顾西方与中国，侧重人生与文化，以哲学的思辨方法贯穿其间，以下稍作说明。

在开宗明义介绍“哲学是什么”之后，我以西方为焦点，探讨“思想方法”“人性的真相”“神话与悲剧”。这些是普遍的知识背景，提供了由人生省思走向哲学的途径。接着，西方哲学家之中对人生作过亲切考察的不在少数，我以希腊时代的“苏格拉底”与当代的“存在主义”为代表，并且以“荒谬之超越”为其压轴，由此显示现代人困于荒谬情境，仍可力图超越。

到了课程后半段，首先综述“中国哲学的起源与特质”、“儒家的风格”与“道家的智慧”。许多同学至此忽然觉悟，原来自己的传统文化中也有哲学，也有体大思精的人生哲理，也有玄妙卓越的人生境界。只要心平气和，不存任何偏见，将会发现所有文化都有其安身立命的秘方。我们对自己的文化多加认识，取精用宏，使之再现生机与活力，不是十分恰当吗？

既然谈到人生，就不可忽略“艺术与审美”“宗教与永恒”“教育与自我”这三个题材。我们由哲学角度所作的解析与评论，是否较为周全？是否会比“见仁见智”稍好一些？最后的结论是“文化的视野”，这也是通识教育的目的所在，希望有助于拓展学生的眼界与心胸，使他们不仅培养独立思考的能力，也能在特定议题上采取合理的原则与立场。

这门课于1986年开始讲授，当年我即幸获《民生报》评选为校园热门教授。十年之后，竟又被台大学生的“终身学习网站”票选为全校最佳通识课程第一名。我在教学时“乐在其中”，而无意以此自满。

我从历年来每次上课之后的“问与答”中，学会了表达、答问与论辩的技巧，提升了与人分享心得的能力。我的讲义内容不断增订，并制成了CD，已付诸发行。此次将上课录音整理为文字，再经修订润饰而成此书。二十余年来的心血付梓，只有感恩与喜悦可说。在此次增订新版中，我加上第十五章“拓展生命的深度与宽度”以及一篇附录“何谓真善美圣”，并稍加修订原有的内容，尚祈读者指正。

2012年1月增订新版

目录

Contents

第三章　人性的真相

第四章　神话与悲剧

第五章　苏格拉底

第六章　存在主义

第七章　荒谬之超越

第八章　中国哲学的起源与特质

第九章　儒家的风格

第十章　道家的智慧

第十一章　艺术与审美

第十二章　宗教与永恒

第十三章　教育与自我

第十四章　文化的视野

第十五章　拓展生命的深度与宽度

附录　何谓真善美圣

第一章　哲学是什么

认识思想家

苏格拉底（Socrates，公元前469—前399）

西方的典型哲学家，先研究自然哲学，后探讨人生问题，强调“未经省察的人生，是不值得活的”。只要真正认识了德行的本质，就会自然走上善途。如何认识？经由反诘、对话、归纳、辩证等方法，发现自己无知，进而觉悟“知与德不分”，走上人生正途。生平没有著作，但是启发柏拉图写下《对话录》，由此影响世人极为深远。请参考本书第五章。

柏拉图（Plato，公元前427—前347）

谈起希腊文化，“转头必见柏拉图”。他曾亲炙苏格拉底，肯定灵魂是人的真我。

真理存在，那就是吾人理性所对应的“理型”（eidos）。理性是“发现”而非“发明”理型，所以他不是唯心论者。善的理型有如太阳，照亮一切存在，也为人生指示了正确的道路。怀特海说：“西方两千多年的哲学，只不过是柏拉图思想的一系列注解而已。”

尼采（Friedrich Nietzsche，1844—1900）

德国哲学家，宣称“上帝已死”，想要重新估定一切价值，促使人类走向“超人”的境界。他批判流俗的道德与伪善的信仰，强调“求权力的意志”，要让生命的势能尽力发挥。他的见解对存在主义颇有启发。请参考本书第六章。

怀特海（Alfred N. Whitehead，1861—1947）

二十世纪贯通科学、哲学与宗教的代表人物。创立“历程哲学”，主张历程（过程）即是真实，一切皆相涵互摄为一个整体。以机体主义（Organism）取代西方近代以来的机械主义（Mechanism）。

他有开阔的视野，甚至说过:“我们对中国的艺术、文学与人生哲学知道越多，就会越羡慕这个文化所达到的高度……从历史的绵延与影响的广度来看，中国的文明是世界上自古以来最伟大的文明。”

对一般人而言，“哲学”是一个既抽象又空洞的词汇。有些人笑称，所谓的哲学家，就是整天在一间漆黑的屋子里寻找一只黑猫的人。亦即，他所说的一切全凭个人想象，而无法证明到底有没有这样的一只猫；也有人抱怨，哲学是把简单的东西说得很复杂，把你原本懂的事情说成你不懂。然而，真是如此吗？在开宗明义的第一章要特别说明，这种一般的观念是不正确的。

到图书馆查看资料，必须根据书目编号，这时会发现编号“0”代表总类，也就是辞典、百科全书之类的工具书；编号“1”则是哲学类。为什么哲学会被排在第一号呢？这是因为在西方的学术传统里，早就界定了哲学的作用，认为哲学具有基础性与整合性，既能为一切知识奠基，又能统合所有的知识。

人类的经验是多样而分散的，尤其为了深入了解的需要，往往只能分工而不能合作。然而，人的生命是完整的，我们总是希望对任何事物都有一个整体的了解，以便可以作正确的抉择。“博士学位”的英文是Ph.D.，Ph.D.就是Doctor of Philosophy，也就是“哲学博士”，表示任何一门专业的学科，学到最后所抵达的境界都是哲学的层次。

若要了解上面所说的是否合理，就要进一步思考：“到底什么是哲学？学了哲学之后对人生又有什么帮助？”

定义：哲学原意是“爱智”

哲学的英文叫作 Philosophy，这个字源于希腊文，是由希腊文中 Philia 和 Sophia 这两个字所合成的，意思是“爱智”——爱好智慧。

希腊文之“爱”与“智”

Sophia 是“智慧”的意思。几年前有一本畅销书，叫作《苏菲的世界》（*Sophie's World*），Sophie 这个字就是源自于 Sophia，有些女孩喜欢把英文名字取做 Sophia，代表对智慧有一种向往。

“爱”这个字在希腊文中有三种不同的写法，以 Philia、Eros、Agape 三个字为代表，分别指涉三种不同的情怀。一般人比较熟悉的应该是 Eros，其形容词是 erotic，中文一般翻译为“情色”。

Eros 是指“情爱”，代表一种出于本能的感性冲动及浪漫的情怀，它是人类与生俱有的。一个人有情爱的欲望是正常的，因为若是没有这种能力，两性就不可能结合并且繁衍后代。Philia 则是“友爱”，它和 Philos 是同一个字根。第三种爱叫作 Agape，代表了“博爱”，也就是宗教里面所讲的无私的爱。

在中文里“爱”这个字，往往显得浮泛，因此需要特别标明是友爱、情爱、博爱，或者是亲子之爱、夫妻之爱、家庭之爱、国家之爱等，借此加以分别。在希腊文中则是直接使用不同的字，以避免让“爱”这个字混淆了，因为爱有很多种，譬如：有些人为了爱，可以牺牲奉献；有些人为了爱，执着到要去杀人或自杀；也有些人为了爱，达成自我实现。

哲学所谈论的“爱”，重点在于“友爱”。友爱是温和而理性的，从互相欣赏与尊重开始，进而彼此砥砺，一起走上人生的路。换句话说，一个人在爱好智慧的时候，并不是一种 Eros，好像男欢女爱一般，狂热到不能自制，也不是 Agape 那种泛爱一切、没有任何差别的博爱[①]，而是Philia，一种温和而理性的友爱，使我们对智慧采取比较正确的态度。

爱智要保持心灵开放

那么，什么是“爱智”？在此要指出一个原则，即“爱好智慧不等于拥有智慧”。

希腊时代有一派学者，自称为“辩士学派”（Sophists），相信自己拥有智慧。年长的人由于见多识广，可以教导别人，因此很容易摆出一种姿态，让年轻人觉得他好像很有学问，能够提供所有问题的答案，其实他们未必是真正的智者或爱好智慧的人。因为爱好

① 宗教里面喜欢强调博爱，譬如佛教有一句话：“无缘大慈，同体大悲”，这即是博爱的意思。如果你对一个毫无关系的陌生人好，就叫作无缘大慈；相反，对自己的兄弟、同学好，则叫作有缘小慈。举例来说，当土耳其发生地震时，你捐钱给他们，这是无缘大慈，因为你完全不认识土耳其人，这样做是出于一种宗教情怀。然而，如果你捐钱给“9·21”地震的南投灾民，则是介于大慈和小慈之间，因为我们都生活在同一个岛上，因此能够深刻地感受到有一种共同命运。

智慧代表的是一种追求的过程，而这个过程的特色就是一直保持心灵的开放。

哲学称为爱智，所强调的是“过程”，要不停地质疑与询问，永远在等待着接受惊讶（wonder）。

希腊时代有一句话说：“哲学起源于惊讶。”这个世界充满了变化，然而，这些不停在变化的东西，却还能够继续存在着，这难道不是一件值得惊讶的事吗？变化代表有生有灭，亦即本身应该是缺乏实在性的，但它居然能够持续存在，这是一件奇妙的事情。因此人们要试着问：“到底存在是什么？”

真正的智慧来自生命的试炼

在希腊人的想法中，智慧是“属灵的”（spiritual）、属于神明的。人因为是身、心合一的，而身体是物质，有重量、有惰性。例如，有时候我们希望自己能够早起，却怎样也爬不起来，这时会觉得身体实在是自己最大的敌人。身体如此沉重，就是因为它是物质，所以有惰性。又有时候我们很愿意帮助别人，这代表心灵上的美好，却可能因为需要花时间、花力气，所以懒得行动。由此可知，人类的身体是软弱的，会妨碍人类拥有智慧。

那么如何才能拥有智慧呢？柏拉图曾说：“哲学就是练习死亡。”当然，这不是要我们去自杀。所谓的“练习死亡”，是要练习减少身体的控制程度，亦即要让身体的惰性无法对个人产生影响力，就好像死亡一样。如此，才能让心灵自由地追求智慧。

西方强调“爱好智慧”是灵性上的追求，的确有其道理。人到了最后要离开世界时，应该检视自我，是不是全面降低了身体的影响程度，而让心灵完全自由地翱翔于永恒真实的领域。如果达到这种境界，就代表这个人的生命已经度过了各种试炼，取得最后的成全。

每个人都需要哲学

有人说，人生就像在求学，要努力修行，最后可以得到解脱，否则人生的辛苦有什么必要呢？举例来说，人为什么要念书？念书的目的难道是为了念更多的书吗？当然不是。念书的目的是要让我们的人生减少各种不必要的困扰。

在《吕氏春秋》的记载中，有一个人叫作宁越，他十几岁时开始替别人做工，每天从早做到晚非常辛苦，工资却仅足温饱。他眼看着一生这样下去毫无希望，于是请教一位朋友，怎么做才能摆脱这种痛苦的人生。这位朋友告诉他，如果愿意念书，三十年之后可以免除这种痛苦。宁越听了，从此每天夜以继日地念书，十五年之后变得很有学问，有个贵族请他当家教，生活就此改观。

这个故事当然是一个特例，因为大多数的人随着日子一天天过去，早就忘了自己曾经立过什么志向。然而，这也说明了，一个人如果有高度的自制能力，就可以摆脱身体的惰性与软弱，让心灵更为自由。人的本质在于心灵，因为身体会老化，无论如何努力都无法避免。如果要依靠身体，只会一步步走向坟墓，一点希望都没有。相反，如果了解人的本质在于心灵世界，那么不管身体如何变化，心灵都有另外一个可以翱翔的天空。

如此说来，哲学对于每个人而言都是必需的，因为人类天性之中就有一种哲学的倾向——每个人内心都希望自由，能够做自己，摆脱各种限制与压力，越来越感受到作为一个人的喜悦。那么如何才能达到这种境界？要爱好智慧。爱好智慧就是运用哲学思维，它像人生的启明灯，让我们知道该往哪里走。

研究哲学的基本习惯：凡事保持好奇

有一部日本电影叫作《催眠》，叙述几个角色在不知不觉中被催眠了，然后在受制的情况下接受指示，做出许多平时不可思议的事。很多时候我们是被催眠的，广告的作用就是一种催眠的过程。有一句广告词说："你在看我吗？你可以再靠近一点！"事实上，当你电视看久了之后，真的走近一点去看，最后就会像被催眠一般，觉得好像活着就应该像电视中的人一样，用一样的商品，否则就会活不下去，于是你变成了一个商品流通站，不断地去消费及使用这些商品。

这种催眠作用在社会中可能形成一种集体潜意识，譬如我们从小开始，在不知不觉中就被灌输了许多观念。我们往往认为这些观念是对的、没有问题的，但是却从来没有仔细反省过。事实上，一个人如果要研究哲学，就必须养成一种习惯，就是对任何事情都要觉得好奇，这样才能让自己重新出发。

哲学性的思维：理性的反省

经验本身像是一个丰富的宝库，里面的东西好坏都有、良莠不齐，就好像黄河之水一样，看起来浩浩荡荡，事实上挟泥沙以俱下。这时就需要依靠理性来对自己的经验作一个反省。当用理性反省经验的时候，才是真正清醒的时刻，而平常在经验的过程之中（如赶车、买东西、和别人通电话等），则恐怕是身不由己的，因为有许多外在的因素会引导我们朝着某个方向去行动、去生活。

人会有各种好的与不好的经验，这是很自然的，它已经发生了，后悔也没用。然而，重要的是，必须以理性去思考这些经验。能够静下来思考，对于一个人的生命而言是非常重要的，这也可以说是人生开始转变的关键。我们常说“在生命转弯的地方”，思考能够让一个人找到生命中转弯的机会。

当一个人在思考时，就代表理性开始运作了，因此他在当下这一刻是清醒的，这也可以说是“我思，故我在”①。人思考的时候正是

① 笛卡尔（René Descartes，1596—1650）说“我思故我在”时，目的是为了以理性寻找真实知识的出发点。他在怀疑一切时，发现无法被怀疑的只有“自我”，亦即知识不能脱离自我的思考作用而独立存在。西方近代哲学的唯心论倾向，亦由此展现出来。

在把经验整合起来，然后问自己："到底什么是真正的我？我应该是什么样子？"在说到"我应该是什么样子"的时候，代表自己曾经做过许多不该做的事。正由于有过这些不应该的行为，所以才会知道什么是应该。换句话说，一个人如果没有负面的体验，就很难对正面有所理解。

当然，理性思考有时候是很困难的，我们常会觉得有些问题剪不断、理还乱，因此到最后干脆不想。在《乱世佳人》(*Gone with the Wind*) 这部电影中，郝思嘉在经过了许多灾难之后，最后靠在门边只说了一句话："明天再说吧！"她之所以会这么说，就是因为实在想不清楚，不知道为什么会有这么多复杂的事情发生。

但真正用理性思考经验之后，就能知道自己应该如何做，知道哪一种人生更为理想、也更适合自己。理想代表针对未来，哲学的思考就是要让人能够在过去、现在、未来三个时间向度中连贯起来，让自己的生命不再只是活在当下那片片断断、刹那生灭的过程中而已。

对哲学的基本描述

哲学可以用三句话来描述：(一) 哲学就是培养智慧；(二) 哲学就是发现真理；(三) 哲学就是印证价值。"智慧"、"真理"与"价值"是令人向往的三个名词，但更重要的是，必须设法真正了解它们的内涵。

培养智慧

诗人艾略特（Thomas S. Eliot，1888—1965）在一首诗中写着："我们在信息里面失去的知识，到哪里去了？我们在知识里面失去的智慧，到哪里去了？"信息是现代人每天都会接触到的，譬如常常上网去寻找一些信息，借此可以认识许多东西。再举个例子来说，"9·21"大地震的时候，有些人是从打电话回来的海外亲友那里得知地震几级、震中在什么地方等。这是因为在海外的人看到媒体的报道，知道台湾地震的信息，相反，在震区的人反而因为停电，一时之间无法得到任何讯息，陷入一片漆黑之中。这是一个很有趣也很荒谬的现象，显示出了信息的重要。

当然，信息也有不重要的地方，因为它实在太多了，并且随时都在改变，最后变得和垃圾没有两样。正因为如此，人类需要知识。

知识的特色是针对某一个专门领域所作的研究，譬如天文学是专门研究天文，物理学是专门研究物理。同样的道理，其他的学科也各有自身专门的领域。知识是一种专业的、对部分的深入了解，因此也造就了社会上的许多专家。所谓的专家就是指对于某种知识作过专门的研究，成为这方面特定的人才。

然而，专家难免是比较狭隘的，所以爱因斯坦（Albert Einstein，1879—1955）说过一句话："专家只是训练有素的狗。"这句话的用意并不在骂人，而是要提醒我们，不要只是做一个专家，还要设法通过自己的知识进一步体验到智慧。

那么，究竟什么是智慧？又该如何培养智慧？

我们日常生活主要是依靠感官，譬如：看到什么、听到什么、感觉如何等。然而，感觉是不可靠的，举例来说，如果把筷子放到水中，看起来会是弯的，但事实上它是直的；注视铁轨的时候，会觉得铁轨在远处交叉，但事实上铁轨并没有交叉。由此可知，感觉与理智是有差距的，有时候人们所看到的，与实际上用理性去了解及勘查的结果大不相同。

由此看来，人们所有的感觉其实都是相对的。就以冷热来说，同样一个温度，如果你是从北极来的话，会觉得很热；相反，如果是从非洲来的话，可能就觉得已经够冷了。正由于感觉是相对的、不可靠的，并且容易产生错误，所以人活在世界上不能只靠感觉生活。一个人如果只凭感觉生活，那么他的生活就毫无可靠的保障，随时充满着变化的危险。

知识能够让我们对某些方面有明确的了解。古时候的人缺乏知识，所以看到打雷闪电就去拜神，发生了旱灾就杀牛祭祀，希望老天能够降雨。如果杀到第三头牛，正好开始下雨，那么从此以后只要是旱灾就要杀三头牛。之所以会有这种行为，就是因为缺乏知识。我们如果有知识，就会通过知识来掌握周遭的生活环境，让自己的心灵不至于陷入盲目的猜疑之中。

“智慧”有两点特色：“完整”与“根本”。

（一）完整

许多人觉得高考没考好，或是填志愿的时候选错系，就好像一辈子都没有希望了。事实上，这种“一试定终身”的想法是不对的，如果我们把某一阶段的成败，作为整个生命的成败，那不过是一种借口而已。许多高考失败的人到最后还是成功了；也有人一辈子没经过高考，只念到小学或中学毕业，照样可以成功。生命是完整的，我们在一个地方失败，正好在另一个地方有了反省的机会，借此能够有所改善；相反，一个人如果从小到大都一帆风顺，可能反而没有太多反省的机会。

所谓完整，代表把生命视为一个整体。因此对任何事情成败得失的判断，都不能只看某一点，而要考虑整体生命。如此一来，才能够在面临挫折的时候，很快地重新振作、重新出发，并且在得意的时候知道有所收敛。

（二）根本

人活在世界上，有些问题只是表面的小问题，而有些问题则是属于根本的大问题。生死就是最根本的大问题，所以哲学家常常会思索死亡的问题。所谓“千古艰难唯一死”，如果这一点能够看透的话，人生还会有什么困难呢？老子也曾说过：“民不畏死，奈何以死惧之？”（《老子》七十四章）如果老百姓不怕死亡，那么你就算用死亡来吓唬他也没有用。

当然，大部分人做不到这种程度，因为对多数人来说，死亡是最大的威胁。即使不是自己本身，而是自己所爱的人死亡，也是一种非常大的遗憾。

除了生死的问题以外，还有一些其他的问题也属于根本问题，譬如：人为什么有不一样的命运及不一样的遭遇？为什么有些人做坏事却没有遭受报应？为什么有些人生下来就必须受苦受难？这些都属于根本的问题，而这些问题通常在生活里也都不会有明确的答案，所以需要以开放的心胸准备接触智慧。

总的来说，培养智慧代表要超越感性的限制，慢慢在知识的范围里面奠定基础。有了基础之后就要进一步达到完整而根本的境界，而这个境界与个人主体的觉悟和体验有关，这方面在稍后印证价值的部分会加以说明。

发现真理

希腊文中的“真理”叫作 alétheia，其意为“发现”，即英文中的 discover 这个字①。由此可知，真理就是揭开、发现。

既然是揭开，那就代表原先是被遮蔽着的。究竟被什么所遮蔽？前面曾经指出，每个人从小到大，都会接受一些固定的观念或成见，譬如你居住地区的风俗习惯等。这些观念会让我们对事物的判断有一定的方式。举例来说，缅甸有个民族认为女孩子的脖子越长就代

① cover 代表遮盖，而“dis-”则有揭开之意。alétheia 亦同，希腊文中的 létheia 是遮盖，而前面加上“a-”则代表否定的意思，因此 alétheia 即为揭开之意。

表越美，所以女孩子从小开始脖子上就会套上很多铜环。一般人看到可能会吓一跳，一点都不觉得那样有什么美，但是他们那一族的人因为从小受到特定的风俗习惯影响，就会觉得很美。

中国其实也有这样的风气，有一句古诗，“楚王好细腰，宫中多饿死”。由于楚灵王喜欢细腰的女孩子，因此宫中很多美女为了讨楚王的欢心，拼命地勒腰、节食，最后甚至饿死。这其实是古代的一个悲剧，说明女性因为没有受教育的机会，而无法发现环境、风俗给自己的制约，因此才会为了讨好男性而这样虐待自己。

这里要强调的是，我们往往被小时候所灌输的观念，被信息时代的广告宣传所“遮蔽”。唯有把这些遮蔽去掉，才能够发现真相。哲学的目的就在于发现真理。

尼采曾说：“哲学家是文化的医生。”文化也会生病，所以需要医生，而能够看出文化病因的，就是哲学家。这是因为哲学家爱好智慧，能够从整体及根本的角度来观察一个时代、一个社会在特定情况下的某些表现。借由这种方式，能够发现问题所在，并进一步加以修正。这就是所谓的发现真理。

发现和发明不同，没有人能够发明真理。爱因斯坦研究相对论，最后提出了 $E=mc^2$ 这个公式。我们不能说这个公式是爱因斯坦发明的，因为这个公式本来就存在，只能说是爱因斯坦发现了它。这就是为什么在科学上常讲“发现”的原因。当然，也有人会讲发明，譬如发明了一项新产品。其实，人类没有一样发明是从无变成有的，而是发现了某些东西组在一起可以产生什么作用，如此而已。

人生的问题，更是以发现为主。举例来说，有时候我们会觉得别人讲的话没什么道理，事实上这是因为我们先被个人的成见所遮蔽。如果能够撇开成见，听听别人怎么说，然后试图了解其中的道理，或许会发现，其实别人的说法也是可以站得住脚的。所谓“道并行而不相悖”，通往目标的道路并不是只有一条而已。

印证价值

自然界是有规律的，凡是有规律之物就是必然的，它不可能离开固定的轨道。所谓自然就是必然。举例来说，我手上拿了一张纸，当我把手放开，这张纸“自然”就会往下掉。我也可以说，当我放开这张纸，它“必然”就会往下掉，这其实是一样的意思。

如果自然界“脱轨”而行会如何？

西方有一篇所谓“最短的科幻小说”，这篇小说只有十一个字，即“那天早晨太阳从西边升起”。为什么这叫作科幻小说？因为它充满了无穷的想象空间。如果太阳真的从西边升起，那代表地球的整个生态要颠倒过来：北极变成赤道，赤道变成南极。日夜颠倒还是小事，这很快就可以调适过来，然而气候完全失常，整个地球的生态全部重新倒置，这才是最让人无法接受的。这篇科幻小说的震撼力怎可谓不大？

人也是自然的一部分，但生命的特色却和其他动物不同，亦即人有自由。有自由代表需要选择，而通过选择，就能够使某些价值呈现出来。有一位女同学问我:“老师,我今年大四了,认识五个男朋友,我应该选择哪一个?”这种问题我怎么可能回答?挑选男朋友和到菜市场买猪肉是不一样的。

我有一个朋友,他的初恋情人嫁给了别人。二十年之后再见面时,他对初恋情人的丈夫说:“我真是羡慕你,当初我想追她追不到,现在你却能够把她娶回家,实在是太幸福了!”结果他初恋情人的丈夫却说:“你为什么不把她娶去呢,害我受了二十年的苦!”

由此可知,人生的问题需要靠自己去印证。有些人说:“能够关怀别人,稍微牺牲一下自己的享受,那是一种高尚的行为。”如果有一天你在载满人的公交车上遇到一个老太太上车,这时候你正好有个位子,坐得很舒服,你的心里开始挣扎:“到底要不要让座呢?”你有两个选择:如果选择不让座,那就无从印证这句话的真假;如果选择让座,那就是选择“印证价值”——也许当你站起来把座位让给老太太的时候,忽然觉得心情豁然开朗,觉得自己展现了人格的尊严。从此以后你就相信,原来帮助别人真的是快乐的,然后这个道理就变成你的真理,因为它的价值已经得到了证明。

人生是需要体验的。如果光是叙述各种道理与格言,而没有自己去体验的话,到了最后还是只能在知识的迷雾中打转。相反,如果一个人真的能够借由体验去印证价值,那么随着生命的成长,他的经验将越来越丰富,并且对人生的体验及对价值的掌握,也会越来越深刻而准确。

如何提升哲学素养

哲学是一门需要生活经验来配合的学问。所谓“离开人生，哲学是空洞的；离开哲学，人生是盲目的”。为了提升哲学素养，我们要提出四个基本观点：培养思考习惯，掌握整体观点，确立价值取向，力求知行合一。

培养思考习惯

一般人通常没有思考的习惯，因此发生事情时都凭着本能的感觉立即反应，并且很容易受到别人的影响。正因为如此，这些反应往往缺乏一致性与连贯性，譬如，有些人的心情受天气影响，天气好的时候心情也好，看什么事情都觉得没有问题；相反，如果天气不好，心情就差了，不管任何人遇到他都要倒霉。如此一来，这个人对自己生命的主宰性就丧失了。有些人则是受到个人情绪的左右，你一看他的脸色就知道他心情好不好。这是因为他无法控制自己的情绪，喜怒哀乐都充分表现在脸上。这些都是缺乏理性思考的结果。

若是养成思考的习惯，遇到任何事情时，就会先冷静下来，想清楚“到底发生了什么事？这是怎么一回事？”这一点非常重要。至于别人对这件事如何反应则是另一回事，因为同样一件事情，不同的人会有不同的反应，而这件事情与你有什么关系，在别人看起来，可能也会和你自己的看法不尽相同。

那么如何培养思考习惯？就是“要在不疑处有疑”——在没有任何怀疑的地方产生怀疑。举例来说，牛顿（Isaac Newton，1643—1727）坐在苹果树下，一颗苹果掉下来打在他的头上，于是他开始思考：“为什么苹果是往下掉，而不是往上飞？”最后发现了万有引力定律。

看到这里不妨想一想：“如果是我坐在苹果树下，一颗苹果掉下来打在我的头上，我会怎么样？”或许我们会想：“啊！上天赐给我一颗苹果，那么我就把它吃掉吧！”我们之所以无法成为牛顿，而只能成为一个多吃一颗苹果的人，原因就在于我们没有思考的习惯。牛顿因为喜欢思考，因此他会在别人没有怀疑的地方怀疑：“为什么是这样而不是那样？”然后发现了新的规律。

念书时也应该有这种态度，读到一段话时，不要立刻信以为真。如果把很多事情视为理所当然，就无法养成思考的习惯。如果对任何状况都能够加以思考，就会发现，虽然有很多事情现在如此，但它没有必要一定是如此，也有可能是别的样子。这样一来，就可以在很多看似理所当然的事情中，找到新的可能性。

掌握整体观点

柏拉图的代表作是《对话录》。对话代表有两个人在交谈，你说你看到的，我说我看到的，我们看到的东西虽然一样，但是观点与角度却不同，由此产生不同的结果。彼此在交谈的过程中互相沟通，最后能够增加双方的见解。

对任何事情的看法，有正方就会有反方。我们平常和别人交谈时，不喜欢听到反面的意见，譬如开会时，我提议某种方案，如果有人与我意见相左，我会觉得他故意找麻烦，而忽略了他可能看到某些我所忽略的部分。

其实所谓掌握整体观点，就是对任何事情都要从不同的角度思考，久而久之，就可以超越自己的成见，思想也将更为圆融。当然，我们年轻的时候未必喜欢圆融，甚至觉得那样好像没有什么个性，说任何话都四平八稳，想要面面俱到。然而，年龄与经验增加之后会发现，人生很多问题的确应该从各方面来考虑，才不至于钻牛角尖。

我们在本书中所介绍的中西哲学家，大都符合孔子所谓“吾道一以贯之”的原则，能对宇宙与人生提出一套有系统的整体观点。

确立价值取向

“取向”的英文是orientation，这个词有两个意思：一是“定位”，二是“方向”。在这个世界上，虽然每个人都有自己的个性或为人处世的风格，不过，经由学习与成长，我们可以进行修正及调整（定位），然后选择自己要成为什么样的人（方向），这就叫作价值取向（value orientation）。举例来说，柏拉图年轻的时候是一位文艺青年，喜欢作诗，并且写过希腊悲剧。他二十岁时遇到苏格拉底，听到苏格拉底的一段话之后，回家第一件事就是把自己所写的诗和剧本全部烧掉，因为他发现了自己应该走的路，并选择终身奉献于哲学思考的世界。

这种抉择的例子在中国古代也有。有一个人叫作曹交，资质不太好，他觉得孟子讲话很有道理，因此问孟子："周文王身高十尺，商汤身高九尺，我曹交身高九尺四寸，介于他们两个之间，但是为何他们两个都当了帝王，我却只会吃饭？"[①] 孟子回答他："如果你穿上尧穿的衣服，说尧说的话，做尧做的事，那么久而久之就会变成尧了。"反之，则会学习桀而变成桀。

尧与桀是古代两位代表人物，尧代表善人，桀则代表恶人。因此，如果一个人穿上桀穿的衣服，说桀说的话，做桀做的事，久而久之也就变成桀了。这说明我们要为自己的人生作出选择，这就涉及所谓价值取向的问题。

每个人都必须作选择，那是对自己人生的期许。不过，许多年轻人只是希望自己能够跟偶像交换生命，相信如果自己是某某人，就会死而无憾。这种想法有很大的问题。

常听到年轻人说，希望自己成为麦当娜、迈克尔·杰克逊、迈克尔·乔丹等人，事实上这些偶像也有自己的困难。譬如迈克尔·杰克逊的演唱会，动辄十万人参加，但下台之后他可能需要依靠药物来稳定心情。一个人要能够承受十几万人的欢呼而不至于发

---

① 原文是："交闻文王十尺，汤九尺，今交九尺四寸以长，食粟而已，如何则可？"（《孟子·告子下》，请参考东方出版社出版的拙著《傅佩荣译解孟子》以下同略）

疯，需要很高的精神修为与定力。如果一个人能够上台，却无法下台，他就必须借由药物让自己产生幻觉，或是靠另外一种刺激，让自己忘记上台后的那个自我，因为那个自我在千万人的欢呼之下，已经被神格化，而不再是他自己了。

一个人的表现无论如何杰出，都不能忘记人性终究是脆弱的。

西方有一句话说："仆人眼中没有伟人。"当然，我们也可以说"司机眼中没有伟人"。如果你是美国总统的司机，就不会觉得他特别伟大，因为你看到了他平凡的一面，甚至是许多不为人知的秘密。久而久之当你看到总统受到万人欢呼时，心里可能会偷笑："总统也没什么了不起嘛！"的确，总统本来就没什么了不起，他只不过是被现实社会的价值观塑造成很了不起的样子。事实上，真正的伟人不是要让别人欢呼，而是要让自己满意。

所以，每个人必须了解自己对人生的期许，找到自己的价值取向，而非一味地把他人的价值观加诸到自己身上。

既然人生是一个不断作选择的过程，那么在选择的过程中要往哪里走？开始的时候也许需要设定一个偶像。很多人觉得青少年崇拜偶像并非好事，其实未必如此。我女儿小的时候也经常崇拜偶像。当时我很烦恼，常常劝她说某某偶像不好、某某偶像不行，因为在我的眼光里，很少有偶像是够格的。有一天她终于抗议了："如果没有这些偶像可以崇拜，我活着还有什么乐趣呢？"我一听立刻恍然大悟。

一个人会崇拜什么样的偶像，是有一定的道理的，这反映出他内心的一种需求。思考社会上各种事情时，不能光看表面，还必须自己衡量、判断，试着从其中的某个角度，掌握某些因素。借由这种方式，可以进行自我训练。

价值取向既然是一种选择，就一定要有所取舍，亦即，如果我选择了某些价值，那么势必要放弃另外一些。由此可知，选择价值时是需要勇气的，人不可能什么都要，也不可能讨好每一个人。

人活在世间最可惜的，就是变成乡愿。有一次子贡请教孔子："一个人在乡里中，好人喜欢他，坏人也喜欢他，那这个人应该不错吧？"孔子回答："不对。应该是好人喜欢他，坏人讨厌他。"[①] 这里所强调的就是一种价值取向。相反，如果是坏人喜欢你，好人讨厌你，那就大有问题了，因为这代表你属于坏人这一边。然而，好与坏都还算是价值取向，最怕的就是有些人认为"喜欢自己的就是好人，讨厌自己的就是坏人"，这样一来就无法谈任何问题了。

人生经由不断的抉择，而塑造出自己的风格。风格是指一个人的言谈和行为有一定的原则，并且知道为什么要这样做、这样说，不会轻易受到外在环境的影响。

看过《泰坦尼克号》（*Titanic*）这部电影的人都知道，当泰坦尼克号开始下沉时，船上共有两千多位乘客，却只有七百多人可以坐上救生艇逃走，这时出现的第一句话是"妇女与小孩优先"。这就是

---

① 原文是：子贡问曰："乡人皆好之，何如？"子曰："未可也。""乡人皆恶之，何如？"子曰："未可也；不如乡人之善者好之，其不善者恶之。"（《论语 · 子路》，请参考东方出版社出版的《傅佩荣译解论语》以下同略）

西方文化的一种价值观。换作是我们，乍听之下，恐怕会觉得不可思议。

假设台湾地区是一条船，像泰坦尼克号一样快要下沉，这时候即使有人说“有权有钱的优先逃走，老弱妇孺等在最后”，恐怕一般人也不会觉得意外，因为我们一向处身在这种环境，许多位高权重的人可以为所欲为。在西方则是有着特定的文化传统，也就是“骑士精神”的表现，无论任何财大势大的人，碰到灾难时，一样是老弱妇孺优先。因为骑士精神是西方男性对自我的一种期许，他们认为男性较为强壮，比较容易在困苦的环境中求生存，所以应该让别人先走。

除了这一幕，我们还可以看到，船最后快要沉没时，居然还有几位乐师在甲板上继续拉着曲子。因为他们觉得自己有责任在最后关头抚慰人心，让大家勉强维持平和的心境，跨越生死的界线，前往另外一个世界。他们清楚地知道自己会死，但没有逃避的念头，这是相当令人动容的。这就是西方文化的价值表现，其本身自成一个系统，也肯定了人性的尊严。

知道自己言行背后的道理，就能够坚持下去，即使需要付出一些代价，也无怨无悔。这是因为内心深深相信，自己的价值观是正确的，即使为它牺牲生命也在所不惜。相反，如果要他放弃自己的价值观而快乐地活着，则是不可能的事情。这就是价值取向的真义。

力求知行合一

“知行合一”说起来很容易，做起来却不简单。事实上，知行合一是人一生都要努力去追求的。

当然，我们不必加给自己太大的压力，因为如果每个人都能做到所有他听说过的德行，那岂不是满街都是圣人了吗？人都会犯错，因此只能努力追求知行合一，选择一种价值之后不断地印证，让自己对自己越来越满意。

人生就是不断寻求让自己对自己满意的过程，然而，怎样才会对自己满意？这种要求是由内而发的，因此如果你的标准是由别人订的话，很难达到满意的程度。

譬如，全世界最有钱的人是比尔·盖茨（Bill Gates），我曾经看过一张照片，是他抱着两岁的女儿说：“只有跟她在一起，我才觉得自己真正快乐。”这就是亲情。可能很多人会说：“那为什么我和自己的子女在一起并不觉得快乐呢？”或许是这些人觉得自己不像比尔·盖茨那么有钱，因此不快乐，这就是价值观的问题了。

所谓“知行合一”的“知”，其实指的是一个广大的世界。庄子说过：“吾生也有涯，而知也无涯，以有涯随无涯，殆已。”（《庄子·养生主》）知识的范围是无限的，但是生命的时间却是有限的，想要用有限的生命去追求无限的知识，实在是一点希望都没有。

我在耶鲁念书时，每次进入图书馆都会有一种“哀莫大于心死”的感觉，因为耶鲁大学图书馆的藏书是台大图书馆的三倍，两边书架上都是书，一直堆到屋顶，你要拿位置比较高的书还必须用梯子爬上去。看到这么多书，我会觉得人生到底所为何来呢？

皓首穷经，一辈子努力写几本书，也不过是薄薄的几厘米书背，年轻学子在图书馆中晃一下就过去了，甚至不愿意伸手拿出来翻一下，这是多么残忍的事情啊！

知识宛若一片汪洋大海，人一生所能学到的只是很少的一部分。并且，如果你学了一些知识，却不能应用在日常生活中，那么就算学得再多又有什么意义呢？因此，我们学习知识之后，就要懂得消化并融会贯通才是“知”“行”合一。

西方哲学家怀特海说：“一定要等到你课本都丢了，笔记都烧了，为了准备考试而记在心中的各种细目全部忘记时，剩下的东西，才是你所学到的。”

希望每个人都能够养成一种习惯，要多去学习与思考，掌握整体的观点，建立自己的价值取向，再努力把心得印证于生活之中。

结论：爱智是人的天性

哲学的用意，在于寻根探源，发现什么是“真实”；也在于旁通统贯，把宇宙与人生联结为一个整体，由此界定自己的安身立命之道。

既然哲学是指“爱智”，就表示这门学问是一个开放的与动态的学习过程，要不停地质疑：“这个字或词是什么意思？”“这种判断所根据的标准，是如何成立的？”“宇宙与人生之间，人的生与死之间，个人与群体之间，可以形成完整的系统吗？”换言之，就是要厘清概念、设定标准，并建构系统。

本书后续各章将会进一步讨论思想方法、西方重要观念的传承、中国儒家与道家的见解，以及艺术、宗教、教育、文化等题材，希望由此阐释哲学与人生的密切关系，并与爱智的朋友共勉。

第二章　思想方法

认识思想家

培根（Francis Bacon，1561—1626）

英国哲学家，也是法官与杰出作家。

他以《新工具》（*Novum Organum*）一书，提倡归纳法，肯定经验材料是知识的基础，由此建构人类文化的发展。近代英国哲学以经验主义（Empiricism）为主要立场，培根实为先驱人物。

他的“打破假象”之说，意在排除人们习以为常的成见谬说，再重新建构真实可靠的知识。他的思想并非本章所谓的“现象学”，但是基本态度相似，值得我们参考。

胡塞尔（Edmund Husserl，1859—1938）

德国哲学家，一生致力于推动现象学发展。其重点在于方法上，通过对“现象”的描述，找到一物之“本质”。他的信念是：哲学必须建构为一门严格学问，亦即把哲学当成人类知识的共同方法。其所谓核心观念是“意向性”，指出人的意识及其对象同时呈现，因此不宜主张唯心论，由此避开自笛卡尔以来的唯心论倾向。

胡塞尔有“现代哲学之父”的雅号，原因正在于他由“方法上”打开了新的局面。当代的存在主义与诠释学，皆深受其启发。

人有理性，自然就会思想。然而，思想造成的结果不仅千差万别，并且难以预料。我们经常会觉得，虽然大家都是属于“人”这一类，但是彼此沟通的时候却又困难重重，不知道问题出在哪里。

本章提出四种思想方法：逻辑、语言分析、现象学、诠释学。这四种思想方法各有不同的对象及目的，若能善加应用，人的思考将更为清晰，更容易找出问题的关键，也更有益于沟通与处世。

逻辑（运思的规则）

逻辑就是运思的规则，规则是客观的，人一旦开始思考，就会希望能够合乎逻辑。

究竟什么是逻辑？传统逻辑主要讨论三种内容：概念、判断、推论。以下试作一个简单的介绍。

概念

“概念”是指我们平常使用的名词，譬如太阳、月亮、花、草、树木等，任何可以想得出来的名词，都称为概念。谈到概念的时候，必须将“意义”和“意象”分辨清楚。

意义是比较客观的，是人们都同意的，譬如翻查字典就知道一个概念的意义；意象则是每个人在内心对某个概念所产生的感受及印象。人们会对概念有主观的意象，通常和个人的生活经验有关。就以“农村”这个概念来说，从小在都市长大的人，听到“农村”可能会想到风景画中优美的景色；相反，对于从小在农村长大的人而言，听到“农村”可能会想到在田里爬行的滋味，或者是气候不佳时着急的心情。

由此可知，每个人对概念都会有一些经由自己主观经验所形成的特殊意象，很少有人能够完全避开意象，专门就意义的部分与别人沟通。然而，学习逻辑首先就必须试着把意象放在一边，仅仅就概念的意义来与别人进行思想上的交流，因为意象会带来个人的种种情绪与反应，以至于很难达成交流的效果。

不同的人对于同一个概念的意象会有相当大的差别。举例来说，外国人听到龙（dragon）这个字会觉得很恐怖，因为在《圣经》的故事中，龙是蛇的变形、人类的敌人，会诱惑人类犯罪，因此西方人认为龙是恶魔的化身。然而，对中国人而言则不是如此，因为在中国古代社会中，通常认为龙是吉祥的象征，天子就称作龙。其他的概念也常常会有意象上的差别，因此在和别人沟通时，首先必须区分概念的意义和意象，才能够进行有效的思考。

判断

两个以上的概念结合在一起，会形成“判断”。

以西方来说，有一个最基本的判断模式是“A=B”（A 就是 B）。

A 代表主词，B 代表述词。举例来说，在“台大学生都是好学生”这个句子当中，“台大学生”和“好学生”分别各是一个概念，而通过“是”或“不是”把这两个概念连接起来，就形成了一个判断，因此“台大学生都是好学生”这个句子就是一个判断语句。任何一个完整的想法或语句，都是一个判断。判断又称为命题，表示当人把主张表达出来之后，就变成客观命题，可让他人看到、听到，甚至可以研究真伪。

判断总共分为四种：全称肯定、特称肯定、全称否定、特称否定。在国际通用的符号中，分别以 A、I、E、O 四个字母来代表这四种判断。因为拉丁文的“肯定”是 affirmo，所以用 A 与 I 代表肯定句；因为“否定”是 nego，所以用 E 与 O 代表否定句。各取这二字的前面两个元音来界定。

全称与特称均针对主词而言，全称即“所有”“全部”，特称即“有些”“某一些”。以之前所举的“台大学生”与“好学生”为例，A、I、E、O 四个命题分别是：

* 全称肯定（A 命题）：所有台大学生都是好学生。

* 特称肯定（ I 命题）：有些台大学生是好学生。

* 全称否定（E 命题）：所有台大学生都不是好学生。

* 特称否定（O 命题）：有些台大学生不是好学生。

我们讲出来的任何一句话都可以还原到最基本的判断，而这个判断必然属于 A、I、E、O 四个命题中的一种。

推论

推论就是从既有的判断推衍出新的判断。在逻辑上称为推论，在我们的思想中则称为推理。以下要介绍三种推论方式：直接推论、三段论法、两难推理。

（一）直接推论

直接推论是最简单的推论方式，共有三种形式：A → I；I → I；E → E。由 A 命题推论时，主词与述词互调后，只能推论为 I 命题，而不能推论为 A 命题。举例来说，若要从“所有台大学生都是好学生”这个句子推出一个新的命题，则必须推论为“有些好学生是台大学生”，而不能推论为“所有好学生都是台大学生”；I 命题则仍然是推论为 I 命题，譬如“有些台大学生是好学生”，可以推论为“有些好学生是台大学生”；E 命题亦是推论为 E 命题，譬如“所有台大学生都不是好学生”，可以推成“所有好学生都不是台大学生”。

O 命题则无法作直接推论。也许你会感到怀疑，因为在“有些台大学生不是好学生”这个句子中，似乎也可以将其推论为“有些好学生不是台大学生”。若举其他的例子，譬如“有些人不是好人”这个句子，就无法将其推论成“有些好人不是人”。由此可知，O 命题是不能直接推论的。

直接推论看似没有太大用处，事实上并非如此。举例来说，在《论语 · 述而》中有这样一段话：“子于是日哭，则不歌。”意思是：

老师在这天哭过，他就不再唱歌了。我们可以把这句话推成：老师在这天不哭，他就“可能”唱歌。也就是说，“老师今天哭，就一定不唱歌”并不代表“老师今天没有哭，就一定唱歌”，然而，可以肯定的是“如果老师今天唱歌，那就代表他一定没有哭”。换句话说，“老师今天哭，就一定不唱歌”是一个 E 命题，它可以推出另一个 E 命题，即“老师今天唱歌，就一定没有哭”，但却不能推出“老师今天没有哭，就一定唱歌”。

由这句推论可以想见：孔子是感情丰富并且懂得自得其乐的人。孔子为什么常有机会哭呢？因为他的职业是为人办丧事，譬如，《论语・子罕》中说：“子食于有丧者之侧，未尝饱也。”《论语・述而》又说：“丧事不敢不勉。”眼见别人的痛苦，孔子也会同感悲伤。另一方面，“子与人歌而善，必使反之，而后和之”（《论语・述而》），孔子若是某日没哭，就很可能找学生一起唱歌，自得其乐了。从这些资料去认识孔子，就不会以为他是个老学究了。

（二）三段论法

所谓的三段论，是指大前提、小前提、结论，譬如：“凡人皆有死”（大前提），“苏格拉底是人”（小前提），所以“苏格拉底会死”（结论），这就是三段论法。

三段论看似很容易，但其中也会有些陷阱。举例来说，从“黄牛吃草”（大前提），“张三是黄牛”（小前提），推论出“张三吃草”（结论），看起来似乎很合理，但这个推论其实是有问题的，因为在这个三段论中，“黄牛”这个概念是有歧义的：大前提中的“黄牛”指的是一头真正的黄牛，小前提中的“黄牛”指的却是倒卖电影票的黄牛。因此，虽然大小前提看似没有问题，但整个推论却是有问题的。这说明我们在运用逻辑思考的时候，概念必须准确，而不能够有歧义（一个概念有两个不同的意义）。[①]

（三）两难推理

这是指两方面的立场看似都能够成立，结果则是流于诡辩。举例来说，古希腊时期有一位哲学家普罗泰戈拉（Protagoras），他是辩士学派的代表人物，专门教别人如何辩论。有一次他看到一个年轻人，资质非常优秀，就要这个年轻人跟着他学习辩论。这个年轻人家境清寒，普罗泰戈拉特准他学成之后再交学费，他与这个年轻人约定说：“你毕业之后去和别人打官司，如果打赢就代表你学成了，那时候就要付学费给我；如果打输就代表没有学成，也就不需要付学费了。”

---

①“黄牛吃草”这个例子，违反了“名词只能有三个”的规则。以“凡人皆有死，苏格拉底是人，苏格拉底会死”为例，我们看到三个名词，分别称为小词（苏格拉底，指结论中的主词），大词（会死，指结论中的述词），中词（人，指联系小词与大词的名词）。类似的规则共有八条：

（1）名词只能有三个，即大词、中词、小词。

（2）在结论里周延的名词，在前提里也必须周延。

（3）结论里不可以有中词。

（4）中词至少周延一次。

（5）两前提皆为否定，没有结论。

（6）两前提皆为肯定，结论肯定。

（7）结论随较弱的前提。

（8）两前提皆为特称，没有结论。

这个学生毕业之后，打赢了很多场官司，但就是不肯交学费。最后普罗泰戈拉对这个学生说："我现在要去告你，如果法官判决你胜诉，那么按照我们的合约，你应该付我学费；相反，如果法官判决我胜诉，那么按照法官的判决，你也应该付我学费。因此，无论法官判决你胜诉或者我胜诉，你都应该付我学费。"这个学生听了以后回答："如果法官判我输，那么按照我们的合约，我不需要付你学费；相反，如果法官判我赢，那么按照法官的判决，我也不需要付你学费。因此，无论法官判我输或者赢，我都不需要付你学费。"事实上这是一种诡辩，而两难推理也的确很容易有这样的情况出现。

再举个例子来说明两难推理：据说有一些穆斯林在中世纪时曾经占领一座图书馆，并下令把里面的书全部烧掉，因为他们认为，书中的内容要不就是真理，要不就是异端。如果书中的内容是真理，那么就和《古兰经》一样，既然已经有了《古兰经》，那么就不需要这些书；相反，如果书中的内容是异端，那么更是非烧不可。因此，无论这些书是什么样的内容，都必须被烧掉。类似的观念与做法，在其他宗教中也可以找到例证。

以上所介绍的就是逻辑，也就是思考的规则。如果想进行比较精确的思考，那么从概念开始就要尽量减少意象的干扰，掌握概念的意义。接着，作判断的时候，则必须分辨：这是A、I、E、O中的哪一种判断，它能够如何推论、如何转换？这些都是重要的基础，如果能够纯熟运用，就可以轻易应付生活上的一些问题及挑战。

我有一个朋友结婚十年，有一天大家聚在一起，他的太太开始抱怨，说他结婚十年以来从来不洗碗。这个朋友于是慢条斯理地拿了一个笔记本出来，说："我在某年某月某日洗过一次碗。"如果按照逻辑来说，他的反驳是有效的，因为"从来不洗碗"是一个全称否定命题，只要有一次例外，就不能成立。就好像如果要反驳"台大学生都是好学生"这个命题，只要找出一个不是好学生的台大学生，就能够让这个命题无法成立；同样，如果要反驳"台大学生都不是好学生"这个命题，只要找出一个是好学生的台大学生，也就能够使这个命题无法成立。

由此可知，说话的时候首先要注意逻辑上是否有效，这是一个最基本的训练。也可以加一些修饰词，譬如：大概、或许、差不多、好像、似乎等，这样自己表达出来的意思就不会太过极端而产生语病。我有一个朋友到意大利旅行了三次，三次都被偷，因此他回来的时候讲了一句话："意大利人都是小偷。"当然，意大利有很多小偷是事实，但怎么可能"都是"小偷？人们说话常喜欢使用一些全称命题，因为这样比较具有煽动的效果，能够让别人注意到自己所要强调的内容。然而，同时却忽略了逻辑上的有效性。

语言分析（表达的效应）

语言的重要性，在于它不只是日常生活中为了沟通而使用的工具，事实上，人是在语言里面出生及成长，语言的影响远超过我们所能觉察。当代西方的文学、哲学等方面，都跟探讨语言对人的影响脱离不了关系，也因此语言分析变成一个复杂而又重要的题材，无论是结构主义、解构主义，乃至于后现代主义，都和语言的使用有关，诠释学就更不用说了。

本章的主题是思想方法，因此在此只介绍语言最简单的部分，也就是语言的使用。

语言的有效性

语言的目的是为了发挥表达的效应，表达需要具有明确、一致、普遍这三项条件。

（一）明确

所谓明确，是指使用语言的时候，字义与文法必须非常清楚。我在德国学习德文的时候非常辛苦，因为德文的表达与英文有很大的差异，譬如德文的否定词是放在句子的最后，因此有时候听别人讲话听到最后，才会发现对方所要表达的是一个否定的态度。这就说明语言使用的文法必须非常明确，否则就无法达到沟通的效果。

举例来说，我在修理电灯时，对你说：“帮我拿工具来。”可是我并没有说要拿什么工具，你怎么知道我在说什么？这就是表达不明确所产生的问题。相反，我如果说：“给我一个螺丝起子。”那么你立刻就知道我在说什么，可能还会反问我需要多大的螺丝起子。再举个例子，我现在宣布：“星期四我们要上课。”但却没有说几点钟，也没说哪间教室，那么要去哪里上课呢？因此，平常讲话时要尽量明确，这是语言表达的第一个要素。

（二）一致

语言表达的第二个条件是要一致，亦即使用语言的每个人都要同意。以开车为例，在台湾开车要靠右边，这就是一致。如果有人靠左边，就一定会发生车祸。有一个故事可以说明一致的重要性：有一个印度人准备到英国去留学，心里非常兴奋。由于在印度开车是靠右边，而在英国开车是靠左边，这个印度人想要先适应一下英国的开车方式，于是开始在印度靠左边开车，最后发生车祸，连英国都去不成了。

同样，使用语言也需要一致性，不能出现不同的规则。有些著作不易理解，因为在同一句话中的同一个字，意思就可能不同。譬如，号称难懂的《老子》，一开头就说："道可道，非常道。"在此，第一个"道"字是指"究竟真实"，第二个"道"字是指"言语叙述"，第三个"道"字加上了"常"字，又回复为第一个"道"字。如此一来，当然使读者摸不着头绪了。

（三）普遍

语言表达的第三个条件是普遍，亦即除了意思要一致之外，还要同一地区所有的人都使用。

以上是语言表达时简单的规则，如果我们不了解一种语言的规则，就可能会闹笑话。

语言的类型

我们经常使用的语言可以分为四种类型：直述、比喻、价值、恒真。以下分别加以介绍。

（一）直述语句

直述就是直接叙述，也就是把看到的东西，或是想要表达的意思直接说出来。例如，“现在外面在下雨”就是一句直接叙述，不带有任何比喻或是个人意见，至于这句话是不是真的，只要到屋外看看就知道了。又如，“天空是蓝色的”“树叶是绿色的”“这间教室很多人”，这些都是直接叙述，不牵涉到其他任何因素。

（二）比喻语句

我们每天与人讲话的内容如果都是直接叙述，久了就会觉得相当乏味，因此平常使用语言的时候，常会采取一些比喻的方式。比喻语句就是使用一些象征来表达意涵，如“母亲像月亮一样”就是一种。当然，相同的比喻用久了以后会变得习以为常，而丧失了原来的韵味，所以第一个说“母亲像月亮”的人是天才，之后的人跟着使用相同的比喻，最后变得一点创意都没有，就是因为这个比喻已经被用得过于浮滥了。

艺术创作的挑战，是要能够提出新的比喻或象征，让别人能够清楚掌握你想表达的事情。譬如我现在说："我们的国家像一条船一样，需要一个有力的舵手。"这句话每个人都听得懂，也都知道是一个比喻用法，并且相当生动地传达了我想要表达的意思，亦即我们在同一条船上，有着共同的命运，而领袖就如同掌舵的人，是要负责掌握方向的。

日常对话中用到比喻是非常自然的，而且比喻的生命力远超过直接叙述的范围，很容易感动人心，所以无论是宗教界、教育界，还是哲学界中的第一流人物，都喜欢使用比喻的方式来表达。譬如释迦牟尼曾将人间比喻为火宅，这种比喻确实相当生动，说明了人的欲望就像是火，每时每刻都在煎熬着自己。同样，孔子、孟子、耶稣等，也都善于使用比喻来宣扬他们的想法[①]。

直接叙述一般离不开当时的时空条件，一旦离开之后所要表达的内容就落空了，而比喻如果使用得好，就可以传之久远。由此可知，比喻的效果远远超过了直接叙述。

（三）价值语句

真、善、美都与价值判断有关，如"这幅画很美"就是一句价值语句。每个人都会使用到这种语句，举例来说，我们和别人

---

① 譬如，孔子以"岁寒，然后知松柏之后凋也"（《论语 · 子罕》），比喻人的德行在严苛的考验中，才能凸显出来。孟子以"火之始然，泉之始达"（《孟子 · 公孙丑上》），比喻人性向善的力量是难以抵挡的。耶稣以"聪明的管家"，比喻人在小事上也忠于职守，才可蒙受神恩。

见面的时候会说:“你好吗?”这三个字就是一个价值语句，因为“好”“不好”是属于价值上的正面或负面情况。

价值判断不能离开主体，因为有“我”，是“我”在说话，因此这句话就和别人说的不一样。换言之，相同的价值语句，每个人说出来的意涵却可能不同，这全视对话双方的关系或互动情况而定。举例来说，同样是“你好吗”三个字，却可能有各种不同的意思，而这个意思只有对话的两个人知道:假设一个朋友失业，你问他“你好吗”可能是在问他是否找到工作;假设一个朋友生病，同样的“你好吗”三个字，可能是在问他病好了没有;假设一个朋友今天要考试，“你好吗”则又可能是问他准备好了没有。由此可知，相同的问句，所具有的意义却是不同的。这就是价值语言的特色。

（四）恒真语句

恒真语句的表达方式是“套套逻辑”（Tautology）。套套逻辑是指主词与述词一样（A是A），譬如英文中有一个词组叫作“Business is business”（公事公办），这就是属于套套逻辑。

套套逻辑并非没有意义，在这里就用个小故事来说明:美国很多大城市都有中国城（China Town），老外也会去那里。一个老外在路上走着走着，看到一个人随地吐痰，于是说“Chinese is Chinese”，这时候这句话显然带有某种批评的意味。接着他继续往前走，看到一个年轻人扶着老太太过马路，于是又说“Chinese is Chinese”，这时候这句话可能变成一种称赞，在赞美中国人敬老尊贤的美德。由此可知，套套逻辑并不是没有含义的。

我们平常讲话也会重复同一个字，譬如“你果然是你”。这句话意味着你这个人有基本的原则与个性，只有你能够符合你自己的要求。

每个人都必须使用语言才能生活，而我们也生活在语言之中。语言对一个人的影响之大可以想见。我在美国的时候，发现有些华人家庭每到周末就会开车载小孩到学校，借一间教室上中文课。我觉得很好奇，于是请教一位朋友为什么要让小孩学中文，因为当初他们自己到美国的时候，是恨不得英文能够讲得比中文好。这位朋友告诉我，如果小孩只学英文不学中文，言行就会跟美国人一样，甚至在父母年老时把他们送到养老院，因此他们坚持要让小孩学中文。

由此可知，语言绝对不只是工具而已，其中还包含了许多价值观念、文化特性，因此在学习某种语言时，自然就会受到其中思想的影响。举例来说，中国传统文化强调孝顺的重要性，中文里面经常会提到“孝顺”这一词汇，英文中则没有“孝顺”这个词①，因此小孩学习中文时，在潜移默化之下自然就会比较孝顺了。

这是一个重新建构意义的时代，而意义存在于语言之中，语言自然变得非常重要了。然而语言如何具有意义呢？一定需要人的使用。因此构成了一个互动的循环：有人使用语言→语言具有意义→有

① “孝顺”在英文中，有时写成 filial piety，意指“儿子的虔诚”，实在不易理解。

意义所以需要表达。因此，在当代文化史的研究上，语言这个题材占有关键的地位。

现象学（辨物的策略）

现象学（Phenomenology）是辨物的策略，想分辨一样东西到底是什么的时候，就需要现象学。关于这门学问，要先从相关的背景谈起，然后再说到当代现象学的代表学者——胡塞尔。

打破四种假象

近代英国哲学家培根，提出一个著名的观念，叫作“打破假象”（idols）。意思是：每个人心中都有一些假象或偶像，这些偶像会竖立在我们前面，使人无法从事正确的思考。培根认为我们要打破的假象有四种：种族、洞穴、市场、剧场。以下分别介绍之。

（一）种族假象

把人类种族的需求，当作唯一的判断标准，认为宇宙万物都是为了人而存在的。譬如说：苹果之所以这么红，是为了引起人的食欲；猪之所以这么肥，是为了供给我们营养；狗之所以会叫，是为了替人看门；太阳之所以会出来，是为了照耀人们。这种认为宇宙万物都是为了人而存在，一切的价值都是以人为准的想法，就称作种族假象。

种族假象会使人类变得过于主观，甚至形成人类中心主义。但是一般人很容易犯这种错误，因为人本来就是以人作为基础来思考各种问题的。同时，种族假象会使得某些难题无法得到解释，就以蚊子来说，蚊子到底有什么用？它对人类而言并没有什么好处！由此可知，有些生物的存在并不是为了人类才被创造出来的。

（二）洞穴假象

这是指每个人都像是井底之蛙，思考受到限制。基本上这是无可避免的，因为每个人从小开始都有自己特定的生活经验，譬如我们在台湾出生、成长，所以在理解世界的时候，很自然会从台湾的角度来看，或是从美国这个强权主流国家的角度来看，实在很难超越这些限制，客观地衡量各种状况。

人虽然无法避免自己的限制，但是知道这些限制，就可以减少被限制的程度。当然，要完全摆脱是不可能的，如果有人宣称自己能够完全摆脱这些限制，那只是一厢情愿而已。就好像一个人说："我这个人最客观。"事实上这句话本身就不太客观了，顶多只能说："我知道自己有主观的地方，所以作判断的时候会约束自己。"这反而是一种正确的策略，能够达到沟通的效果。

由此可知，要完全避免洞穴假象是不可能的，譬如我是念哲学的，因此在考虑许多事情的时候，很自然就会把哲学放在第一位。当然，把哲学放在第一位并非没有根据，因为哲学在西方中世纪称为“scientia scientiae”，意思就是知识的知识、学问的学问；而图书馆里面编号“1”的就是哲学类，它在传统思想中代表一个总合的、整体的学问。就这点来说，哲学确实有它特别的地方。

然而，我不致因此就认为自己是一个哲学主义者，一切都要以哲学为中心，果真如此，就会产生很大的问题。每个人都有自己学习及认识哲学的权利，不见得念哲学系的人领悟能力就比较高，因为其他人也可以通过自己的修养与体验而达到很深的哲学意境。更何况哲学并不是只有一种系统，你讲儒家，别人可以讲道家，此外还有各种不同的学派，这其中谁高谁低不是一句话就能够道尽的。

（三）市场假象

市场假象代表思考中混杂着许多传言或道听途说。台湾现在就处于这种情况，每个人仿佛都有某种程度的精神分裂症，明明是相同的一件事，经由不同的人叙述之后就产生各种不同版本。譬如现在电视新闻里充斥着各种八卦消息，这些八卦到最后往往变成罗生门。版本看似很多，事实上答案只有一个，就是很多人不诚实。或者，即使不是故意不诚实，也是设法不去看自己不喜欢的部分，而选择性地下判断。如此一来，怎么可能达到沟通的效果？

若每个人都只看到自己想看的、听到自己想听的，跟别人既不能沟通也没有共识，最后就变成各说各话。就好比市场充斥的各种传言，到最后像风一样，吹来吹去却不知道风从哪里来。

（四）剧场假象

剧场假象是指有一套完整的意识形态，这在哲学和宗教领域中可以找到许多例子。许多人一旦接受一套哲学或一种宗教信仰，就好像接受一出舞台剧，全套搬演出来，从此以后认为人生就是这样，这就叫作剧场假象。

譬如我说我是唯心论者，你是马克思主义者，而另一个人又是某某学派，这样一讲之后，就变成我们各自只以某个学说作为了解人生的唯一版本，就好像同一出戏码一样，只有一套演法。宗教信仰也是一样，当我们接受某一派宗教信仰之后，无论任何问题都会从这个信仰的角度来看，这就是剧场假象。

虽然活在这个世界上，不能不看别人演戏，但是更重要的是，自己要怎么演、怎么安排，还是有一定的选择空间。

培根的“打破假象”之说提醒我们，客观认识一样东西是十分困难的。后续的哲学家忙于建立自己的思想体系，而较少注意思想方法的问题。在这方面最有新意的是十九世纪与二十世纪之交的现象学。

胡塞尔的现象学

胡塞尔是当代现象学的代表学者，在此要介绍他思想中的三个概念：描述法、自由想象法、地平线。

（一）描述法

描述法是指，如果想分辨一样东西，先不要认定它是什么，而要先作一个客观的描写。然而，描写是相当困难的，并且每个人对同样一种东西的描写可能不太一样。因此，必须把所要描写的对象直接凸显出来，周边的东西先存而不论，一样一样地排除，此时就要配合自由想象法。

（二）自由想象法

先举个例子：如果想要知道“人”到底是什么，那么可以问：“如果一个人车祸受伤，断了一只手，这样还算是人吗？”当然，这样叫作独臂人。接着继续问：“那么如果断了两只手，还算是人吗？”当然还算，因为这样叫作无臂人。同样，断了一只脚叫作独脚人；就算两只手、两只脚都断了，也还是人。那么到底要到什么程度才不算是人呢？思考到最后，可能会认为如果没有头就不算是人了，因为我们从来不曾见过一个没有头的人。这就是自由想象法。

使用自由想象法去认识一个人时，也是如此，我们必须要问：“如果少了这项特色，他还是他吗？”现象学的目的就在于让人知道一样东西的本质。假设我们要了解一个人的本质是什么，首先就要把我们能够掌握的、关于这个人的所有现象写下来，譬如，身高、体重、家世背景、念什么科系、成绩如何、有什么嗜好、参加什么社团等。写下来之后，开始使用自由想象法，亦即问自己：“如果他少了这一样条件，他还是他吗？”（如果他身高没这么高，他还是他吗？）按照这种方式把每个细节一一问清楚，最后我们会发现，其中有些条件是绝对不能少的，一旦缺少了这些东西，他就不再是他了（如：他非常勇敢、非常诚实等）。通常这些东西会跟一个人内心的价值观有关，而不是与外在条件有关。

由此可知，认识一个人的时候，不应该被其外表所迷惑，因为外表很多条件都是可以去掉的。把这些外在条件去掉之后，内在特质才会凸显出来。如果没有经过这种现象学的思考过程，就很难发现一个人的本质真相，以至于容易被外表迷惑。

举例来说，电视新闻的主播一个个都很上相，每天报新闻看起来好像很有见解，但是他们真的很明智吗？我曾经看过一个主播闹了很多笑话，譬如他有一次报新闻的时候，为了让观众知道他讲的是非常通俗易懂的话，于是就念："昨天在加拿大有一架飞机，因为某些事故在空中绕了七天之后降落。"事实上当时字幕上写的是"一周"，他为了让大家了解，径自把它改为"七天"，这真是一个笑话，一般的飞机怎么可能在空中绕七天？

这就说明，判断任何东西的时候，不能只看外表，而要问："什么是它的本质？"进而使用描述法与自由想象法去思考，如此才能发现真相。

（三）地平线

那么，地平线又是什么呢？英文是 horizon，有时候也翻译成"视野"或是"视域"。人看任何东西都有视域，而这个视域就是我们所能见到的世界。例如，当你走在原野上，看到远处有一根尖尖的东西，很像犀牛角，也很像是教堂的塔尖，但你不知道它是什么。就像我们有时候看电影，会看到一个人在原野上走了很久，看到远处有一个尖尖的角，不知道是什么，于是继续往前走。一定要走到一个临界点，在那一刹那才知道它到底是什么，而在还没有确定之前，真的是完全没把握。

人的认知也是如此，往往是从模糊到明显，而在这其中有一个临界点，当那一点出现的时候，你会有一种“啊，原来是这样”的反应。我们认识别人的时候也是如此，有些人彼此同学了十几年，到某一天才突然觉悟:“唉，原来我到今天才认识你的真面目!”这时候你所认识的他已经不再是外表的印象，而是真正注意到了他的本质，这是相当不容易的。

诠释学（阅读的途径）

阅读的三种取向

诠释学（Hermeneutics）是阅读的途径，通常人阅读的时候会有三种取向:传统、个人、文本（text）。

（一）传统

我们念一段文章时，往往会受到自身“传统”的影响，因为传统提供了各种参考的立足点。没有人是完全客观的，任何人在开始思考、使用概念来表达的时候，都一定会受到自身的传统对语言的限制，然后影响到自己看事情的角度、方法和结果。例如，我们平常念书的时候，就很容易把儒家、道家的一些传统观念加在所阅读的材料上。

（二）个人

阅读的第二种取向叫作“个人”。每个人都有自己的成长经验，没有去过农村的人，觉得“农村”一词听起来有一种田园之美；而在农村成长的人，则不尽然认为如此。这就说明人们会从自己这个角度来阅读。同样一篇文章给不同的人阅读，每个人都会有不同的心得，也是一样的道理。

（三）文本

“文本”是指不要从传统或个人的角度阅读，而是要看文章本身写作的方式。以前的人念书讲求“以经解经”，譬如阅读《论语》时，就尽量不要用其他材料，而要用《论语》本身来解释《论语》。这就是一种文本取向的阅读方式，也是一种比较偏向学术性的态度。

当然，前面两种取向也不可或缺，各有其存在的理由，因为没有任何人能够完全摆脱传统文化与个人经验。重要的是，我们要知道自己的传统是什么，如此一来，就会有比较明确而清楚的立场。知道自己的立场之后，就能够了解有什么优缺点。此外，还要懂得自我批判，也就是说，尽管我们有自己的立场，但要知道这并不是唯一的或普遍的立场。如此一来，当别人的意见跟自己不一样的时候，就可以知道原因，而不会引发直接的冲突。

阅读的四个步骤

阅读一篇文章时有四个步骤:(一)文本“究竟”(did)说了什么?(二)“想要”(would)说什么?(三)“能够”(could)说什么?(四)“应该”(should)说什么?

(一)文本究竟说了什么?(What did it say?)

读到一篇文本时，如果是翻译书或文言文，则要把原文研究清楚，如果连原文的字句都不够清楚，念了半天最后发现是版本有问题，那么之前花的工夫也就没有用了。所以在阅读文本时，第一步就要先弄清楚，它字面上在说什么。

(二)文本想要说什么?(What would it say?)

一句话之所以会被作者写出来，背后一定有一些相关条件。举例来说，如果一百年后有人要研究台湾文化，会发现台湾很多文章中都出现“两岸关系”这个词汇。事实上台湾本身怎么会有两岸呢?

那么所谓的“两岸”究竟是指什么？

当然，我们现在写到“两岸”时不需要特别解释，大家都很清楚了解作者所要表达的，这就是一个时代的共识。任何一个时代都会有一些基本共识，而这可能是将来的人所无法了解的。又譬如，几十年后的人随便看一张现在的报纸，发现里面提到了“9·11”，他可能就无法了解这代表了什么意思。

同样，同一个圈子里面的人彼此谈话时，会有很多“意在言外”的情况，亦即话中虽然没有明白地说出来，但是意思却表达出来了，而这是局外人无法了解的。因此，在研究一篇文章的时候，必须注意到作者是谁、生平背景如何、当时有些什么思想等，因为相同的话从不同的人口中说出，意思可能有很大的差别。

（三）文本能够说什么？（What could it say?）

中国有一部书《十三经注疏》，对中国古代的经典有很详细的注解。以《论语》为例，原文只有小小的一本，但是注解却有一大本。我曾经仔细研究《论语》的注解，历代以来至少有四百多家注解，原文每一句话至少都有五六种讲法，而每一种讲法都有些道理。这就说明每一句话都是有生命的，它能够通过不同时代研究者的心得而表现出来。

不同的人读同一本书，往往会得到不同的理解，特别是人文方面的书籍。譬如一篇莎士比亚的作品，就有各种不同的解释，所以这些解释都代表可能性，而人类思想的特色之一，就在于把这些可能性表现出来。

有时候吊诡的是，连原作者都不完全清楚的意思，却能够被别人发现，譬如台湾有位作家郭良蕙，写了许多言情小说。她写小说的那个年代，台湾的社会风气还很封闭，往往只有圣诞节的时候才有舞会。而这位作家在写作时，经常把圣诞节舞会作为故事开场，男女主角在舞会中认识，发生恋情，过程轰轰烈烈，最后以悲剧收场。后来有人研究她的小说，说她的小说是以圣洁的信仰作为开始，有着宗教的仪式，其后渐渐发展出各种复杂的关系等，分析得非常深刻，就连郭良蕙本人看了都很惊讶，因为她自己也没有发现自己居然有这种想法。

我们可以说：当原作者说出了一句话之后，那句话就已经离开了他这个主体，而变成大家都可以阅读的共同材料。至于阅读后产生的理解，则要视个人程度如何而定。例如，孔子曾说："吾十有五而志于学，三十而立，四十而不惑，五十而知天命……"（《论语·为政》）只要读过《论语》的人，都知道这句话是什么意思，但是否真正能够了解其内涵？因为大部分人恐怕只明白字面的意义。譬如我现在问："什么叫作没有迷惑？"——如果自己本身都做不到没有迷惑，又怎么可能了解什么是没有迷惑？所以在解释这句话的时候，要知道自己的限制所在。

此外，人对于文本意义的掌握，往往是不断扩充的，譬如你十年以前读《红楼梦》，跟十年以后再读，一定有不同的体验。如果体验完全一样，代表你这十年来完全没有进步。

这也说明，任何一本书都是有生命的，而读者可以将人生的体验与书中描写的情境互相对照，甚至是彼此启发、互相印证。所以，“它能够说什么”所包含的，就是无穷的可能性。

（四）文本应该说什么？（What should it say?）

当我们读完一篇文章时，终究还是要表明自己所理解的立场，判断到底哪一种说法才是对的，而不能保持中立。举例来说，许多人在争论孔子到底有没有信仰，有些人就用《论语》中“未知生，焉知死”“未能事人，焉能事鬼”（《论语·先进》）这两句话来说明孔子对死亡不了解，或者是没有兴趣，因而认为孔子对鬼神是采取不可知论的立场。这就是一种解释或一种观点。事实上，如果仔细研究，会发现《论语》中“死”这个字总共出现了三十八次，而“生”这个字也不过才出现了十六次，我们怎么能轻易判断孔子不了解死亡呢？

总而言之，无论是在理解古代经典还是现代人写的文章时，都必须去问：“它究竟说什么？想要说什么？能够说什么？应该说什么？”到了“应该”说什么这一步，就必须提出个人的见解。亦即要根据之前的“究竟”“想要”“能够”，最后判断出“应该”说什么，这一部分是我们必须自己负责的。

结论：心智成长的方法

本章对逻辑、语言分析、现象学、诠释学这四种方法简单作了介绍，每一种方法都有特定的对象与目的，使用时要考虑何者适宜，并在运用时互相搭配。

逻辑是思考的规则，这种规则性的训练让我们在判断一个人讲的话是否合理时，不只要看它是否符合事实，还要看它在形式上是否合乎逻辑的要求。

语言分析是表达的效应。人类的沟通要靠语言，但是语言究竟能够让人沟通到什么程度，则是到现在都难以回答的问题。《庄子·秋水》里面有一段故事很有趣：有一次庄子和惠施在桥上看鱼，庄子说："鱼真是快乐啊！"惠施听了以后质疑他："你又不是鱼，怎么知道鱼很快乐？"庄子回答："你又不是我，怎么知道我不知道鱼快乐呢？"惠施于是说："是啊！我不是你，所以不知道你是不是知道鱼快乐；而你不是鱼，所以你也不应该知道鱼是不是快乐。"庄子最后回答："让我们回到开头讲的话，当你听到我说鱼快乐时，就知道我知道鱼快乐。至于我怎么知道鱼快乐呢？我站在这里一看就知道鱼快乐。"①

事实上，庄子知道语言的表达难免有其限制，譬如我现在很痛

① 原文如下：庄子与惠子游于濠梁之上。庄子曰："鲦鱼出游从容，是鱼乐也。"惠子曰："子非鱼，安知鱼之乐？"庄子曰："子非我，安知我不知鱼之乐？"惠子曰："我非子固不知子矣；子固非鱼也，子不知鱼之乐，全矣。"庄子曰："请循其本。子曰：'汝安知鱼乐'云者，既已知吾知之而问我，我知之濠上也。"

苦，但可以告诉别人我很快乐；我现在明明很快乐，但却可以告诉别人我很难过。由此可知，人用语言所表达出来的不见得是真相。至于人是否能够与其他生物沟通呢？应该可以的。有生命之物皆有感受能力，有感受就会产生情意，有情意就可以相通。因此当我们看到鱼在水中悠游时，说鱼很快乐，有什么不对？这说明在正常情况之下，人与宇宙万物是可以相通的，而语言在这时候只是一种不太完备的工具而已。

所谓“此时无声胜有声”，有时候不说话所表达出的情意远超过说话；相反，有时候话说得越多，误会反而也越深。庄子十分清楚语言的限制，所以他说真正的好朋友见面时，应该是“相视而笑，莫逆于心”。

不过，虽然有所限制，语言仍然是重要而特别的，因为它是承载意义的主要材料，人不能离开语言而生活。

现象学是辨物的策略。如果我们想要真正认识一个人，不妨使用这种方法。当然，人是会变的，所以我们要知道他的“志向”，然后就能掌握到他改变的方向；相反，若我们不知道一个人的志向，那么看到他在改变时，就会觉得迷惑了。

最后一项诠释学，是阅读的途径。念书的时候要常常想：“我是不是念懂了？作者是这个意思吗？我所理解的是他想要表达的吗？”这时候我们就要借用诠释学的方法，分辨文本说了什么、想要说些什么，而这些会随着我们对作者的相关背景了解得越多，得到越深刻的体认。此外，当读者本身的经验日益丰富，也更能与文章互相呼应。每隔几年重念一本书，可以测量出自己在这几年之内心智成长的速度和方向。

人有理性，可以思想。即使没有人教导，也会从经验中自己反省、思考出一些观念。这些观念可以帮助我们安排生活，但是未必永远有效。因此，学习思想方法，是心智成长必要的一环。如何思考，如何表达，如何辨物，如何阅读，这四者配合起来，并且善加应用，相信不难抵达孔子所谓“四十而不惑”的境界。谈到“爱智”，显然也必须从这一步出发。

第三章　人性的真相

认识思想家

亚里士多德（Aristotle，公元前384—前322）

柏拉图的杰出弟子，在亲炙了柏拉图二十年之后，说："吾爱吾师，吾尤爱真理。"他认为建构知识应该由经验世界的材料出发，通过观察、归纳、分类、实验、综合，形成各种领域的研究内容。

在哲学上，他的"十大范畴"之说，对于逻辑及思想方法的探讨影响深远；他的"四因说"（质料、形式、动力、目的）及"潜能与实现"之说，对于人们理解具体存在的一切，大有帮助。而"形而上学"（metaphysics）一词，也是从他的著作内容所建立的学科。他的学术成就极高，足以称为希腊哲学的集大成者。

马克思（Karl Marx，1818—1883）

德国哲学家，由犹太人家庭背景转变为无神论者。认为人性是"人自己在历史发展的过程之中制造出来的"，因此与人的阶级及生产方式有密切关系。

弗洛伊德（Sigmund Freud，1856—1939）

奥地利心理学家，出身犹太家庭。于1900年出版《梦的解析》，提出“潜意识”概念，开创了精神分析学派，对西方世界乃至全人类，皆有极大的影响。

柏格森（Henri Bergson，1859—1941）

法国哲学家，文笔优美，思想富有吸引力，曾获诺贝尔文学奖。以“创化论”之说，强调创造与演化并不相斥，因为宇宙是一个“生命冲力”（élan vital）在运作，一切都是有活力的。他反对科学上的机械论，心理学上的决定论与联想主义。

他认为人的生命是意识之绵延或意识之流，是一个整体，不可分割成因果关系的小单位。他对道德与宗教的看法，亦主张超越僵化的形式与教条，走向主体的生命活力与普遍之爱。

本章主题对每一个“人”来说，一方面会觉得非常熟悉，另一方面却又感到复杂而遥远。世界上七十亿人，没有两个人完全一样。人类的表现千差万别，有时候善良而高贵，有时候又丑恶得令人失望。因此，确实有必要认真思考：“人性到底是什么？”

我们将从古希腊、中世纪以及近代欧洲三个阶段进行讨论，这三个阶段分别对应了三种不同的人性观点。由西方的背景开始探讨，主要是因为从希腊到欧洲近代，西方文化的发展有着一脉相承的系统。

如果从中华文化的背景来探讨这个问题，就只能回到古典的材料上，以儒家与道家为焦点（因为我们历代思想的进展性比较不明显，学者们不断“温故而知新”，而很少采取截然不同的观点）。这一方面，将在本书第九章与第十章再作详细说明。

第一阶段是古希腊时期，此时期偏向从“人的现状”来看待人性的问题，亦即就一个人具体的生命有什么样的能力、表现、要求等进行探索。

第二阶段是中世纪时代，此时期的西方文化以基督宗教为主，各方面的想法都与宗教有关，所以要从“人的起源”来看待人性的问题，亦即相信“人是上帝造的”。这个定位给了人性一个很清楚的轮廓。

第三阶段则是近代欧洲时期，这个时期是从达尔文（Charles R. Darwin，1809—1882）提出进化论之后逐渐发展形成的，此时期所关注的问题是“人的生命特色”，转而探讨“人应该往哪里发展”。

就人的现状而言（希腊思想）

谈到希腊思想，我们要参考三种观点，分别是荷马（Homer）史诗、德尔斐（Delphi）神庙，以及亚里士多德的哲学。

荷马史诗：能够 = 应该 = 必然

荷马是希腊时代的重要作家，著有《伊利亚特》《奥德赛》等著名史诗。荷马史诗中有许多复杂的故事，描写神明与人间的互动关系。人类社会所发生的许多事情，有些在表面上看来好像是神话，其实都有历史事实作为根据。在最古老的时代，人类因为生活上的需要，而发展出各个不同的群体与社会。群体之间可能会为了某些利益、某些观念，或者是其他的理由而形成竞争、斗争及战争。荷马史诗所要反映的就是这样的情形，他的描述中也出现了对人性的反省。

荷马史诗中对于人性的了解，基本上是一个“能够 = 应该 = 必然”的公式。“能够 = 应该”是指：只要我能够做到，就应该去做。譬如，如果我能够攻下一座城池，那么就应该去攻占它，否则我的这个能力就是无谓的、不能落实的。换言之，上天赋予我这么大的能力，就是要我把它展现出来。而“必然”则代表命运。譬如，我能够攻下这座城池，我就应该攻占它，并且，命运必然规定我要攻占它。

这种观点反映出所谓“强权就是公理”的思考模式：如果我今天是一个强者，因为我有这个能力，就可以欺侮其他的弱者，没有人可以制止我。换言之，我的能力可以使行为获得正当性（justification），亦即所有行为都是“应该做的事”[①]，而带来自我肯定。这种思考模式显然会产生误导，因为如果只要是能够做到的事就应该去做，那么这个世界岂不是没有客观的正义吗？

然而，“能够 = 应该 = 必然”这种想法的确比较原始，能够反映出古老社会中人与人之间以能力为主的互动方式，而能力又可以延伸为权力和暴力。如果以这种思考模式来看，因为我是一位老师，能够让学生考试不通过，所以我就应该让学生考试不通过，这是命运规定我必然要让学生考试不通过，否则我的能力就没有展现。然而，这种说法对学生而言岂不是很不公平？似乎学生只能够成为待宰的羔羊了。

用这种方法来理解人性，的确会出现很大的偏差。一个人的生命阶段中，青年进入壮年这个时期在各方面都处于高峰，因此就算为所欲为，别人可能也阻止不了。然而，我们都曾经幼弱，将来也会衰老。当我们处于这两个阶段时该怎么办？因此，人的生命不能只看光辉灿烂的这个阶段，而需要留些后路。换言之，在思考时必

① “应该做的事”就是一种权利，“权利”的英文是 right，这个字也有“正确”的意思。由此可知，“应该”一词往往代表着一种正义，亦即，只要去做应该做的事，就是正确的。

须注意到普遍性的问题。亦即，一个理论的提出，应该能够适用于人生中的每个阶段，以及社会中的每个人。如此一来，对人性的理解才是比较完整的。

如果对荷马的史诗稍有认识，就会发现，其中对英雄人物的描写往往只有一个基本观念，就是“打遍天下无敌手”，听起来有点像金庸小说《雪山飞狐》里的苗人凤。这基本上是一种比较原始的思想，在武侠世界里面屡见不鲜。武侠世界中很少有所谓的正义，往往只要谁武功最高、天下第一，就可以当上盟主，决定许多事情。当然，由于这些武侠小说是中国人写的，所以往往会把它与一些道德观念连在一起，譬如“善恶到头终有报”等。因此，武侠小说比起荷马史诗中描写的那种纯粹以能力、权力、暴力决定一切的情况，还是进步一些。

这种以能力决定一切的方式，使人们得到许多惨痛的教训，由此造成了西方社会的发展再推进到第二个阶段，也就是德尔斐神庙的阶段。

德尔斐神庙：认识你自己，凡事勿过度

“德尔斐”是世界著名的古希腊神庙，其中供奉的是阿波罗神（Apollo）。阿波罗神是希腊神话中的太阳神，代表着光明、理性、形式，以及各种安顿的力量，因此对很多人而言，它是一个解决人生谜题的地方。人生总是充满困惑，古代的教育又不够普及，因此

一般人有迷惑时都会到德尔斐神庙去求签，请神庙中的祭司加以解释[①]。由此可知，德尔斐神庙对希腊人来说，可以算是信仰的中心。

德尔斐神庙上刻了两行字：一行是“认识你自己”；一行是“凡事勿过度”。能够被刻在神殿上的语句一定是很特别的，都是前人经年累月体验得来的智慧。

然而，“认识你自己”，却是一件极其困难的事，一个人就算念了大学或者进入社会，都不见得能够认识自己。我们小时候总以为知道自己叫什么名字、是什么样个性的人，就算是认识自己了。然而，真的有这么容易吗？金庸小说《射雕英雄传》里有一个角色叫作欧阳锋，他号称“西毒”，武功非常高，为了练“九阴真经”而走火入魔，最后忘了自己是谁。他逢人就问：“我是谁？”黄蓉告诉他：“你是欧阳锋啊！”他接着又问：“欧阳锋是谁？”这个问题就很难回答了。

举这个例子是要说明，对自己的了解本来就是人生最困难的事情，因为人有选择和学习的可能——看了一部电影或一本书之后，你就和以前的自己不一样了。同理，只要经历过一个事件，自己也会变得不一样。譬如，许多经历过“9·21”大地震的人会说：“以前我总以为人生最重要的事就是赚钱，但地震之后，我的观念完全改变了。”一个事件的发生会使许多人对人生的看法改变，甚至变成完全不同的人。这就是“认识自己”的困难。

---

① 人生难免会有迷惑，而迷惑必须通过某种方式来加以解释。在教育不普及的社会中，需要一个宗教所代表的力量支撑，否则这个社会很难稳定发展。

认识你自己代表人在“知”方面应有的态度——与其去了解世界，不如多了解自我，因为人对世界的了解永远不可能足够，也不可能停止，只有自我对每个人来说才是最切身的。俗话说得好：“学海无涯，回头是岸。”所谓“回头是岸”即是指：回到自己身上，了解自己。这反而是一个出发点。

刻在德尔斐神庙上的第二句话是“凡事勿过度”。这句话是与行为有关的，亦即做任何事情都不要太过分，要懂得适可而止。我们年轻的时候，常因为气盛而较为决断，多年以后才感到后悔。其实，无论做任何事，到了某个程度就该停下来省思，要给自己、也给别人留点余地。这就是神庙中的教训——凡事皆勿过度的真义。孔子也懂得这个道理，所以孟子说他是：“不为已甚者”（《孟子·离娄下》），意思就是：孔子做任何事都不会太过分。

由此可知，德尔斐神庙上刻的两行字，一行代表对“知”的态度，一行代表“行”的原则。一般人就算没有受过教育，也可以从这两句话得到一些启发。如此，对人性的了解就会比较完整。

亚里士多德：人是理性的动物

我们至此已经知道，希腊时期一开始对人性的看法是“为所欲为”，亦即“能够＝应该＝必然”（第一步）；接下来逐渐在“知”“行”方面有所限制（第二步）。接着要讲到第三步，也就是哲学开始出现之后的思想，以亚里士多德为代表。

或许我们对亚里士多德不是很了解，但对*EQ*（*Emotion Quotient*）这本书（中文名称是《情绪智商》）应该熟悉得多。这本书在第一页即引用了亚里士多德的话："任何人都会生气，这没什么难的。但要能适时适所，以适当的方式对适当的对象恰如其分地生气，可就难上加难。"因为要能够恰如其分地生气，必须具备高度自我反省、自我判断、自我约束的能力。

亚里士多德对人性有一个简单的说法："人是理性的动物。"这句话大家都耳熟能详。的确，人与其他动物的差别，就在于人有理性。在亚里士多德看来，人的特性在于"灵魂根据 logos 来运作"，而"logos"一词在希腊文的原意包括"言说、叙述、理性、定义、理性官能、适当比例等"。这些相关的语词所描述的，即是"人"这种有理性的动物。

后代的人由"logos"推衍出"logic"（逻辑），并且许多学问都在字尾加上此字，如 Biology（生物学）、Psychology（心理学）、Sociology（社会学）、Theology（神学），等等。这代表所有的学问都要靠理性运作才可以成立。

人有理性，可以学习，亚里士多德在他的《形而上学》一书中，开宗明义就说："人类天性渴望求知。"如果人类都能发挥这样的理性，天下还有什么问题不能解决？人类世界应该是和谐而安详的。但是我们接着要问："为什么有理性的人会做出许多非理性的事情？有时候做了一件事自己觉得后悔，别人也觉得难以理解。并且，为什么身为理性的动物，还是有许多行为是不可预测的？"由此可知，这个定义本身太过单纯，只注意到动物与人的差别，而没有注意到人类本身并未完全排除动物的特性，因而有着非常复杂的结构。不过，在古希腊时期，就算想要进一步研究人性，也缺乏知识方面必要的条件，如各种科学上实验、观察、研究的方法等。

就人的起源而言（基督宗教）

中世纪时期也就是一般所谓的罗马时代（公元二世纪至十五世纪）。这个时期罗马人统一了整个欧洲，还横跨到亚洲与非洲部分，成立了罗马帝国。在哲学的领域谈论中世纪感觉好像很遥远，因为这个时期并没有特别重要的哲学思想可以影响到现代人，它是一个以宗教为主导原则的时代。

基督教与天主教

基督教和天主教看起来类似，其实是不一样的。究竟这些教派如何区分？

凡是信仰基督的团体都称作“基督宗教”，也就是英文中的Christianity这个字。基督宗教又分成三大系统：天主教（Catholic）、东正教（Orthodox）、新教（Protestant）。这三个系统相信的是同一本《圣经》，但是解释的方式却不完全一样。

天主教是这三个系统中历史最悠久的，由耶稣亲自创立，任命门徒彼得为教会领袖。天主教以罗马作为中心，从古至今一脉相承。若以个别宗教来看，天主教是目前全世界信徒最多的宗教，总人数超过了十亿。

十一世纪时，在希腊半岛出现了另一个派别，成立于罗马的东方，因此被称为“东正教”。东正教从希腊半岛往北延伸到俄罗斯，这些地区所谓的基督徒，大多是信仰东正教的。所以我们读到俄国作家陀思妥耶夫斯基（Fyodor Dostoevsky，1821—1881）的小说时，会发现许多描写上帝的观点，是以东正教为背景的。

到了十五、十六世纪，罗马帝国瓦解，欧洲开始兴起民族思潮，各地出现民族独立运动，建立民族国家，譬如，日耳曼人建立了德国，盎格鲁－撒克逊人创立了英国，法兰克人则创立了法国。配合这种民族思潮，也开始产生宗教改革运动，宗教逐渐变得本土化，开始有一些新的宗教领袖出现，譬如，德国有马丁·路德（Martin Luther，1483—1546），英国有英王亨利八世（Henry Ⅷ，1491—1547），瑞士有加尔文（John Calvin，1509—1564）。这三大教派统称为“反对派”（Protestant），英文 protestant 具有“反对”的意涵，中文译名称为“基督教”，因相对于原本的天主教（旧教），又称为“新教”。

新、旧并不代表价值判断，其分别在于：旧的天主教是一脉相承的，至今都还是由罗马教宗来领导；新的基督教则是各自分立的，相当多元化，目前有名可称的新教已达两百多派以上。

我记得在 1986 年时，曾赴美国参加一场“世界宗教大会”的研讨会，在分组讨论的时候，我的这一组有一位四十岁的女士，居然声称自己是一位教主。我觉得很好奇，于是请教她："你这么年轻怎么会变成教主呢？"她回答："我住在美国德州（Texas）的南部，整个村子里只有我一个人念过大学，大学毕业之后回到家乡。当时村里的人星期天找不到牧师，因此请我带他们做礼拜。于是我开始讲解《圣经》，另外又配合了《易经》和《老子》里的思想。大家觉得我讲得很有道理，就捐钱给我，并且盖了一座教堂，我就变成教主了。"

这就是新教发展的模式之一，往往具有本土色彩——无论到了任何地方，都会与当地的特色结合。只要经济上能够独立，主持者可以自由形成某种特定的解释方式。这种解释方式往往得自于个人的启发，而未必具有完整和一贯的系统。如此一来，容易与原始的基督宗教渐行渐远，有时候甚至会出现一些奇怪的教派和光怪陆离的传教方式。不过，这里所说的基督宗教并不只是指新教，而是指所有信仰耶稣基督的这个系统，也就是包括了天主教、东正教和新教。这三个系统中，天主教已经存在了两千年，东正教从十一世纪开始，而新教则是从十六世纪开始。这三个系统全部加起来的人口多达二十亿，是世界各大宗教中排名第一的。

上帝造人：神的形象与原罪

基督宗教认为人是上帝创造的，这样的"人"具有两点特色：神的形象与原罪。

每个人的心中都有神的形象，不论住在天涯海角，人的内心之中都有一点灵明，可以让他在许多关键的时刻发现自己具有神性。但是人因为有身体，所以也无法排除兽性。由此可知，人是介于神与兽之间的[1]。神的形象代表正面的力量，亦即每个人都有良心，会自我要求去行善。

另一方面人还有原罪。自古以来就不断地有人在犯罪[2]，譬如有一部电影叫作《七宗罪》(*Seven*)，其中描写的就是基督宗教中的七大死罪。在这部电影中，有七种人因为分别犯了骄傲、忌妒、暴食、好色、愤怒、贪婪、懒惰的罪行，而被残杀。骄傲是七大死罪中的第一条，因为一个人如果骄傲，就会忘记自己原是受造之物，以为自己很伟大，可以自行成就许多事。

既然世界上很多人犯罪，那么就要问："罪是怎么来的呢？难道是上帝造了会犯罪的人吗？"这种说法其实对上帝不太公平，因为上帝在造人的时候，应该不会故意要造一个会犯罪的人，他只想要让人有自由、可以选择。然而，任何一种自由选择都隐含了犯错的可能性，否则就不能叫作自由选择了。

我的女儿念初中时，我认为她应该已经可以学习自己负责了，于是告诉她："你现在上初中了，做什么事情都要自己决定、自己负

---

① 尼采即认为人是桥梁，两端分别是野兽和神，而人应该要从野兽的一端走到神的一端。

② 这里并非单纯地指违法，事实上违法还算小问题，有时候只是因为一时忽略，或者是对法律的无知而造成的。这里的犯罪是指：面对神明，却在起心动念与言行上违背他的旨意。

责。”她听到之后问：“我真的可以自己决定吗？那我第一个就选择不要上学！”我赶紧接着声明：“除了这个以外！”事实上，我们常会说：“除了这个以外，别的随便你选！”结果最后有一堆“除了这个以外”，那干脆不要选吧！我相信很多人在上大学选填志愿时也有过类似的经验，父母表面上尊重你的意思，其实不断想左右你的选择，最后干脆由父母选算了。其实自由选择的意思就已经包含了犯错的可能性。

总而言之，人有“神的形象”，这代表正面；但是又有“原罪”，代表了负面。举个最明显的例子，每个人都有惰性与劣根性，有时候会觉得内心出现一种难以了解的、可怕的欲望，是不能说出口的。就像英国作家兰姆（Charles Lamb）有一段自我解嘲的话说：“有些人称赞我是好人。这种名声实在来得太容易了！付清你的贷款，不要向人借钱，不要扭断小猫的脖子，不要打扰大众的聚会，等等，这样就够了。但是我却真正了解我自己，假使朋友们知道我的真面目的话，恐怕要像逃避瘟疫一样溜之大吉了。”当然，心中想的和实际做的是两回事，如果要以一个人心中所想的来评定一个人，那么天下恐怕没有人是真正的好人了。

换个角度来看，如果没有想过坏事，又怎么知道坏事是好，或是不好的呢？如果一个人心中从来不曾出现不纯洁的念头，那恐怕是受到妥善呵护的温室花朵，未曾经历过任何考验，那么这种纯洁又有什么值得肯定的？相反，如果一个人在社会上打滚，却能够出污泥而不染，才真正值得喝彩，因为他知道只要有一个念头不对，随时都有可能犯错，也知道犯错可能产生的后果。这些都明白以后，还能够选择自己该做的事，这才是真正的抉择。

得救之途：信、望、爱

在基督宗教中，一个人如果要得救，必须通过信、望、爱三种德行。信就是信仰，也就是我们常听到的“信耶稣得永生”。

不要以为基督宗教在一开始就很顺利，然后席卷整个西方中世纪的一千多年。事实上，基督宗教刚创立时饱受迫害，许多教徒被到处追杀。当时的基督徒被抓到的话，首先要被处死，其次则是财产被没收，而财产则归于举报的人，因此大家都很乐意去检举基督徒。

罗马帝国有一栋著名的建筑，叫作“斗兽场”。找谁来斗兽呢？其中之一就是基督徒。基督徒被抓到以后就被关到场内，跟饿了好几天的狮子决斗。这是非常恐怖的事情。然而，令人困惑的是，一般人在被咬死之前，都会恐惧发抖，跪下求饶，但很多基督徒却能够在狮子扑上前时拥抱狮子。为什么？因为他相信，为了信仰而牺牲生命叫作殉道，一个人如果能够殉道，无论生前曾经犯过多少罪，死后都会直升天堂。

想想看，人生只有短短的数十载，最后终究是要衰老、生病、死亡，而死了之后是否能够上天堂都不知道。现在有一头狮子能够让你因耶稣的名义而死，这实在是太划算了！当时的罗马人看到这种情况之后，也深深感到困惑及讶异，以致到最后连罗马皇帝都接受这种信仰，并且在公元380年定为国教，让全国上下全部改信基督宗教。

当然，信仰的领域是很难考察的，也无法证明是否信耶稣真的会得永生。但就像我们无法“证明”人是否有灵魂[①]一般，一旦相信之后，人生的视野将会豁然开朗。由信仰可以产生“希望”，就是面对生老病死的必然规律而不害怕，即使遭遇世间一切痛苦的折磨，也不会放弃乐观盼望的心情。然后以信仰与希望为个人生命的基础，发挥无限的爱心，不但可以“爱人如己”，甚至要舍己为人，因为他相信神就是爱，人除了“爱”之外，一切都是虚幻的。

人生在世，若有“信、望、爱”三德，死后将获得永生。这是基督宗教的核心理念，也是人唯一的得救之途。可惜的是，自古以来能够充分实践的人仍是少数。

中世纪≠黑暗时代

中世纪是一个大体上安定的时代，一个时代能够稳定长达一千多年，似乎不应该被称为“黑暗时代”。这个时期的人能够生活平静，原因之一是他们信仰宗教，活在来世可以得救的希望中。真正

---

① 虽然我们无法证明灵魂的存在，但仍倾向于肯定灵魂的存在。荣格（Carl G. Jung，1875—1961）说：“许多人身体健康，心智正常，但是并不快乐！”这就是因为灵的层次没有开发。若我们否认灵魂的存在，则无法解释这一类问题。

的黑暗是心灵上的黑暗，而与科学上的发现、发展、发明无关。如果以科学的进展作为评断黑暗与否的标准，未免太过狭隘。

举例来说，当你早上醒来，是否能够回答“我为什么还活着”这个问题？我们念高中的时候可能会想：“我活着是为了要考大学。”那么上了大学以后呢？出了社会又是如何？可能有人会说：“活着是为了赚钱。”但事实上，赚钱赚到某个程度以后，也会觉得这种日子实在是无趣。所谓“路长人困蹇驴嘶”，人生的道路的确是很辛苦的。那么，到底人有多少把握可以说自己“活得很有希望，知道自己为了什么而活”？

中世纪的人有把握这么说，因为他们从小就开始上教堂，聆听宗教教义，长大以后则有一个目标，就是要“信仰上帝以拯救自己的灵魂”，他们所做的任何事都是为了这个目标。如此一来，在人生的道路上自然比较稳定，能够按部就班走下去，而不会感到迷惑与彷徨。

有一首描写中世纪骑士的诗，内容的大意是：有个骑士从马背上摔下来，在还没掉到地上的那一刹那，他的心中出现一个悔恨的念头：“请神宽恕我的罪恶。”那么，他即使摔死了也会得救。

我们可以想象，这是一种多么幸福的状况！如果有一天我们在家里睡觉，忽然发生地震，在快要死亡的那刻，我们请求神宽恕，结果死后就上天堂，这多好啊！而中世纪的人确实是这么相信的，因此他们的内心能够比较安定，也不会因为生命中的苦难而绝望。

信仰所强调的是“意念的转变”。换言之，所谓信仰有时候不太在于你做了什么事，而是在于你的“心”究竟怎么想。有一句话是这么说的：“有心为善，虽善不赏；无心为恶，虽恶不罚。”由此可知，有心和无心就有了差别。宗教之所以不太在乎人所表现出来的行为，是因为行为是相对的，有时候乍看之下是坏事，久而久之却变成了好事。譬如，一个学生也许因为做错事被老师处罚，结果反而发愤图强考上了很好的学校。人生是很奥妙的，任何一个因素都有可能使一个人产生转变。有时候老师讨厌一个学生，反而把学生带往了光明的前程；相反，有时候父母太照顾孩子，却把孩子给宠坏了。

人类的生命特色与未来发展（近代世界）

西方从中世纪跨入近代世界，是一个急剧的演变过程。西方人在思想上经历了一连串的震撼，无异于一次次的“革命”。譬如，在宇宙观方面，出现了天文学的革命，由日动说转变为地动说；接着，著名的进化论①带来了生物学的革命。

关于人类起源的问题，由于“上帝造人”是宗教所给的答案，无法在经验上获得验证，随着人类知识的进展，科学家开始进行客观的研究，探讨生命起源的问题。其中以达尔文在1859年《物种起源》一书中，所提出的“进化论”最具代表性。进化论认为人和其

---

① 关于进化论的讨论参见本书第十四章。

他动物一样，是进化而来的，在生命的本质上不应该有差别。如果真是如此，那么所谓人格的尊严也就没什么特别的基础，更遑论人生有什么特别的价值。

可以想见，达尔文的学说出现以后，对西方原本以宗教为基础的价值观造成很大的威胁，也产生了强烈的影响。近代西方文化中的重要人物几乎都受到达尔文的启发，包括尼采、弗洛伊德等人。换言之，达尔文使人们的观念大幅转变，让人们开始不去询问“神如何造人”，转而着重于探讨“人到底是什么样的生命”。如此一来，也就从“以神为主”转变为“以人为主”，真正去观察人类生命的特色，以及人性究竟为何。

从达尔文到柏格森

达尔文的说法流行之后，在法国出现了一位哲学家——柏格森，他把进化论修改为“创化论”。所谓的“创化”，就是把创造（creation）和演化（evolution）二者结合，亦即把“上帝创造人类”和达尔文“进化论”这两种思想联系起来，认为整个宇宙都具有生命，甚至它本身就是一个生命，而生命一定要发展。

达尔文的问题在于“一条鞭法”，亦即认为所有的生命都是同一个来源，从低等到高等慢慢发展，最后出现了人类。柏格森则认为物种的发展并非只有一条路，至少应该有三种途径：植物、动物、人类。因此，我们实在没必要说动物是我们的祖先。更何况，达尔文自己也承认动物和人类之间有一个“失落的环节”（the missing link），一直没有办法找到。既然如此，我们又怎能肯定说人是从猴子演化而来的呢？

我的女儿小时候就读于基督教主办的怀恩幼儿园，老师常常会介绍圣经故事，她当时回家就会问：“老师说人是上帝造的，那么上帝是谁造的呢？”我听到这个问题一方面很高兴，因为这么小的孩子能够提出这种问题的确不容易，但是另一方面也有压力，因为要对这么小的孩子解释这种问题太困难了，于是我只好回答：“这个问题太复杂了，你长大以后就会明白。”直到她上小学五年级时，有一天放学回来告诉我，说我以前都在骗她，我赶紧问：“我以前怎么骗你？”她答说：“我今天才知道人是猴子变的！”原来她在学校看到儿童百科全书，上面还有图片为证，说明人是从猴子变的。当时我觉得这真是太离谱了，因为就连达尔文都承认猴子和人类之间有一个“失落的环节”，百科全书怎么能够把它连贯起来？事实上这一点到现在都还无法证明！

失落的环节：理性思考

根据简单的测试，当人的身体与猩猩一样大的时候，猩猩的体力比人大四倍。除此之外，人与猩猩还有什么差别？当人的头同猩猩的头一样大的时候，人的大脑占的比例比猩猩的大脑多四倍。由此可知，人类作为万物之灵，在自然界之中其实是非常脆弱的，并没有什么值得自豪的地方。然而，由于人有理性、可以思考，所以胜过其他动物。

马克思曾经说过一句话："再好的蜘蛛所结的网，也比不上一个最差的工人所造的房子。"这是因为蜘蛛结网靠的是本能，不需要经过学习，并且，无论结得再怎么精密，都只是一张相同的网。工人不同，他造房子不是靠本能，而需要先思考："房子要怎么造？造了之后给谁用？该有什么样的窗、什么样的门……"这些都是经由学习与思考而来的。

有一个故事是这样的：有一只狮子从小在羊群中长大，由于它的叫声和羊的叫声不同，所以常常感到很自卑、很沮丧。直到有一天晚上，这只狮子听到对面山头的狮子大吼一声，突然被唤醒，觉悟了那才是它的同伴，于是回到狮群之中。这个故事说明动物无论谁去养大或怎么养大，它都还是原来的样子。人则不同。在德国有狼人的个案：有一个小孩从小被丢到森林中，被狼养到十六岁，最后被猎人发现。之后许多人开始进行研究，想知道一个人被狼养到十六岁，还有没有可能回到人的世界。最后发现不可能，这个狼人就连要用双足行走都做不到。

人类可以用双脚走路是一件非常特殊的事情。在电影《上帝也疯狂Ⅱ》(*The Gods Must Be Crazy II*)中，有一个小男孩要去找爸爸，在路途中遇到土狼。这种土狼很可怕，当成群结队地行动时，连狮子都要让几分。土狼靠近这个小男孩想要咬他，小男孩看到，赶紧抓了一块木板放在自己头上。土狼看到小男孩比自己高，就不敢接近。于是小男孩慢慢地走，土狼也在后面慢慢地跟，突然木板断掉一半，土狼就追过去了。这一段剧情固然颇有戏剧性，但是也相当符合实际的情况——动物对于看来比自己高的生物，都会比较畏惧。而这个世界上，能够双足独立、快速行走的哺乳动物，也就只有人类。讲得更明白一些，所有的生物之中，只有人类的头是在颈椎上面，其他生物的头都是在颈椎前面。

人与动物的分界

柏格森认为人与其他动物的分界在于：所有的动物都是用身体的器官作为谋生的工具，譬如，狮子、老虎的爪子与特别锋利的牙齿，而被它们追捕的羚羊则是跑得特别快；人的特别之处，在于可以使用身体以外的东西作为谋生的工具[①]，所以人可以使用、发明、改善工具，进而改造世界、创造文明。这一点是人与动物最基本、最明显的差别。

此外，动物具有种性[②]却缺乏个性，人类则是除了有种性之外还有个性。例如，一个人晚上回家经过巷子，看到黑影闪过去，会觉得紧张。仔细一看，发现那是一只猫，才放下心来，因为猫不会对

① 有人研究了非洲黑猩猩以后发现，它们懂得用竹竿、树枝挖出蚂蚁作为食物，因此认为它们跟人类很接近。事实上这种推论失之独断，因为黑猩猩对于工具并没有概念。如果对工具有概念，就会懂得改善及推广应用，然而我们在黑猩猩身上并没有发现这种情况。

② 每个动物都属于动物类（genus）之中的某一种（species），并具有此一种的特性，此即称为种性。

我们造成威胁；相反，如果发现那是一只老虎，肯定会害怕极了，因为老虎会咬人。我们能够预测这些动物的行为，是因为它们只有种性而没有个性，因此，它们的本能就代表了它们的生命，很少出现不可预测的情况。人类则不同，如果我们在巷子看到的是一个人，会觉得有些疑虑，想知道他到底是“什么样的人”。这就是因为人有个性，他的行为不是用种性就可以预测的。

人和其他动物之所以会有这种差别，是因为人有自由。人有自由，因此可以作选择，我们可以选择往正面发展，也可以选择往负面发展。换言之，人的发展是双向的。

真正的生命：直观的发挥

理智让人可以活下去，但一个人真正的生命却要靠“直观”（intuition）来表现。直观和理智不同，理智一定要通过概念，而通过概念所掌握的都是抽象之后的结果，并没有碰触到真实；相反，直观则不需要通过概念。例如，光是通过一些理性的问题（如哪一省人、读哪个学校、成长背景等），无法真正认识一个人。要认识一个人，必须通过直接的接触。有时候我们一看到某个人，就会对他有一种了解，这种无法用言语来表达的了解，就是直观，也就是一般人所说的“第六感”。直观往往是可靠的，有时候可以借此分辨一个人的真伪、善恶等。

一般而言，把这种直观能力发挥得最好的人是艺术家。艺术家可以凭借他们的直观，看到变化世界中永恒的吉光片羽。就像闪电把漆黑的大地在一刹那之间照亮，一般人往往来不及反应，大地就重新回归原来的漆黑之中。但是艺术家却可以捕捉这一刹那，并且把它们用色彩或声音表现出来。这种情境无法用言语描写，但我们在看、在听的时候，就会觉得受到震撼、受到感动。

语言所能描写的通常都不是最高境界，譬如我们欣赏音乐时，常会觉得那股感受美妙到无法描述。我在荷兰教书时，有一天晚上听到意大利男高音波切利（Andrea Bocelli）的演唱会，觉得很感动、很震撼，顿时感到心里很充实，却无法解释为什么。这就说明艺术家拥有这种能力，为人类表现了某种生命的样态，让我们从刹那之中，品味到永恒的滋味。这就是属于一种直观的感受，与理性大不相同。如果想要通过理性的分析与安排，来达到相同的感受，恐怕相当困难。

德日进：人往哪里去

德日进（Pierre T. de Chardin，1881—1955）是法国人，也是柏格森的学生。他是第一流的地质学家、考古学家，曾经参加北京周口店山顶洞人的发掘工作，当化石被发现的时候，德日进也到现场进行研究。除此之外，他还是个物理学家、天文学家、神学家、哲学家。

德日进的论点可以分成四个部分：演化之能、热力学第二定律、复构意识定律、主体自觉，以下分别介绍。

（一）演化之能

演化是一种变化，任何变化都是由能量变成热量（此为热力学第一定律）。在这过程之中，会产生出两种能：一为切线能（tangential energy）；一为辐射能（radial energy）。

切线能所产生的热量，作用在事物之间的关系上，使一件事物与其他事物结合，借此从简单变成复杂。譬如，从细胞变成有机体，从简单的有机体变成复杂的有机体。辐射能则是作用在事物本身的内部。随着外在的组合渐渐复杂，内部的结构也会趋于精密；随着内部结构的趋于精密，事物本身意识能力的层面也会慢慢提高。

简单来说，整个宇宙慢慢演化，生物也从简单渐渐变得复杂。外在变得越来越复杂，内部也就变得越来越精密。譬如，一块石头不会动、不会变化，但一棵树却会随着阳光产生变化，慢慢成长。这是因为植物的结构比石头复杂，本身有它内在的意识能力，因此它意识的层面也比石头高。动物的结构又比植物复杂得多，因此意识层面又比植物更高。譬如，无论我们如何踢一棵树，它都不会有反应，但如果踢一条狗，它却马上会有反应。

（二）热力学第二定律

任何能量变成热量之后，就不能完全回收（或者说不再能够作用），因此一个封闭系统中的能量会慢慢消耗掉，然后整个系统会陷入混乱而瓦解消灭，这称为熵（entropy）。有些人把 entropy 译为“能趋疲”，亦即能量会趋于疲乏。

根据德日进当时的计算，地球只能继续存在一百五十亿年。几年以前，科学家又重新计算，结果发现地球只能再存在一百亿年。一百亿年看似很长，事实上并非如此，因为这个时间有可能会缩短，却不可能延长——因为地球所有的能量都来自于太阳，只要太阳一消失，地球就会跟着结束，而太阳只能再存在一百亿年，能量就会消耗完，若是中间又发生了什么变化，时间还会更缩短。

以热力学第二定律可预见一切都将归于虚无。如此一来，自然界的发展形成了两个曲线：首先，演化慢慢发展，从简单到复杂，随着复杂程度越高，意识层次也就越高；其次，演化的能量会越来越少，最终耗尽。

然而，这一切却因为人类的出现而有了转机，人类跨过了反省的门槛[①]，可以自由思考、自由抉择，以便决定人类自己的未来。说得更明白一些，人类可以在能量耗尽以前，利用智慧发明出新的能量来替代原本的能量，让地球永远存在。当然，这只是一种想法，不论这个想法是否有可能实现，它至少是一个希望。由此可知，人类的出现对于地球而言是一个重大事件，而对于人类自己来说，则

---

① 在圣经故事中，由于亚当、夏娃偷吃禁果，才使得人类得以跨过反省的门槛。亚当偷吃了禁果之后有一个反应，就是“眼睛睁开，发现自己赤身裸体”。这几个字相当重要，因为它代表了人性的出现，也就是开始能够反省自己。在这之前，他们眼睛睁开只知道向外看，但是从这一刻开始，眼睛却回到了自己身上，自我意识就此浮现。他们在发现自己赤身裸体之后，产生了一种羞耻心，于是开始找树叶把自己遮起来，进而制作衣服，而各种文明也因此慢慢出现。

包含了一种挽救未来的希望。

（三）复构意识定律

有机体复杂的结构会孕生意识能力。人类的意识能力已经跨过了反省的门槛，其他生物则否，因此其他生物只有直接意识，而没有反省意识[①]。换句话说，除了人类以外，其他生物都只能够意识到外在环境的变化，并作出直接反应，譬如，一头狮子可以意识到自己面前有斑马，然后采取猎取的行动。可是当它能够填饱肚子以后，就不会再继续猎取其他斑马。狮子不会想要多捉几只，然后可以休息个一两天。由此可知，狮子只能意识到外在发生的情况，而无法意识到自己，并设计自己的生活。

"反省"的英文是（reflection），也有反射的意思，也就是像照镜子一样借由反射看到自己。看到了自己，就会有自我，这就是自我意识。有了自我意识以后，才有自由选择的可能。人类的生命就由此展开。其他的动物则因为没有看到自己，只会按照本能需求反应，而没有选择的余地，所以没有自我，也没有自由。

我们常听说动物也会自杀，事实上，除了人类之外，其他任何动物都没有所谓自杀的问题。如果我们要说某种动物会自杀，首先必须证明它有自我、有自由，否则自杀不可能出现。然而，到目前为止还没有人可以证明这一点。

---

① 直接意识是凭感觉接受信息后作出反应；反省意识则是指可以把自己本身当作观察和思考的对象，亦即，"意识"可以意识到自己。

古书中曾记载："彗星见，鲸鱼死。"这是因为彗星出现会影响地球磁场，鲸鱼在凭本能判断时就产生了误差。判断的误差使它们拼命往岸上游，以为那边是水，就算人们将其推回水中，它们还是会拼命往岸上游，因为那是它们的本能。同样，有一次一篇报道写着，有几万只老鼠一起游到海里，大家都在想，老鼠为什么要自杀？事实上，这些行为都不能称为自杀，因为自杀不是群体性的行为，而是个别性的选择。这些动物群体性的行为，则是由于本能判断受到干扰所造成的。

（四）主体自觉

人类跨过了反省的门槛之后，就应该要为自己的未来作决定。要决定未来，首先要让全体人类团结起来。这并非空想，因为人类受到共同威胁的时候就会团结起来。

事实上，人类的共同威胁一直存在，这个威胁就是命运，但这个命运还不太明显，所以一般人无法有所警觉。能够使命运明显化的就是外来的威胁，譬如在《独立日》（*Independence Day*）这部电影中，人类为了要抵抗外星人的进攻，就能够不分彼此团结起来。由此可知，只要人类愿意思考，就可以找到一条出路，而能够让人类文明永远存在下去。

结论：掌握人生的方向

我们试图从西方的背景来看人性的真相，前后跨越了两三千年。首先，从希腊时代赤裸裸的武力斗争，一步步得到经验与教训，并由此凝结一些智慧；到了中世纪则是借由宗教作解释，宗教固然会对学术的进步产生限制与压力，但也提供了人们稳定生活的力量；接着，近代的各种思想革命，继续带领人类往前开展，出现了科学主导的时代。

然而，科学的出现并不能否定人类生命的其他要求。有些人以为有了科学之后，就不再需要宗教、哲学以及一些心灵上虚构幻想的东西。事实上，这些人忽略了一点：科学是非常谨慎、非常有分寸的，它绝对不会去批评不在它研究领域之内的东西。

我们要肯定人性的特色，因为不管选择了哪一条路，都会发现人类的确有他特别的尊严所在——他必须自己决定该往哪里走。有些人可能会质疑："关于选择难道没有标准吗？我的决定就可以算数吗？"当然不是如此。每一个哲学家都会告诉我们，一个人作选择时应该考虑的因素。这些因素有些是外在的（譬如违反一个社会的规范会遭受外界压力），有些则是内在的（譬如做了不该做的事会觉得不安、不忍）。一般而言，这两种压力是同时存在的，一个社会不可能只有外在因素而没有内在因素，反之亦然。

在对人性的真相稍微有所理解，知道了人有自我意识和自由抉择的可能之后，就要进一步问："人类应该往哪里去？"换言之，我们要思考："对于整个人类而言，真正有意义的选择究竟是什么？"当然，这里有几个基本原则：首先是要"存在"，也就是要活下去；其次是要"理解"，也就是要了解人类为什么如此活着；最后是要"快乐"，也就是要活得快乐。掌握了原则之后，继续往前发展，人生的方向就会越来越开朗了。

第四章　神话与悲剧

认识思想家

伏尔泰（Voltaire，1694—1778）

法国哲学家、启蒙思想家，亦是著名作家，是十八世纪法国启蒙运动的开拓者和巨擘，崇尚理性思想，致力于打击腐败的封建专制制度。他在哲学、史学、文学、社会及政治等领域都留下大量著作，影响世人深远。

伏尔泰是著名的无神论者，他曾宣称："再过一百年，在市面上你将找不到一本《圣经》，你若想看《圣经》，就到博物馆里去看吧！"他的预言显然失效了。

黑格尔（Georg W. F. Hegel，1770—1831）

德国哲学家，主张绝对唯心论，认为宇宙万物的本质是精神（又称心灵、思想），精神的本质是活动而非静止，所以精神必须走出自己再回归自己，而方法则是由人类的有限精神去发现一切皆是绝对精神的展现。

他说："绝对者即是精神，这乃是绝对者的最高定义。发现这个定义并且理解这个定义的意义和内容，可以说，曾是一切教化和哲学的绝对目标，一切宗教和科学都曾渴望达到这一点；只有从这种渴望出发，世界史才可以理解。”

黑格尔逝世的1831年，代表近代哲学的结束，后续的发展较为复杂，请参考本书第六章。

在谈论西方文化的时候，必须对神话悲剧与圣经故事有一些基本认识，才能真正了解此一文化的内涵。以《泰坦尼克号》这部电影为例，在船快要沉没之前，船上的乐团演奏了一首名为《求主垂怜》（*Nearer My God to Thee*）的曲子。若是对其宗教背景不了解，就无法体会为什么他们在快要离开人世的时候，需要靠这样的旋律来抚慰人心。

人生无异于旅行，生死就像起点与终点，终点是结束，也是另一种生命的开始。在面临死亡时，如果获得神的怜悯，又何须害怕呢？这是西方宗教（主要是基督宗教）的明显影响。

本章要谈论的是关于西方的神话与悲剧，这是我们认识西方文化的根基时，最重要的资料之一。

神话：神界故事、民族的梦、不自觉的虚构

“神话”的英文是myth，讲的是有关神的故事，亦即神与神之间所发生的许多事情。每个民族都有属于自己的神话，即使是非常开化的民族与发达的国家，照样会有一些神话流传着。

如果民族没有神话，就像一个人活在世界上无梦可做或不曾做梦一样。一个民族在有文字记载的历史以前，就像人类的幼年阶段，需要靠虚构的故事来认识周遭的一切。就此而论，神话与童话是相似的。

神话又与童话不同，神话是民族的梦，没有固定的作者，只能靠口耳相传，因此，神话总是有着各种不同的版本。童话则有作者，所以有固定的版本，譬如安徒生童话就只有丹麦作家安徒生（Hans Christian Anderson，1805—1875）所写的这一个版本而已。

童话是写给小孩子看的，因为小孩子需要有梦想，神话则是民族的梦想，因此我们如果了解童话的性质，对于神话的本质也能够有些基本的认识。

童话的开头一定是“很久很久以前……”结尾则是“从此以后……”它不能有确切的年代、时间，因为如此一来就变成历史了。童话不是历史，因为它不是这个世界上真正发生过的事。

童话中一定会有固定的规则，譬如，善有善报、恶有恶报；只要努力就可以达到目标等。这些规则让小孩子在还没真正接触和了解现实世界之前，就对人生有一些基本的信念。有了基本信念，他在往后的一生中才有能力去迎接各种不同的考验。反之，一个人如果从小就没有梦想，这是不近情理的。

《泰坦尼克号》中有一幕，描写三等舱的人在船快沉没时出不去。其中有一位母亲让孩子躺在床上，听她讲故事，希望孩子能够在美妙的故事之中离开这个世界。这个世界对于穷人是非常残酷的，但是穷人照样可以有梦想！

神话的开头常常是“在起初……”因为接着所描述的故事是以前不曾出现过的。然后这些故事是来自“不自觉的虚构”，是人类面对一个客观现象而没有能力理解，同时又非理解不可，于是辗转流传一些故事来说明之。譬如，古人对于日食、月食，如果不靠相关的虚构故事来满足自己的知性需要，就只能活在未知的恐惧之中了。

神话的基本信念

首先，我们要说明，神话在一个民族的形成中究竟扮演什么样的角色，具有什么样的作用，表达了哪些基本信念。

神话的基本信念可以分为四点：天人无间、万物有生、情感主导、戏剧性格。以下分别加以说明。

（一）天人无间

天代表大自然，人代表人类，天人无间是指大自然与人类之间没有隔阂。这意味着在神话世界里，人与自然界的关系非常亲密。譬如，把太阳视为自己的祖先，把月亮视为自己的母亲等。在神话里，人跟大自然、宇宙，就好像是生命共同体[①]一般，是同体、同质的生命。

（二）万物有生

在神话世界中，由于万物都是同体、同质的生命，因此可以互相转化（Everything can become everything）。这也就是说，所有

---

①“生命共同体”这个概念原本来自于神话。神话所描写的社会是一个“society of life”，亦即以生命作为共同质料、共同元素的一个大的社会。

东西都可以变成别的东西。譬如，我们可以看到有的人到最后变成了神明，有的神明则变成人。大自然也是如此，太阳有它的神，月亮有它的神，海洋、高山、河流、花草树木等，都有它们自己的神。换言之，整个宇宙的生命显示一种交流、沟通的情况。

所以在神话世界中，往往会让人有一种宾至如归的感觉，就好像大自然是自己的家一般，把大地当作母亲，可以说是神话中的普遍信念。几乎每个民族都有大地之母（Mother Earth）的神话。

（三）情感主导

神话基本上不是靠理性原则、逻辑思维来安排的，而是依情感展开，因此充满了感性的色彩。神话之中的神，往往都会有明显的情绪表现（如喜怒哀乐、爱恨等），代表着一种尚未经过文化陶冶及修饰的，较为自然、原始、粗糙的人性的面貌。

（四）戏剧性格

神话所表现的，不是叙述与说理，而往往是像戏剧一样，有着特殊情节与存在处境。阅读神话时，会发现其故事情节充满了戏剧张力，好像是以表演的方式重现了人类的起源与一切相关的奥秘。

一般人最为熟知的神话大概就是希腊神话，但在希腊神话中诸神明所做的事，对人类而言，究竟有着什么样的参考价值？古希腊神话中天神宙斯（Zeus）、海神波塞冬（Poseidon）、冥王哈迪斯（Hades，地狱之神）分别统管着三大领域：天、海、地狱。除此之外还有日神、月神等，不胜其数。只要是我们所能想象得到的，关于大自然的一切，都充满了生命。这些神之间的爱恨情仇，所激荡出来的涟漪，固然使人看得惊心动魄，但同时也产生了极为重要的作用。

神话的作用

古时候的人因为理性功能还不太发达，或者说尚未充分施展开来，所以需要另外找一些对宇宙人生的解释。我们可以想象古时候的人处在宇宙洪荒之中，刚从混沌进入一个有形可见的秩序世界（在西方，宇宙的原文 cosmos 意即秩序），就和其他生物一样，只能在大自然中求生存，生命毫无保障可言。当生命随时都处在危险之中，会产生怀疑：就算人类懂得制造一些物品，但若没有办法掌握变化万千的世界，甚至没有把握自己下一刹那是否还活着，那么现在制造一张桌子又有什么必要性？

中国古代的人用四个阶段说明文明的发展：有巢氏、燧人氏、伏羲氏、神农氏。这种描写既生动又实际：有巢氏时期人类住在树上，因为地面太过危险；燧人氏发明了火，有了火之后就可以回到地面居住，因为只要把火生起来野兽就不敢靠近；伏羲氏时期人类开始懂得饲养一些比较温驯的动物，把它们作为家畜、家禽；到了神农氏时期，农业社会出现，人类开始懂得合作耕种，改善生活。

在人类的理性还没有能力了解世界之前，必定需要神话。举例来说，某个地方一直下雨，最后演变成洪水。当洪水来时，人类的生命没有保障，也不知道大雨什么时候会停。于是人们杀牛去祭神，当杀了第三头牛时，雨终于停了。从此以后人们就知道，下雨不止的时候要杀三头牛来祭神。

为什么人们会想到要借由祭神的方式来让洪水停止呢？这是因为他们相信——人类可以和操纵雨水的神沟通。

虽然这是由于民智未开、教育尚未普及、科学思想不够发达造成的一厢情愿的想法，但这仍然说明，人类活在世界上，如果发现大自然可以借由某种方式沟通，就会比较安心；反之，如果认为大自然是非人性、无法沟通的，那么活着也就没有任何保障，因为各种灾祸随时都可能发生，而人的生命又是如此脆弱，只要稍有变化，就可能立刻死无葬身之地。这正是人类需要神话的原因。

由此深入探讨，可知神话有以下四个作用：掌握真实，建立原型，为世界带来意义与结构，以及说明自然现象、社会分工、人的欲望。以下即针对这四点分别加以介绍。

（一）掌握真实

可能有人会质疑："神话明明就是虚构出来的东西，如何能掌握真实呢？"一般人往往以为只有历史的记录才是真实，其实人在记录历史事件时，是采取特定的角度，对某个已经发生的事件作一些描述，然而每一个时代所采取的角度都有所差异。正因为如此，每隔一段时间就必须重新检视历史记载是否正确。西方历史学家强调：

"历史就是现代史，每个时代当时的人对于古代发生的事都要重新加以解释。"

但是，可以解释就代表不是真实，因为真实是没有解释空间的。换句话说，每个人所了解的都只是当时的人所能够掌握的一部分，并非完全的真实。

历史是在时间之中一去不返的，凡是一去不返者，就无所谓真实可言，所以没有任何历史学者会说自己能够掌握绝对真实，就连司马迁或班固也不例外，因为既然每个人的角度都不同，就不能说有哪个人所记录的是绝对正确的。历史学的研究中往往特别重视考古学，有时候一些文献、绝版书籍的出土，就会把某段历史完全改写。换言之，历史是随时等待被改写的，那又有什么真实可言呢？

黑格尔说过："人类从历史中学到的唯一教训就是，人类无法从历史中学到任何教训。"既然历史中没有真实，那么我们就要问："如果没有真实，那么人类的生命不是很混乱、很危险吗？过去的事情不会重现，而未来又充满了不确定性，那么我们应该何去何从呢？"由此可知，人类还是需要真实，而神话就提供了我们掌握真实的机会。

神话要如何掌握真实呢？神话所展现的是一种人类对永恒的向往，因此可以通过对神话的理解，发现生命中普遍的、永恒的层次。以亚里士多德的观点为例，当他谈到文学的时候，说了一句话："我们在这个世界上找不到正义，只有在诗里面可以找到正义。"

在现实的生活中，某个人认为正义的事，另一个人不见得也会如此认为。譬如，许多人常说高考是最公平的，但是对于那些高考失利的人而言，恐怕就会认为不太公平。又如，若是某个人遭遇了不幸的事情，恐怕会认为这个世界不太公平、没有正义；相反，若是这个人一直都很顺利、很得意，恐怕就会认为人生很公平。

这个世界上或许没有所谓真正的正义，但文学里面则有所谓“诗的正义”（Poetic Justice）。金庸小说就是一个典型的例子，他的每一部小说结局几乎都是“善恶到头终有报”，坏人到最后都不会有好下场。事实上，在真实的世界中却不是如此。因此诗的正义反映了人类对永恒的向往，这才是真正的真实。亦即，我们在神话中所看到的是一个原型：“一个人有什么样的作为，就会有什么样的后果”，这之间有一种善恶对称的报应关系，其所表现出来对生命的理解，才是人的生命中最真实的部分。其他的部分（如个人遭遇、每个时代不同的价值观等）则都是会变化的。

（二）建立原型

人活在世界上会面临各种存在处境的断裂状况，而原型可以让我们跨越存在之断裂。譬如，当我们要从少年跨越到成年，进入成人社会时，就面临了一个存在的断裂，我们必须跨过这个门槛，成为一个大人。这时候就需要通过一个故事来解释，这就是原型。举例来说，台湾有些原住民的成年礼是要通过某种考验，譬如给你一把小刀，让你到山里面住一个星期再回来。一个星期回来之后，就算是通过考验，变成了成年人，然后可以进入成人社会，和其他成年人共同商量整个部落的发展，并且能够成家立业。

存在的断裂有四大状况：出生[①]、成年、结婚、死亡。这四大存在的断裂都需要有原型，而这些原型就是由神话所提供的。

以出生为例，南方有一个习俗，就是小孩出生后满月时要请吃红蛋，让亲戚朋友知道自己家中多了一个生命，这个生命将来要请大家多多照顾等，这就是原型。

接着谈到成年。许多国家，例如日本、韩国都有成年礼，年轻人在二十岁时会穿上传统服装，仪式十分庄严。现代中国最可惜的就是没有一套好的成年礼，有时候我们看到别人有成年礼会觉得很羡慕，因而想要恢复传统的成年礼，却总有很大的困难。

我在教书的过程中，曾经有一位学生向我抱怨，说他在高中毕业时，参加县长主持的成年礼，并且和县长合照，照片还放大挂在家里。第二年县长被刺杀，他只好把照片收起来，成年礼变成一个梦魇。另外一位从南部来的同学，则是参加了一个官员主持的成年礼，也同他合照。第二年这个官员被关进监狱，他只好把照片收起来，成年礼变成了一件荒谬的事情。

这种现象的缘由，是因为我们这个社会泛政治化已经太久了，一个人只要在政治上有某种权位，影响力就无所不在。然而，人类生命存在领域的跨越是非常重要的，一旦泛政治化，就会产生很多

---

① 这里的出生并非指自己的出生，因为我们自己在出生时，还无法知觉到这个事实。这里是指我们周围有人出生，譬如兄弟姊妹有了下一代。一个小孩的出生会促使我们的身份升级，因为他的生命使所有人的关系都要再重新调整。

问题。所以应该要让政治的归政治，文化的归文化。那么找谁来主持成年礼比较好？我曾经为文建议，每个县市设几位礼仪的主持人，这些人最好是年高德劭、曾在教育界服务一辈子的人士，请他们来主持比较不会有后遗症。任何一种礼仪都具有象征性，所以更需要有良好的对象作为表率，让学生从中学习。

整体而言，神话提供了一个故事，通过这个故事可以了解到仪式背后所具有的含义，如此一来，就可以建立原型。宗教之中也有许多仪式，譬如，赎罪的仪式、受洗的仪式，或者是佛教中的皈依、供佛、斋戒等。这些仪式背后都有神话，只是我们不见得了解。若不了解仪式背后的神话，那么某个仪式只不过是一种客套、形式，而没有内涵。神话可以把故事说出来，让我们回到最初实施某个仪式时真正的情况，也就是回到原始的真实，才能让我们现在所做的事情得到充分的肯定。

（三）为世界带来意义与结构

这个世界本身很难理解，我们要理解它，就必须使其具有意义与结构。神话中常会描写，这个世界最初是一片混沌（chaos），最后才变成有秩序的宇宙（cosmos）[①]。神话中有许多故事都是用来说明这个世界有什么意义、它的结构如何等，让人类活在世界上，可以

---

① cosmos 在希腊文中代表秩序（order），宇宙之所以为宇宙，就在于它有秩序。在这之前是 chaos 的状态，所有的一切是毫无秩序、混沌一片的，没有天、地、山、海的分别。如此一来，我们就无法清楚地了解这个世界究竟是怎么一回事。

懂得如何安排自己的生活，让这个世界不再黑暗、朦胧不清。换句话说，神话可以让人类清楚地知道上下四方、前后左右，让自己的世界显示出一种重要性。

所谓的重要性是指：每个民族都会借由神话，来肯定自己的特别之处。世界上每个民族都认为自己很特别，譬如，犹太人认为自己是上帝的选民；伊朗人认为其境内的伊朗高原是上帝造人的地方等。中国之所以称为中国，就是因为认为自己位于中央，是最重要、最有价值的一个民族，其他国家只不过是野蛮民族而已（如东夷、西戎、南蛮、北狄）。

几乎每个民族都有类似的神话，认为自己是宇宙的中心，或者自己的祖先是神特别创造的，能够得到神的眷顾。这种神话可以建立民族的自信心与认同。举例来说，欧洲有一个小国叫作奥地利，其人民跟德国同文同种，属于日耳曼民族。那么我们可以问："德国如此强盛，而奥地利这么小，经济也不算富裕，那么奥地利人为什么还愿意做奥地利人呢？他们为什么不干脆移民到德国？"这是因为奥地利人很重视文化教育，他们教导小孩每天在睡前聆听国家广播。广播中总会有一句话："没有奥地利，就没有欧洲；没有欧洲，就没有世界。"所以奥地利人能够以身为奥地利人为荣。这句广播词的确有它的根据。欧洲整个局势的形成受到奥匈帝国极大的影响，而奥匈帝国就是以奥地利为核心的。

这种对于文化的认同，是一个民族在今日多元化的世界上，寻求长久存在的最佳办法。台湾地区其实也一样，即使很多人都抢着移民到岛外，还是有些人不愿意离开台湾，就是因为他们认同这个民族的文化，认为以中华文化作为基础的生活方式，有其特别的价值。

许多人认为中国最值得自豪的部分就是中国菜，当然，中国菜确实是很特别，许多外国人也很向往。然而，一个民族若是只能靠吃来取胜，似乎并不是一件太光彩的事情。我们还需要发扬其他值得骄傲之处，而这部分就是“文化”。

记得 1983 年我在美国，当时的美国总统里根在发表国情咨文时用了一句老子的话：“治大国，若烹小鲜。”[①] 我听到觉得很兴奋，因为就连美国总统都知道老子的话很有道理。事实上，中华文化的资产相当丰富，外国人也常借用这些思想，老子不过是其中之一而已。

任何一个民族都有引以为豪的部分，如日本国旗是一个太阳，而韩国国旗则是一个太极图，这些图形都带有“根源”的意涵，一个国家受文化的影响越深，就会越肯定自己的根源；相反，如果一味追求现代化，到最后就会与根源脱节，只能在变化的潮流里面，力求不被淹没而已。

（四）说明自然现象、社会分工、人的欲望

自然现象：古时候的人知识不够发达，如果没有神话可以说明自

---

① 这句话出于《老子》六十章，意思是：治理一个大的国家，就好像煎一条小鱼一样。这是一种无为而治的思想，因为当我们在煎鱼的时候，如果很认真地把它翻来翻去，可能鱼还没熟之前就已经烂了；相反，如果把鱼放在锅里面不去理会，隔一阵子自然就会熟了。治理一个大国就需要采取这种态度。

然现象，难免每天生活在不安和恐惧之中。有神话可以解释自然现象，人们才会觉得比较安心。譬如，打雷代表雷神发怒，但是只要没做坏事，就不需要害怕打雷，因为只有做坏事的人才会遭到天打雷劈。经过这样的解释之后，人们在打雷时就比较不会担心。

社会分工：任何一个社会都需要分工合作，自古以来即是如此，譬如有人编草鞋、有人做衣服、有人耕田等。如此一来，一个社会才能维持、合作、发展。

每一种职业的背后都有神话，各行各业在最开始的时候有一个了不起的人发明了这种行业，因此以后从事这个行业的人必须定期祭拜他。而这个人的故事，也能够鼓励同行业的人坚持自己的原则和理想，相信自己对社会有所贡献。举例来说，老师这个行业是以孔子作为始祖，所以当孔子受到大家推崇时，也会让许多人觉得老师这个行业是值得尊敬的。又如我们常可以在香港电影中看到，警察和黑道都要拜关公。由此可知，每一种行业都会有神话来说明它的内在价值。

人的欲望：每个人都有七情六欲，如果不了解神话，而只看自己本身，很容易被自己内心的矛盾所吓到，觉得自己有时候很高尚，有时候却很卑微。譬如“9·21”地震之后，很多人抢着捐血，在排队的那一刹那，觉得自己真是一个有为而可敬的青年，能够跟时代的需要完全结合。但有时候可能又会想去排队买名牌服饰，这时候就会觉得自己相当平凡。由此可知，人的欲望是多面性的。

人类的许多欲望，以及人间各种复杂的恩怨，甚至是相互的伤害，其背后都有神话可以解释。最有名的例子就是希腊神话中，克洛努斯（Kronus）杀了自己的父亲尤拉诺斯（Uranus），而他的儿子宙斯又将他杀死的故事。这故事并不是真的在说谁杀了谁，而是代表一种取代，一个新阶段的开始。德文中“ur-”代表根源、最原始的东西，Kronus 则代表了时间（chronicle，为年代之意）。有了时间，原始就被淘汰了。宙斯则代表宇宙主神的出现，也就是有了一个主宰，因此其又超越了时间。古代的人就是用这种神话来象征生命成长及宇宙发展的阶段。

有了神话的说明，人们对于世界上各种怪诞的事情就可以理解了。人活在世界上，最重要的不是只有活着，而是要了解自己为什么活着——人如果不知道自己为什么活着，就算生活得很好，也是没有任何意义的，因为他连活下去的理由都没有。

神话的主题

神话的主题大致可以分为六种类型：创世、造人、灾难、救世、文化超人、英雄典型。以下分别加以介绍。

（一）创世

创世神话是最原始、最典型的神话，开头第一句即是“在起初”（in the beginning,...），因为在此之前并无世界。神明创世的方式主要有两种：一是无中生有，如犹太人的《圣经》（旧约）所描述的；

二是为混沌带来秩序，把原始物质整理为可供万物生存的宇宙，如中国神话中的“盘古开天辟地”即为一例。无论如何这个世界都已经出现了，所以需要通过神话来加以说明。

（二）造人

世界出现之后，接着就要描述人的存在，因此造人的神话又更多了，譬如有的神话说人可以区分为金银铜铁不同的材质，有的神话说人是神用泥土造成的。在此我要引述一则中世纪的寓言，其中谈到的“造人”的过程，虽然超出了原始神话的领域，但是对于我们认识人的特质，却有很大的启发性：

> 人的本质即是“挂念”
> 挂念过河的时候　看到一块黏土
> 他思念着　拿起土开始塑造
> 他正在想　自己做了什么东西
> 精神来了
> 挂念就请求精神把精神赐给这块土
> 他轻易地得到他所求的
> 当挂念要取它的名字时
> 挂念说取为“挂念”
> 精神不肯　他说你应该取我的名字
> 因为我把精神给了这块土

挂念与精神在争论不休时
大地起来了
他说应该取名为“大地”
因为是他提供了肉体
于是　他们邀请时间来做法官
法官作这样的公正裁判
精神既然给了精神
死了之后你取回精神
大地既然给了肉体
死了之后你取回肉体
挂念既然最先塑造
有生之日　就让他来掌握
但是现在因为名字而发生争执
可以称它为 homo
因为他似乎是由泥土（humus）所造成的

（三）灾难

只要人类出现，地球上就必然会有灾难，因为人类是一种群居的、社会性的动物，聚在一起就会按照自己本性的需要去改造自然界，让它适合人类生存，其他生物则是配合自然的条件，不会破坏生态。

环境一旦以人为的方式改变，必然会产生后遗症，而这个后遗症在古代往往就演变成洪水。

许多民族都有洪水灭世的神话，譬如中国有大禹治水的故事，西方则有诺亚方舟（Noah's ark）[①]的故事。这些神话所描写的就是人类出现以后，对自然界造成了伤害，而这些伤害最后形成巨大的灾难。

人类对自然界所造成的伤害可说是不胜其数，举例来说，现今的澳洲中部是一片沙漠，然而，一开始的时候其实并非如此。当初英国人到了澳洲之后，看到澳洲中部有很多植物既不结果实也不开花，于是把它们砍伐殆尽，改种英国移来的树木。但植物是不能随便移植的，澳洲四面环海，所下的雨水盐分特别高，当地原来生长的树木就是能够适应这种特殊气候条件的特殊品种。从英国运来的树木虽然美观，但是无法适应这种气候条件，土地最后当然变成一片沙漠了。

这只是一件很简单的近代史实，却说明了人类从古至今所造成的灾难，确实是史不绝书，一直持续进行着。

（四）救世

有了灾难之后就要救世。救世除了救自然之外，更重要的是救人类。救世的神话也不止一种，以西方来说，犹太人就有一个弥赛亚（Messiah）的故事：犹太人相信弥赛亚的降临可以为他们带来拯救及和平。直到现在，他们仍然在等待弥赛亚。对基督徒来说，弥

①《圣经》中记载，上帝为了重新改造世界，用洪水将所有的一切淹没，只有诺亚方舟上的生物可以获得保存。

赛亚早已降生了，他就是耶稣（Jesus）。

在神话中，人类陷入灾难之后，就会出现一位神，或者是一位半神半人的超人，来拯救人类。

（五）文化超人

所谓文化超人，是指人类社会生活中需要的各项产品，在这个人所处的时期大量出现。中国最有名的文化超人就是黄帝，在他统治的那个时期发明了许多文化产品，譬如文字、指南车、织布等。事实上，这些东西不可能是黄帝一个人发明的，而应该说是那个时代的人共同发明的。为了解释这些发明的出现，就使得黄帝成为文化超人的神话角色。

（六）英雄典型

英雄有三个阶段：退出、接受考验、复返。一个人必须历经这三个步骤才能成为英雄。

退出是指退出原来所处的社会；退出之后，要在另一个不同的社会中接受考验；最后再回到原来的社会中。一个人经过了这三个阶段，就等于是生命经过了锤炼，内在的能力充分发挥，当然也就会受到其他人推崇。这就形成了英雄的典型。

譬如，台湾很多人崇拜李远哲先生，因为他就是一个符合英雄典型的人物。李远哲从台湾毕业之后前往美国深造，经过长期的考验，获得诺贝尔奖，又回到了台湾地区。事实上，历年得到诺贝尔奖的人不下百位之多，若李远哲得奖后没有回到台湾，就不会对台湾地区产生这么大的影响力，也不会成为台湾人的英雄。但因为他回到了自己的家乡，所以一切就变得不一样了。

英雄典型在很多地方都适用。我小学时就读桃园县的观音小学。母校建校一百周年时，邀请一些杰出校友回去，我就被列在受邀名单上。这是因为我毕业后离开了桃园，到外地甚至国外念书，最后拿到了博士回来。这种经历可以给当地的学生起一种示范作用，让大家产生“有为者亦若是”的感受，所以自然会成为被推崇的对象。这也是符合“退出、考验、复返”的规则的。

现代社会的神话

一个社会不能没有神话，如果没有了神话，就代表这个社会没有梦想。举例来说，从前的台湾社会中，人民有着比较高昂的斗志，就是因为当时的神话能够让一般老百姓真正有一个远景，譬如以前很多地方都贴着“三民主义统一中国”的标语，这就是一个很宏伟的神话，让大家觉得好像要参与一个伟大的历史性事件。不过随着时间慢慢过去，这个理想看起来也不太可能实现，所以神话就开始瓦解了。

一般而言，台湾处于一种比较现实、功利、肤浅的状况。会陷入这种情况，就是因为台湾缺少了神话让人们向往。没有了向往的目标，自然无法激发奋斗的精神。我们在教育下一代时，应该重新诠释古代神话，使其具有生命力，可以发挥适当的作用，塑造多元而正确的价值观。譬如，社会上有各种职业，如果缺少类似神话的故事，就无法肯定其内在的意义，然后工作只是为了生活，一切向“钱”看，后果当然很不理想了。

悲剧（以希腊类型为代表）

希腊悲剧是一个非常独特的题材，在研究希腊悲剧时会发现它好像昙花一现，从此以后无论是与它类似的题材，还是它所要表达的境界，都不曾再出现了。

悲剧如同一般的戏剧，会有人物角色、故事情节的发展，最后还会有一个结局。一般戏剧中所描写的故事有几种可能：第一种是好人做了好事，最后得到好的报应，反之则是恶有恶报（道德剧）；第二种是好人做了好事，最后落到悲惨的下场；第三种则是坏人做了很多坏事，最后竟然得到好的报应。这些都不算是真正的悲剧。

根据亚里士多德对悲剧的界说：“悲剧是模仿一个严肃而本身完整的行动，行动的范围相当广泛，剧中使用的语言，应依不同情节加上愉悦的伴奏；其形式应是戏剧性的而不是叙述性的；最后，以其剧情引起怜悯与恐惧之感，借以达成此等情绪之净化。”

进一步的解释是：真正的悲剧是指一个平凡人，没有特别做好事，也没有故意做坏事，却因为命运的摆布，而陷入一种极惨的情况。

这种极惨的情况会使观众产生两种情感：第一种叫作“怜悯”；第二种叫作“恐惧”。观众之所以会产生怜悯的情感，是因为此人并没有犯太大的罪，却遭受极惨的遭遇；之所以会感到恐惧，则是因为发生在此人身上的事，也可能会发生在自己身上。

怜悯和恐惧是人与人互动时最鲜明的情感，而悲剧的作用就在于引发这两种情感，然后加以净化（purify）。人活在世界上，情感中往往掺杂了许多杂质，譬如我们跟别人来往时，有时候会有一些不太真诚的目的或动机（如对别人好一分，会希望对方能回报两分，或借此沽名钓誉等）。欣赏悲剧则能够让人把情感展现，然后加以净化，使自己的心灵回到原始的、纯真的、真诚的一面。我们平常与人来往常常会斤斤计较，但看到人类的共同命运出现之后，就比较不会再和别人计较。

希腊悲剧最大的特色在于：悲剧的主角不是人，而是命运。

希腊悲剧所凸显的，是命运对人的操纵。后来不再出现这种类型的悲剧，这是因为理性思维抬头，使悲剧中的神话背景逐渐消失，命运的法则也逐渐被自然界的规律所取代。不过，流传于世的悲剧作品对于西方人的心灵所产生的影响，依然在潜移默化之中运作着。

希腊悲剧三大代表

这部分要介绍希腊悲剧的三大代表性作家：埃斯库罗斯[①]

① 关于埃斯库罗斯的死亡，法国作家蒙田（Michel de Montaigne，1533—1592）曾写道：“他因一座房子快要倒塌而躲到空地上，仍未幸免于死；一块龟壳从一只飞鹰的爪子中坠落，将他砸死。”

（Aeschylus，公元前 525—前 456）、索福克勒斯（Sophocles，公元前 496—前 406）、欧里庇得斯（Euripides，公元前 480—前 406）。

（一）埃斯库罗斯

他是第一位著名的希腊悲剧作家，最有名的一出戏剧著作是《普罗米修斯》（*Prometheus*）。这部剧有三部曲:《盗火的普罗米修斯》《被缚的普罗米修斯》《解脱的普罗米修斯》。

上帝造了人类之后，由于世界还没有火，遍地都是泥泞、潮湿，因此人类生活得非常凄惨。普罗米修斯看不过去，于是到天上盗火给人类，但是自己却必须接受惩罚。宙斯将普罗米修斯绑在高加索山上，让老鹰每天吃他的肝脏。照理说一般人肝脏被吃完也就死了，但是普罗米修斯死不了，因为每到隔天早上，他的肝脏又会重新长出来，如此周而复始。

这出悲剧所要传达的意涵是相当深刻的，代表着我们只要活着一天，痛苦就不会消失。当一个人生活在战乱的年代中，这种感受会特别强烈，因为所有的悲欢离合会让人难以承受，对明天毫无把握，但是又必须活下去。这出悲剧主要是在说明，人生的本质的确有其痛苦的成分。“周而复始，被老鹰啄食肝脏”这个生动的形象，往往成为艺术家的“原型”象征。相关说法请参考本书第十一章。

（二）索福克勒斯

他所著的《俄狄浦斯王》（*Oedipus the King*）是希腊悲剧中最典型的代表，将命运对人的操纵刻画得相当深刻。

这部悲剧的剧情大致如下：希腊城邦的小国底比斯城（Thebes）的王后生了一个儿子。当时的人习惯小孩出生之后请人算命，底比斯城的国王当然也不例外。有一个算命师看了婴儿，断言他将来会弑父娶母。国王听了非常难过，也非常愤怒，立刻叫仆人把这个婴儿带到外面杀掉。然而，仆人把婴儿带到山上后却下不了手。这时候科林斯城（Corinth）国王的仆人刚好经过，想到自己城邦的国王和王后一直没有生小孩，很希望能够有个儿子，因此要求底比斯城的仆人让他把婴儿带回自己的城邦。底比斯城的仆人答应了他的要求，但是为了让自己有一个交代，于是在婴儿的脚后跟割了一刀，让刀上沾满了血，然后回去告诉国王已经将婴儿杀死了。

科林斯城的国王跟王后看到这个婴儿非常高兴，由于他的脚后跟被割了一刀，于是取名为俄狄浦斯（在希腊文中，“俄狄浦斯”就是指脚后跟肿起来的意思）。随着年龄渐增，俄狄浦斯长得越来越高大英武，二十岁时，他遇见了一位算命师，算命师警告他要小心，因为他将来会弑父娶母。当时的俄狄浦斯以为科林斯城的国王和王后是他的亲生父母，为了避免此事发生，因此离家出走。

俄狄浦斯离开科林斯城后，朝着底比斯城的方向走去。走着走着，来到了一个三岔路口，忽然前面一辆马车急驰而来。车上坐着一个中年男子，挥着皮鞭想把俄狄浦斯赶走，好继续向前赶路。俄狄浦斯抓住了鞭子，把此人拉下马并一拳挥去，当场把这个人打死。这位中年男子，事实上就是底比斯城的国王，俄狄浦斯的亲生父亲。

当时的底比斯城正好发生了重大灾难，有一只人面狮身、背上长有老鹰翅膀的怪兽占据了城门前的山坡，这只怪兽名为斯芬克斯（Sphinx）。任何往来的路人都必须回答斯芬克斯的问题，若是无法说出正确答案，就会被杀死；相反，若是能够说出正确答案，斯芬克斯就会自杀。底比斯城的国王为了寻找救兵，带着仆人，扮装出城，然而却在途中被俄狄浦斯打死，仆人看到这种情形，立刻返回城中报告。最后大伙决定，只要有人能够解开斯芬克斯的谜题，就让他当底比斯城的国王，并且可以娶王后为妻。

俄狄浦斯继续往底比斯城走，到了城门前的山坡时，斯芬克斯命令他停下回答问题。斯芬克斯问道："哪一种动物早上四只脚，中午两只脚，晚上三只脚？"这个问题以前从来没有人答得出来，但是俄狄浦斯却答出来了："答案是人类。早上代表小时候，这时候的人在地上爬，所以是四只脚；中午代表成年，这时候的人是用两只脚走路；晚上则代表老年，这时候需要拐杖辅助，因此变成了三只脚。"谜题揭晓，斯芬克斯跃下山谷而死，底比斯城全城解围，大家欣喜若狂，而俄狄浦斯则当了国王，娶了自己的母亲，并且生了两男两女。

俄狄浦斯完全不知道自己做了如此罪大恶极的事，还在努力治国。隔了几年，底比斯城突然发生一场大瘟疫，于是请人来算命，想知道是谁造成了这种结果。得到的答案是："谁杀死了前任国王，谁就是罪魁祸首。”然而，没有人知道是谁杀了前任国王，而当时的仆人也不敢把实情说出来。大家于是开始思考：“前任国王以前生过一个儿子，曾经有预言说过国王会被自己的儿子所杀，可是他儿子应当早就已经被杀了，这到底是怎么一回事？”于是大家把当初接受命令杀婴儿的仆人找来问个究竟，仆人就把当时的情形一五一十地说出来。

俄狄浦斯王听完，想到自己的脚后跟有一个刀疤，因此整件事真相大白了，他这才了解自己真的就是弑父娶母的凶手。俄狄浦斯无法接受这样的事实，于是刺瞎自己的双眼，将自己放逐，而底比斯城的王后也因无法承受事实而自杀。

《俄狄浦斯王》是典型的希腊悲剧。在当时，希腊悲剧都是在露天的广场上公开演出。当它演出时，所有观众的心中一定都在喊：“不要这样！不可以这样做！”但是却一点用都没有，因为对希腊人而言，没有人可以改变命运的决定，所以观众在看完这样一出戏剧后，心中会充满莫名的怜悯与恐惧，然后在和别人相处时，能够回到情感最原始的出发点。换句话说，希腊悲剧会让我们突然发现人类事实上是生命共同体，因此在面对共同的命运时，反而可以捐弃成见，重新互相关怀。

这是希腊悲剧很重要的一种社会教化的作用。更重要的是，经过希腊悲剧的洗礼，西方人开始养成了一个重要的观念：无论任何事情，主观上的希望是一回事，但客观上会如何则是另一回事。换句话说，由于希腊悲剧的影响，使得西方人在心态上开始变得实事求是，而不会加入太多主观的情绪及意愿，因为自然界的规则是客观的，绝对不因为人的需要而转变。西方人从希腊时代开始慢慢陶冶的这种心态，叫作“科学心态”（scientific mentality）。关于科学心态对西方文化的影响详见本书第十四章。

（三）欧里庇得斯

他的代表作为《伊翁》（*Ion*）。这部戏剧已经不能算是一出悲剧，它的剧情是：有一位漂亮的少女，某天在外面游荡时，遇到了阿波罗神。阿波罗神是一位俊美的青年，两人发生关系。后来这位少女怀孕生了一个儿子，她生下儿子之后将他丢弃在供奉阿波罗神的德尔斐神庙。德尔斐神庙的女祭司于是抚养了这个孩子，并将他取名为伊翁。

这个女子后来结婚了，好几年都没有生小孩，于是她跟先生到德尔斐神庙去祭拜，希望能够生一个儿子。她在神庙中祭拜的时候，先生待在神庙外，正好看到伊翁，觉得这个小孩很可爱，就陪他一起游戏。这个太太出来后看到先生跟小孩玩得很愉快，心中充满了忌妒与愤怒，认为这个小孩一定是先生的私生子，因此想把他杀了。

这个女子想了一个办法，她倒了一杯水给伊翁喝，在水中加了毒药，想把伊翁毒死。由于在神庙中喝任何东西之前，都必须先倒一点在地上祭神，她照着做时，有一只鸽子飞过来喝了水，立刻死掉。阴谋暴露出来，有人问她为什么想把伊翁杀死，于是她把自己的想法说了出来。这时候祭司听到了这段谈话，就告诉这名女子，伊翁事实上是她的私生子，而不是她先生的。真相大白，他们夫妻俩就把伊翁带回家，从此过着快乐的日子。

在大致了解了《伊翁》的剧情之后，我们可以发现，这已经不是典型的希腊悲剧了。凡是剧情最后出现“快乐结局”的，都成了通俗的戏剧。希腊悲剧到了这个时期，可以说是告终了。

近代欧洲的悲剧

希腊悲剧通过人与命运之间的对抗来彰显人的伟大，因为当我们面对的敌人很伟大时，也就能够凸显自己的伟大；相反，当我们面对的敌人很渺小时，自己也会变得渺小。换句话说，因为命运这样的对手，是无比的伟大，伟大到令人觉得恐怖与无奈。然而，正因为如此，正好能够肯定自己的伟大。希腊悲剧最大的特色，就是让人通过整个剧情的演变过程，发现自己所要对抗的敌人正是命运，因此不应该低估自己。如此一来，就能够使人的生命力整个展现出来。

那么到了近代欧洲有没有悲剧呢？

近代欧洲也有悲剧，其中最有名的就是莎士比亚（Shakespeare，1564—1616）的四大悲剧：《李尔王》（*King Lear*）、《麦克白》（*Macbeth*）、《奥赛罗》（*Othello*）、《哈姆雷特》（*Hamlet*）。这四大悲剧的主角都是帝王将相，以这些人作为主角就产生了一个特色，亦即他们身上所发生的事情会影响到整个国家的未来。这也正是莎士比亚写作的用心。我们可以试想，若是相同的事情发生在一个农夫身上，那也就称不上是一出悲剧了，因为这些事随时可能发生在许多人身上，所造成的影响也不会太大。

在莎士比亚的悲剧中，命运已经不再扮演重要的角色，取而代之的是人类的各种欲望，如猜疑、嫉妒、贪婪、斗争等。这些都是来自人类内心深处各种复杂的情感，人类只能用有限的理性寻求解决之道，但是到最后往往会发现，结局无论如何都是悲惨的，而这种悲惨的结局也就使得人类慢慢走向虚无主义。以《麦克白》为例，他原是苏格兰的大将，听女巫预言自己会当国王，加上妻子一再怂恿，终于弑君称王。接着又杀害了其他竞争对手，但是最后还是被前王之子复仇所杀。这一切都来自一念之间的野心，而结局则是毁灭。

换句话说，近代欧洲悲剧是从理性主义出发，亦即用人的理性去选择、衡量、判断一切，并且设法改变现状。然而，所谓“智者千虑，必有一失”，即使计算得再精密，也掌握不了所有的变量。一个人再怎么聪明，很多事情仍然是处于他所能掌握的范围之外。因此我们到最后会发现，一切终究会归于幻灭。这就是虚无主义。

有一部电影，是日本导演黑泽明所执导的《暴走列车》（*Runaway Train*）。这部电影的剧情很单调，是描写一个人追逐逃犯的过程。电影结束时，屏幕上出现了几句话，出自于莎士比亚的《理查三世》：“再凶猛的野兽，也有一丝怜悯；我没有丝毫怜悯，所以我不是野兽。”我看到这几个字的时候，受到很大的震撼，因为这几句话真正要表达的是“我是人类，所以心狠手辣”。换言之，人类的可怕较之于野兽，是有过之而无不及。这句话也许听起来相当恐怖，但它的确发生在现实社会中。我们常说“虎毒不食子”，但是在人类社会中，父子相残、家人互相伤害的例子却屡见不鲜。由此可知，莎士比亚的戏剧会让人觉得人生相当无奈，这与希腊悲剧的教化作用是大不相同的。

近代欧洲的悲剧到最后往往接近一种虚无主义的情调，让人觉得人生再怎么奋斗都没有用，因为最后的结果都是虚幻。因此，同西方其他悲剧相比之下，我们就可以了解到希腊悲剧的特殊之处，它在西方艺术中永远是一个特别的领域。

中国的戏剧

或许有些人会问:“中国有没有悲剧呢?”事实上中国社会很少有悲剧，一般人比较熟悉的多半是历史剧，譬如，《三国演义》《水浒传》等。这些戏剧都是切合历史，配合当时的时空条件、政治社会情况所演变出来的。

很多人说《红楼梦》是一出悲剧，事实上它也算不上是悲剧，因为它是融合了儒、道、释三种传统思想所写成的。大观园基本上是一个官宦之家，这种从政当官的入世思想和儒家有关；其中描写的许多特定节庆、消灾祈福等，则是属于道教的仪式；贾宝玉到最后准备脱离红尘，出家当和尚，则是一种佛教的情操。由此可知，《红楼梦》表达出中国社会的缩影，其中写实的成分相当多。至于在希腊悲剧中，因为受到命运的操纵，而让人感受到经过考验之后展现出来的生命的力量，在《红楼梦》中则完全没有着墨。

那么金庸小说是否算是悲剧？事实上金庸小说也不能算悲剧，书中一些带有深刻成分的描写，跟宗教比较有关系。金庸自己也说过，他写《侠客行》的时候并不了解禅宗，但后来接触了禅宗之后发现，禅宗的道理和他在《侠客行》中所要表达的想法，有共通之处。

《侠客行》描写很多人到了侠客岛，看到岛上有一面很大的墙壁，上面刻着李白的《侠客行》，每个人都想从这首诗中参出重要的武功秘籍。男主角不认识字，看不懂上面写了些什么，却因此注意到了刻字者所使用的力道。换句话说，这面墙上刻的东西在他看来是一幅图画，而非文字。男主角根据这幅图画练气，最后练成了上乘武功。文字有时候是一种障碍，因为有文字就有意义，有意义则必须去思考，而一思考反而练不成武功了。这和禅宗“不立文字，教外别传”的思想是相通的。

至于金庸小说中的角色，有些看似是悲剧人物，事实上是为了吸引读者继续看下去而精心设计的剧情，其实并不带有悲剧色彩。

法国哲学家伏尔泰写过一篇小说，叫作《老实人》(*Candide*)，描写一个人到处被冤枉、被迫害。他去坐船，船就沉没；他走在路上，就发生地震。最后，这个人在百死千难之中逃到了乡下，种了一些花生。花生收成时他坐在田埂上吃，开始想：“如果当初没有沉船、没有地震，我现在怎么可能坐在这里吃花生呢？可见我这一生的际遇还是很不错的。”

这篇小说所描写的主人翁其实跟中国人很像。中华民族基本上是一个比较务实的民族，不管遭遇到任何灾难，都觉得只要活着就是一件好事。至于这个考验是否为精神带来了某些锤炼，或者因此激发了某种人格特质，洗涤了某些人性上的劣质，则是其次的问题。

结论：从神话与悲剧中获取知识

谈论这一章，目的是希望通过希腊背景的神话与悲剧来了解人生的问题。这些题材严格来说并不是哲学，因为哲学基本上是要从理性的角度来思考宇宙人生的根本真相。不过，在理解人生时，神话和悲剧提供了丰富的素材。神话是民族用来说明自身源起的方式，所以神话的第一句话往往是“在一开始的时候”，譬如《旧约·圣经》的第一句话就是“In the beginning, ...”这就是神话的特色，因此无论读到任何神话时，都要想：“它有什么象征意义呢？它如何掌握真实、建立原型、提供我们对于世界的理解所需要的意义和结构？它对于人的生命、人的欲望、自然现象又有什么样的解释？”这一连串的思考，可以让我们从神话中学到很多与人有关的重要观念。

至于希腊悲剧，则能够让我们感受到，人即使是面对着无穷的宇宙或各种人生的无奈时，还是要坚定地活下去。这是因为人的内在有一种尊严，这种尊严无法用言语清楚表达，但可以借由戏剧来感受。

哲学是对人生经验作完整而根本的省思。神话与悲剧是塑造人们心灵架构的重要素材。许多人未必喜欢从事哲学思维，但是却不能对神话与悲剧的情节无动于衷。因此，从哲学的角度剖析神话与悲剧，以及本书后续所谈的艺术、宗教、教育、文化等，就有其必要性了。换言之，这一切都是人类共同的资源与资产，但是如何提炼出其中的精神与精华，则是哲学家当仁不让的工作。

第五章　苏格拉底

认识思想家

泰勒斯（Thales，公元前624—前547）

西方第一位哲学家。曾说："宇宙的起源是水，一切都充满神明。"这句话的意思是：第一，"起源"（archē）一词的含义包括：开始、起点、原质、究竟底基、究竟原理等；在此之前，希腊人是靠神话故事作为解释宇宙起因的根据，至此才开始转向宇宙内部寻找起因。第二，"神明"一词表示，当时所谓的"水"并非单纯的物质，而是具有神性力量的物质。所以，不宜认为这些希腊早期的自然学派哲学家是唯物论者。

帕斯卡尔（Blaise Pascal，1623—1662）

法国哲学家，也是近代数学天才，十九岁时发明了历史上第一架计算器。他以《沉思录》而广为人知。

他对人生的体验与反省极为深刻，曾说："人只不过是大自然中最柔弱的芦苇，但他是会思想的芦苇。他不用等待全部宇宙武装起来打击他，一点蒸气、一滴水，就足以置他于死地。可是，宇宙压溃他时，人仍比他的凶手更高贵，因为他知道死期已到，而宇宙毫不知情。"

在宗教信仰方面，他提出"赌注论证"，认为人若相信神的存在，"假如你赢了，你得到一切；假如你输了，你也毫无损失（因为人难免一死）。”

雅斯贝尔斯（Karl Jaspers，1883—1969）

德国哲学家，当代存在主义的代表之一。他研究东西方伟大哲人的观念与作为，特别选择四位典型：苏格拉底、佛陀、孔子、耶稣，编成了《历史的巨人：四大圣哲》这本书。

他写道：“他们的生命核心，在于体验了根本的人类处境，并且发现了人类的在世任务。”“在他们身上，人类的经验与理想被表达到最大极限……他们的真实生命与思维模式，已经构成人类历史不可或缺的要素了。他们成为哲学思想的来源，同时激励人挺身抵抗——抵抗者通过他们的表率，首先获得了自我觉悟。”

关于雅斯贝尔斯本人的思想，请参考本书第六章。

西方哲学家能够因应时代及社会实际的状况，提出一系列新的概念加以理解与诠释，因而一直都在延续进展之中。西方哲学为什么以及如何有这样的发展？苏格拉底是典型的西方哲学家，可以通过他来了解西方人的思考模式。

时代与思想背景

苏格拉底是雅典人[①]，常被称为西方的孔子，这是因为他们都开创了一个新的时代。这个时代并不是靠军事或政治的力量所成就的，而是通过理性对人的生命作透彻的了解，而引导出一种新的生活态度。

苏格拉底可以说是无所不学，并以一种开放的心态学习各种知识，他先后研究过当时势力最大的两派哲学，就是自然学派和辩士学派。

自然学派

自然学派所研究的对象是自然界（Physis，指有形可见并充满

① 雅典是希腊的一个城邦（City State）。希腊地区还没有大的国家，其境内是由一个个的城邦所组成的，城邦的人口往往只有几十万。这样的城邦虽然相当小，但由于其本身经济能够独立，因此在政治上也就能够有自己的掌控范围，居民也能选择各种不同的政治实践，包括贵族政治、民主政治、寡头政治等。

变化的一切），也就是研究自然现象。最初的几位希腊哲学家出于米利都地区，所以又有米利都学派之称。他们观察自然界，想要找出一切现象的根源。

希腊人之所以能由神话时代过渡到哲学时代，就是因为他们开始懂得以理性探讨宇宙人生的根本真相，而不再用神话或神的故事来解释人间所发生的一切，包括自然现象、社会分工，以及人的欲望等。泰勒斯被称为第一位希腊哲学家，就是因为他说了一句话："宇宙的起源是水。"为什么说了这句话就会成为哲学家？因为这是第一次有人用世界中的某元素来解释世界的一切现象。这是一种以"一"来解释"多"的思考模式，也就是用一个简单的原理来说明复杂的现象，把万物归之于一个因素[①]，这种"以一统多"的方式就叫作哲学。换言之，哲学就是要求一个系统，试图把整个宇宙、整个人生用一个概念来概括。

由此可知，希腊哲学首先出现的就是自然学派，也就是设法用自然界的元素，解释大千世界的变化。然而自然学派演变到最后，必须随着各种科学仪器的改善而不断有新的发现。换言之，科学是永远研究不完的。我们每年都可以看到新的诺贝尔物理奖、化学奖、医学奖得主，但是却不可能有诺贝尔哲学奖。这就说明哲学不像科学，不可能突然产生一种新的理论，让所有人都觉得是一个新的成

---

① 其后有人主张宇宙的起源是火，有人主张是气，也有人主张是一种不限定的东西，甚至有人干脆说宇宙是由水、火、土、气四种元素构成的。事实上，主张宇宙由水、火、土、气构成会有很大的问题，因为如此一来就必须解释这四种元素之间的关系，但这基本上是一个很难回答的问题，因为无论宇宙由哪些元素构成，到最后还是要有一个根源，否则无法自圆其说。

就，因为物质世界的研究和人类心灵的成长，是两个截然不同的领域。

泰勒斯是研究自然的哲学家，曾经预测过公元前585年5月28日的日食。由于他经常抬着头观察天象，有一天他走着走着，摔进了水井。跟在后面的女仆看到这种情形，笑他说："你连地上都没搞清楚，还看什么天上呢！"这个故事相当贴切地表达出当时人们对自然学派的批评。

苏格拉底也有过类似的感受，他起初探讨天上的云、自然界的各种现象，却发现这些东西不是他所能把握的，因为自然界的事物永远都没有定论。他最后说了一句话："我的朋友不是城外的树木，而是城内的居民。"所谓的"朋友"（philia），在希腊文中代表了他所愿意接近的对象，苏格拉底既然把接近的对象转向居民或老百姓，就表示他开始注意到人生哲学。不过，当时最有影响力的人生哲学，是辩士学派的理论。

辩士学派

辩士学派的英文是"The Sophists"，Sophist就是"有智慧的人"，因此很多人又将它翻译为"智者学派"，这种翻译事实上并不妥当。由于这一派的人专门用辩论的方式阐述自己的思想，所以将其翻译为“辩士学派”是比较恰当的[1]。

当时的雅典人认为自己是开化的民族，而其他的民族都是野蛮人，这是一种文化中心主义。但是辩士学派的哲学家经常到处旅行，因而发现各地的奇风异俗。他们见多识广，明白人间所有的价值都是相对的，就连法律也不例外，譬如对雅典人而言，杀人是一件罪大恶极的事，但对其他比较野蛮的地区而言，可能会觉得杀人是一件稀松平常的事情。因此，辩士学派认为“人间的一切都是相对的”。

辩士学派的代表人物普罗泰戈拉（Protagoras）就曾经说过一句名言：“人是万物的尺度。”这句话表达出辩士学派的观点，认为人类本身的判断是宇宙万物最后的标准。不过，由于下判断的是“个人”，那么个人与个人之间的争议如何化解？

另一位辩士学者高尔吉亚（Gorgias）的说法更为偏激，他作出了以下的结论：第一，天下没有任何东西存在；第二，即使有东西存在，也不能被我认识；第三，即使我认识了，也不能告诉别人。依此推论，还可以加上一句：第四，即使我告诉别人，别人也听不懂。这样一路下来，等于是否定了任何沟通的可能性，也否定了教育。

在实际的生活中的确如此：我对你说的话是我自己所了解的，但是你听了之后所了解的，难免会跟我想要表达的意思产生差距。由此可知，人活在世界上，要和别人沟通、建立共识，确实困难重重，

---

① 辩士学派除了自己与人辩论外，也教导他人辩论的技巧。从希腊一直到罗马时代，辩论技巧都是有心从政的人重要的条件，尤其在议院中，拥有好的口才更是不可或缺的。

而辩士学派即因此而主张没有绝对真理。换言之，辩士学派的目的是要打破许多固定的观念，使得一切都变成相对的，而相对主义最后恐怕就会沦为怀疑主义，也就是怀疑所有的一切[①]。

思想方法的特色

苏格拉底对自然哲学和辩士学派这两种极端立场都抱着批评的态度。他知道人生是在具体的实际生活中度过，因此若是只研究自然，就会忽略了人生；然而，探索人生时，却找不到真理。那么应该怎么办？这就是苏格拉底必须面对的问题。因此，如同之前指出的，苏格拉底的老师是整个时代的思潮，所有过去的哲学思想都变成了苏格拉底学习及了解的材料。

雅典被称为西方文化的冠冕、西方文化的摇篮，这是因为雅典人在文化上的成就受到高度推崇。苏格拉底身为雅典人，自然也具有一定水平的知识。苏格拉底经历了两大战争，亦即波斯战争（波斯进攻希腊城邦，最后希腊以寡击众获胜）与伯罗奔尼撒战争（雅

① 事实上，真正的怀疑主义并不能成立，因为一个人如果是怀疑主义者，根本就无法说话了，譬如，假设我说："我怀疑一切。"然而，既然怀疑一切，那又怎么知道有"我"呢？如果没有"我"，又怎么能怀疑，怎么知道什么是"一切"呢？如果不能肯定什么是"一切"，那我们又在怀疑什么？由此可知，怀疑主义者不能说话，只能用怀疑的眼光安静地看着这个世界。

典和斯巴达爆发内战）。这是雅典由盛而衰的关键时期[①]，整个时代的变化也使他不得不发展出一套完整而充实的人生观。

对话的方式

要了解苏格拉底的思想，首先就要了解他所使用的方法。苏格拉底的方法简而言之，就是“对话”（dialogue）。

苏格拉底从来不作公开演讲，他认为若要探讨真理，应该由两个人进行对话。两个人有各自的立场，一个代表正方，一个代表反方，谈到最后变成“合”。“合”代表各自吸取了对方的优点，再往上提升。然后再以其为正，寻找另一个反，继续谈下去。这种对话就像是辩证（dialectic）的方式，不断向上提升。而苏格拉底的学生柏拉图后来参考他的对话方式，有时也以苏格拉底为主角，推演写成了名传千古的《对话录》。

苏格拉底在对话中常使用到反诘、辩证、归纳的方法。反诘法就是在对话中不断反问、不断追问。辩证法则是当别人提到一个观点的时候，请教他此观点的反面能否成立，正反两面综合起来再往上提升。如此不断地提升，到最后会发现，真正的结论往往是有所

---

① 苏格拉底三十八岁时，雅典和斯巴达为了争夺希腊城邦的领导权，爆发了伯罗奔尼撒战争（the Peloponnesian War，公元前431—前404）。这一仗打了二十七年，雅典最后战败，斯巴达人准备进城把雅典毁灭。在进城的当天晚上，斯巴达的将军一起聚餐庆功，宴会中找了一位雅典人来唱诗助兴。唱完一首诗之后，斯巴达的将军说了一句话：“一个城邦能够产生如此优美的诗歌，它不应该被毁灭！”第二天就班师回朝，雅典得以保全。由此可知，雅典之所以能够免于被毁灭，正是因为其文化的卓越成就。

保留的，因为不可能找到一个完全客观超然的立场或角度，可以达成最后的结论。这就好比阿基米德（Archimedes，约公元前287—前212）说的一句话："给我一个支点，我可以撬动整个地球。"但我们知道在这个世界上不可能找到定点，所有的定点都是相对的，因为即使是地球，也不断在转动着。

这种辩证法说明人的心灵要永远保持开放，才能往上提升。人年轻的时候，往往觉得自己看到什么就是什么，这样未免过于执着。我们应当同意可能还有自己尚未看到的部分。就算我们今天选择过这样的生活，也必须给自己保留其他更高境界的可能性，在还没有到达那些境界之前，不应该先去否认或者怀疑。如此一来，人生才有继续提升的空间。

归纳则是从个别的事物中寻找出共同概念，亦即借由归纳法可以找到某个概念的定义。举例来说，我现在问："你能不能告诉我谁是正直的人？什么样的法律叫作正直的？哪个国家是正直的？"这些问题都回答出来以后，继续问："什么是正直？"这就是归纳法。若我们知道什么是正直的人、正直的法律、正直的国家，就可以归纳出"正直"为何，亦即通过归纳法找到定义。

苏格拉底的对话

举一个《对话录》中的例子，说明苏格拉底如何与他人对话，这种对话造成全城骚动，也造成他在思想上对雅典人的冲击。

苏格拉底晚年时，得罪当时社会上一些有权势的人，结果被控告“腐化雅典青年”和“对神不敬”。他接到传票后，一大早就到法院门口等待审判开庭，好像在等待他的命运一样。

苏格拉底在法院门口时，一个年轻人走过来。这个人对神学相当有研究，名为欧西弗洛（Euthyphro）。欧西弗洛看到苏格拉底，上前说：“先生，你怎么跑到法院来了？你这么温和，应该不是来告人的吧？”苏格拉底回答：“我是被告的，你又是来做什么的呢？”欧西弗洛说：“我是来告人的啊！”苏格拉底接着问：“你要告谁？”欧西弗洛回答：“我要告我爸爸。”苏格拉底一听感到很惊讶，又问：“你为什么要告你爸爸？”欧西弗洛回答：“因为我爸爸侵犯神的权利！”

原来欧西弗洛的父亲是一个地主，夏天的时候从外地请了一个工人到家中做工。这个工人和家中的长工起冲突，把长工打死了。欧西弗洛的父亲身为主人，于是命人把这个外来的工人捆绑起来，丢到山沟里，再派人到德尔斐神庙去求签。当时的希腊人认为只有神有权利判决犯错者应该接受何种惩罚，一般人是不能擅自做主的。然而，在接到神的旨意之前，这个工人就冻死了。欧西弗洛对于父亲因为疏忽而让工人死掉感到非常生气，认为这侵犯了神的权利。

苏格拉底了解事件的来龙去脉之后，开始与欧西弗洛对话。他说：“太好了！既然你认为自己对神非常崇敬，要维护他的权利，那么请你做我的老师，解除我的疑惑、启发我的智慧，让我知道什么叫作‘敬’（以前只对神用敬字）。因为我被控告的两大罪状，其一是腐化雅典青年，其二就是对神不敬。”欧西弗洛听了以后回答：

"'敬'就是做的事情让神喜欢啊！"苏格拉底接着问："可是神有这么多位，应该让哪一位神喜欢？神与神之间有这么多仇恨、斗争，一位神所喜欢的，另一位神不见得会喜欢啊！"欧西弗洛听了，觉得很有道理。

的确，一件事情的好坏不能决定于神喜不喜欢，而应该决定于事情本身是否正确。换句话说，如果我们做的事情是正确的，神就一定要喜欢，因为神的本性不能喜欢坏的事，也不能不喜欢好的事。由此可知，一件事情的好坏是内在的，不是全由神来决定的。

如此一来，苏格拉底就把焦点转移了。他们继续讨论，苏格拉底的每一句话都是很谦虚的："请你回答""请你说明""请你告诉我"，问到最后，欧西弗洛简直难以招架，于是干脆说："总之，敬就是要对神很好！"苏格拉底听了就问："所谓的对神很好是不是就像照顾马一样？你对马很好，替它刷背、替它洗澡，目的就是为了要利用它来替你拉车。那么你也是在利用神吗？"欧西弗洛哑口无言，发现自己原来根本不知道什么是"敬"，又怎么能够用这种理由来告自己的父亲？因此就借故离去了。

这是一个很典型的对话实例。苏格拉底走在街上遇到了人，就会问他："你今天发生了什么事？我们来聊聊天吧！"和苏格拉底聊天必须很小心，因为对方只要在言谈中说了一个概念，苏格拉底就会针对那个概念不断追问，一直问到他答不出来为止。譬如，若你称赞某人很勇敢，苏格拉底就会问"何谓勇敢"，最后你会发现原来自己根本不知道什么是勇敢。

这种例子几乎在每一篇《对话录》里面都会出现。许多人在开始与苏格拉底对话时，无一不是信心满满，认为自己很有知识，最后却会发现自己原来是如此无知。后来有一个学生受不了苏格拉底，趁着酒醉时告诉他："你好像海中的黄鲷鱼[①]一样，任何鱼碰到你都会被电得麻痹，人们与你谈话就会觉得自己是如此的无知！"苏格拉底听了以后回答："如果我是因为自己有知，而指出你们的无知，那是我不对。但请你不要忘记，我自己也是无知的！"

由此可知，苏格拉底作为一个老师，从来不教导别人什么知识，而是不断地告诉别人，他们所以为的知识其实都只是假的知识。若不先破除假的知识，怎么可能拥有真的知识呢？真的知识必须由内而发，由主体觉悟而生。

据说苏格拉底的母亲是一位助产士，专门协助别人分娩婴儿，而苏格拉底则认为自己也好似心灵上的助产士，要协助别人生出智慧的胎儿。换言之，智慧是必须由自己觉悟而生，不能由别人给你。别人所能给的只是可以表述的知识，这种知识没有太大的价值，因为我们不会去实践。真正的智慧是自己觉悟与体验到的，所以能够引发实践的动力，并且终其一生坚持不移。

① 这种鱼带有电流，其他鱼如果碰到这种鱼，就会被电得麻痹。

知识就是德行

苏格拉底主张：知识就是德行。他认为如果一个人了解什么是德行，必然会实践德行。但是，为什么很多人明明知道自己做的事是错的，却仍然去做？举例来说，如果询问银行抢匪是否知道抢银行是错的，相信他们的回答都是“知道”。那么，既然知道抢银行是错的，为什么还这么做？这是因为他们认为“抢银行会对自己有利”。

所谓“有利”，就是对自己有好处，亦即对自己来说是一种“善”。但是先不谈违法的问题，试问：钱财对自己真的有利吗？或者是有利有弊？或者长期看来可能有害？或者对人生整体而言是害多利少的？真正明白了什么是善就不会为恶了。这说明这些人其实并没有真正了解“抢银行是错的”。说得更明白一些，一个人在做坏事时，他认为自己知道这是坏事，事实上他并不是真的知道，只是自以为知道，因为当他在做这件事情的时候，事实上是在想：“恶啊，请你做我的善吧！”

以作弊来说，许多人都知道作弊是坏事，但考试时却照样作弊，为什么？因为他们认为这么做对自己比较有利。由此可知，这些人实际上并没有真的了解什么是善、什么是恶，而把恶看作是善了。

对苏格拉底而言，一个人如果真的了解什么是恶，会避之唯恐不及，又怎么可能去做？相反，一个人如果真的知道什么是善，当然也会迫不及待想接近它。换言之，一个人如果认知了真正的善恶，就会自然且必然地行善避恶。之所以有这么多人没有行善避恶，就是因为他们未能认知真正的善恶。

明代哲学家王阳明也曾说过类似的话，他说："知是行之始，行是知之成。"由此可知，真知必然能够实践，之所以未能实践，就是因为缺乏真正的理解。

生平大事

最有智慧的人

苏格拉底有一个学生很调皮，特地前往德尔斐神庙求签，请示神明谁是雅典最有智慧的人，结果答案是苏格拉底。这个学生欣喜若狂，跑去告诉苏格拉底。苏格拉底听了却相当不以为然，他为了证明自己不是最聪明的人，就带了一群学生去访问当时社会上著名的权威人士。

苏格拉底首先访问了政治家。因为政治家身负领导城邦走向未来的重任，所以应该彻底了解人生的真相、人生的幸福，以及人生应该如何规划。然而，当苏格拉底请教这些政治家"人生真正的幸福为何"时，却没有一个人答得出来，最多只知道要让社会治安好一点、经济繁荣一点、国民所得提高一点等。然而，这些怎么能称作是人生的幸福？人生的幸福必然要能够告诉我们人生的意义何在，对生死如何理解，对于人间的灾难、痛苦、罪恶、不义要有怎样的看法，了解这些之后才能够谈论人生的问题！

接着，苏格拉底访问了诗人。古时候的诗人代表了创作者，因此从荷马以下的悲剧作家都算是广义的诗人。诗人在当时的影响力相当大，许多年轻人都会熟读诗人的作品，他们也被称作年轻人的老师，因此苏格拉底就请教他们所写的作品具有什么含义。然而，这些诗人却无法清楚解释自己的作品，因为许多作品的产生都只是受到灵感的启发，而不是经过理性思考。

最后，苏格拉底访问了科技专家。当时科技专家的社会地位相当高，他们要造军舰、城邦，所以应该知道什么是真理、什么是真相。结果，发现他们也不了解真理为何，因为他们都是按照既有的蓝图去建造东西，并不了解背后的原理。

苏格拉底于是作了一个总结：神认为他最有智慧，是因为他比别人多知道一件事，那就是“我是无知的”，而别人连自己无知都不知道。

被人诬告，为己辩护

这三种在当时社会上最有权威的人，都因为与苏格拉底的一番谈话而感到尴尬与愤怒。他们认为雅典的年轻人本来相当谦虚，但是经过苏格拉底教导以后，变得很骄傲，认为这些权威人士根本什么都不懂。于是，他们找人控告苏格拉底“腐化雅典青年”和“对神不敬”[①]。

苏格拉底上了法庭之后，一个人面对五百零一人组成的法官团。当时苏格拉底已经七十岁，法官中大多数都是他的晚辈。在这种情形下，他原本应该很容易获得同情而被判无罪的，但是苏格拉底特立独行，坦然面对审判，没有请人替他辩护，而由自己为自己辩护。这一段精彩的过程，记录在柏拉图所著的《自诉篇》(*Apology*)中。

苏格拉底在法庭上侃侃而谈，不但没有为自己求情，还详细说明自己到处与别人对话的理由。他告诉法官团:“你们都希望我从此不要再和任何人谈话，但是我不能这样做，因为我要听的是神的命令，而不是人的命令！我负有神的使命，我活着就是为了要实现神所托付的使命。因此，如果你们让我活着，我见到任何人还是要问:‘朋友，你是雅典公民。雅典是最伟大的城市，以智慧和强盛驰名远近。可是你只顾在多赚财富和博取名声与荣耀方面用心，对于内心的修养和真理，以及怎样使灵魂更趋完善等问题，却置之不理，难道你不感到羞愧吗？’”法官团听到一个被告讲出这样的话，当然非常不悦，因为自己原本是要审判苏格拉底的，结果却反过来被教训一顿！

苏格拉底本来是要为自己辩护的，但是他所说的话却让法官团深觉反感，因此最后以二八一票对二二〇票，被判有罪。法官团问

---

① 他被控告的内容是:“苏格拉底作为不当，他败坏青年德行，不信城邦所信的神祇，而信其他新的神灵。”此处所谓的“新的神灵”即是下一节“内心之声”所说的“代蒙”(Daemon)。

苏格拉底想接受什么惩罚[1]，结果他回答："对我最大的惩罚，就是把我供养在国家英雄馆，不让我在街上与人谈话！"

法官团听到这种回答会有什么反应？他们一怒之下以更大的比数（相差八十票）判了苏格拉底死刑。因此，苏格拉底的一生最后以死刑作为终结。

狱中讨论

苏格拉底在监狱中等待死刑的时候，正好碰到雅典的"圣船"仪式开始[2]，在一个月内不准杀人。这一个月当中，苏格拉底其实有很多机会逃狱，而且他的朋友、学生，包括柏拉图在内，都把钱准备好了，只要苏格拉底一点头，立刻可以潜逃。然而苏格拉底却坚持不逃狱，他说："我身为雅典公民，一定要遵守法律。法律以不义的方式判我有罪，但我不能因此而反抗法律！"由此可知，苏格拉底的为人有自己的风格。

待在监狱中这一个月，每天都有朋友和学生来探望苏格拉底。他们经常与苏格拉底谈着谈着就忍不住哭泣起来，因为不久他就要死了。这时，苏格拉底却安慰他们："你们认为死亡很可怕吗？"别

① 雅典的审判分为两个阶段，第一个阶段要先审判是否有罪，第二个阶段才判决应为何罪。当时雅典有一种习惯，亦即，若犯人被判有罪，法官团会让犯人自己提议要接受何种惩罚，然后看大家是否赞成。

② 雅典古代有一习俗，亦即每年五月派船祭祀阿波罗，以示感谢神明保佑雅典王子忒修斯（Theseus）杀死牛神（Minotauros），救回雅典奉献为牺牲品的七童男七童女。在圣船来回的三十天期间，城中应保持绝对洁净，不许有刑杀之事发生。

人于是请教："什么是死亡？你为什么不怕死？"苏格拉底回答："死亡只有两种情况：第一，死亡就好像是无梦的安眠，而这是求之不得的！第二，死亡是前往一个过去的人所去的世界，所以我死后去到这个世界，可以同很多贤哲见面，这很好啊！"

经过苏格拉底这样的解释，死亡似乎没什么好怕了。一般人对死亡感到恐惧，是因为他们对于死亡有各种可怕的想法，认为死亡是一种恐怖的情况，而苏格拉底是一位理性的哲学家，可以从思考来化解疑惑。

死亡的期限到了，苏格拉底必须喝下毒酒，离开世界，他甚至还询问狱卒喝了毒酒之后的反应会如何，想先有心理准备。狱卒听了十分惊讶，因为一般的犯人都会不断咒骂、怨天尤人，从来没有一位犯人像苏格拉底这般温和有礼。

苏格拉底喝下毒酒，交代朋友帮他献一只鸡给医神，就离开了人间。希腊时代有个传统，当一个人从长久的疾病中复原之后，必须献给医神一只鸡。由此可知，苏格拉底将死亡看作是痊愈！换言之，灵魂与身体一起活在世界上的时候，是处在生病的状态，而身体的死亡让灵魂得到了痊愈。这种思想指出，人活在这个世界上就是在准备死亡、练习死亡[①]，因为死亡能够使我们的身体消失，而生命的本质（灵魂）由此摆脱物质世界的牵绊，不会再有各种欲望妨碍真正的自由了。苏格拉底死后，柏拉图赞叹："他是我们这个时代

---

① 练习死亡不是要我们自杀，而是要我们把身体的欲望慢慢消减，使它不能控制灵魂，而让灵魂越来越自由，做一个真正的人。

所知道的最正直、最明智、最善良的人！”

生命内涵

关于苏格拉底的生命内涵，可以归纳为三个部分说明：追求真理、肯定传统、内心之声。

追求真理

追求真理是西方哲学家共同的目标。真理就是真实存在之物，此物与客观的命题或知识不同，而是“真实”本身。在希腊时代，真理的英文叫作 discover，亦即“发现”的意思。希腊人认为所有的一切都被盖子（cover）盖住了，有时是因为外在事物本身被遮蔽，有时则是因为我们自己的眼睛蒙上了一层纱，自己戴着有色的眼镜来看这个世界，所看到的当然与真实有所不同。

人生也有各种遮蔽，一个人在什么环境成长、接受何种教育、父母亲灌输了什么样的观念，都会让他有所遮蔽。如果想要发现真相，就须去除这些遮蔽。苏格拉底之所以不断让别人觉察自己的无知，就是为了帮助他们去除遮蔽，因为他们自以为拥有的许多知识，往往都是假的知识。经过与苏格拉底的谈话之后，就能破除这些假的知识，这也就是把遮蔽去除。去除了遮蔽，人才可能发现真正的存在。

苏格拉底一生都在追求真理，心中充满了对于存在（Being）[①]的向往，所以基本上他对于每天变化的一切并没有太大的兴趣。这种特质在他的学生柏拉图身上表现得更为明显，柏拉图一生所追求的都是无法通过感官，而必须通过理性才能够掌握的真正的存在，称为“理型”（Idea）[②]。这等于是要人减少感官的作用，增加理性思考的运作范围，因为只有理性才能够帮助我们掌握到真实。

人活在世界上，因为有身体，所以永远不可能获得真正的智慧。哲学之所以叫作“爱好智慧”，就是因为人只能够爱好智慧而不能够得到智慧。身体使理性无法进行纯粹的运作，而必须借助各种感觉的官能。由此可知，身体就好像是障碍一般，我们要尽量减少它对心灵的干扰，让心灵做主人，而身体则是心灵的辅助工具，用来帮助主人完成他真正的目的。

肯定传统

哲学家即使怀疑一切，也是以此为方法，而不是以此为结论。苏格拉底认为我们对传统仍然要有基本的尊重，他公开宣称：“我希望你们和我年轻的时候一样，在还不能够独立思考、独立判断以前，

---

① “存在”（Being）是一个重要的哲学术语。凡是存在之物，皆可以用“存在者”（beings）来概括，而使这些存在者得以存在的基础或力量，则称为“存在”（大写的 Being）。这个“存在”在位阶上，与“上帝”相当，亦即西方哲学所欲探求的“究竟真实”。

② 柏拉图所谓的“理型”，是指理性才可以理解的“真实”。理性是“发现”而不是“发明”理型，所以他的思想不是近代所谓的唯心论。

能够遵守两样东西，一个是城邦的法律，一个是城邦的信仰。”这也就是说，一个人在尚未成年、还不能由自己作出决定之前，必须遵守法律，并且信奉祖先的传统宗教。

法律是最低限度的道德要求，而信仰则是对人生所作的高标准的要求，二者都是社会重要的传统资源。因此，遵守法律和信仰，可以化解很多人生的问题。这也是为什么苏格拉底明明可以越狱，却仍然选择遵守法律的原因。至于追求真理，则必须等到有了独立思考的能力之后才比较适合。

或许有人会问：“如果法律是有问题的，该怎么办？若是被人诬陷，还是要遵守法律吗？”

这其实不是一个大问题，只要能够遵守程序正义，知道现在这些人判了一个无辜的人有罪，将来历史则会判他们有罪，也就能坦然以对了。

内心之声

苏格拉底接受审判的时候特别提到一点：“我从年轻的时候就开始有一种特别的现象，亦即每当我要去做一件不该做的事情时，内心都会出现一个声音叫我不要做。”苏格拉底称这个声音为代蒙（Daemon）[①]，一般翻译为“精灵”。这个精灵有一个特色：它一向只

① 所谓“代蒙”，是指希腊人相信的精灵，随着人的降生而出现，预示了人的命运。苏格拉底所描述的精灵能够向他示警，所以受到人们的质疑。

说“不”，而不说“是”。换言之，只有当人要去做不该做的事情时，精灵才会出现，告诉你不可以，其他时候则不会发声。

这种说法听起来很玄，其实并不难了解。就像我们常说：“做这件事，会让我良心不安，很不忍心。”事实上，所谓的“不安”“不忍”，即和苏格拉底所要表达的意思是相似的，只不过苏格拉底用一种非常具象化的方式来描述他的良知。

没有人可以证明苏格拉底是否真的听到了精灵的声音，因为其他人无法听到这个声音。但是从他的说明中，我们可以清楚了解，他所指的其实就是良知。

精灵永远只会说“不”，换句话说，当一个人在做该做的事情时，精灵不会有反应，因为人性本来就是向善的，做该做的事只是顺其自然罢了。但是在做不该做的事情时，精灵会叫你不要做，因为这件事并不符合你内心对自我的要求与期许。

苏格拉底把精灵讲得栩栩如生，以至于很多人误会，以为他自己另外创造、崇拜别的鬼神，所以后来才会控告他“对雅典的神不敬”。这其实很冤枉，因为苏格拉底本人并没有这种意思。

希腊人所谓的“神”（theos）一词，有四个意思：（一）泛指神性；（二）神祇；（三）介于人神之间的精灵；（四）神的子女。在此，“代蒙”是指第三义的“精灵”而言。换言之，苏格拉底认为自己所言并未背离传统信仰。

人格表现

有些哲学家说的是一套，做的又是另外一套，但苏格拉底则是希望把他的思想和行为结合在一起，通过理性的思维与行动，使生命得到转变的机会。

关于苏格拉底的人格表现，可以分为三点说明：理性与自由、信念与尊严、生死与超越。

理性与自由

强调理性，并不表示要排斥宗教信仰，而是主张：任何事情发生时，都要从理智的角度加以掌握，并且保持心灵开放，多多参考别人的说法而不要妄下结论。

理性是哲学家的特征，在这一点上，他与科学家其实是抱持着相同态度的。若说一个人讲话很理性，就是指他讲话很有逻辑，不会太过冲动，好像立刻就想找到结论。孔子说过："知之为知之，不知为不知，是知也。"（《论语 · 为政》）知道就是知道，不知道就是不知道，这即是求知的方法。换言之，我们到底了不了解，是要问自己，而不是问别人。这就是一种理性的态度。

知好像一个门槛，知道是跨过去了，不知道就是没过去，没有什么是在知和不知之间的。当然，一个人了解得越多，并不代表他越来越有知识。

事实上，一个人了解得越多，恐怕才越发现自己的无知，因为学习是永无止境的。莎士比亚说过：“愚者总以为自己聪明，智者却知道自己愚昧。”只有对任何事一知半解的人，才敢放言高论；反之，如果真的了解透彻，说话时会有分寸。

人类有理性，因而可以做自己的主人，这是自由的真谛。换言之，自由是指一个人不是被动接受别人给的规范，而是在别人告诉我该怎么做以后，自己能够思考，想通了之后才接受，然后去实践。自由不是为所欲为，也不是谁都不在乎，自由必然来自于理性，理性思考后再作选择，这才是真正的自由。

信念与尊严

一般人谈起自己的信念时，往往必须接受别人异样的眼光，因为别人可能会质疑你的信念的基础，有什么佐证。事实上，信念是没有证据的，有证据的是知识而不是信念。换言之：知识一定要有证据，信念则否。当某个信念有了证据，就不再是信念而是知识了。

信念就是去肯定一个尚未被证明的说法，这种肯定不能只是说说而已，还需要用行动及生命去证明。例如，若我相信“人性向善”，但却从来不帮助别人，那岂不是自相矛盾？换言之，既然我相信人性向善，我的行为就应该有向善的表现，并且如果不行善，心里会感到不安。这样才能够说我是相信人性向善的。然而，如果有人说人性本善，我就不知道他在说什么了，因为“人性本善”，还要如何去实践？

一旦有信念，就必须以行动证明，在这个过程中会显示出人的尊严。也许当我去做自己所相信的事情，可能会和别人的做法有所不同，因为每个人相信的都不一样，譬如有人相信马克思主义，有人相信无神论，有人相信唯物论等。但是只要能够坚持按照自己的信念去行动，就会得到别人的尊敬，而这也是一个行动者内在的尊严。

有时候我们看到一些人彼此立场不同，却同样真诚，因此会怀疑这个世界究竟有没有真理存在。这其实是很自然的现象，因为人生就像爬山一样，每个人的速度不同，有些人很年轻就爬到了高峰。以魏晋时代的哲学家王弼（226—249）来说，他只活了二十三岁，但是现今研究老子的人，就算到了八十几岁仍然要读王弼的《老子注》。又如著名的数学家兼哲学家帕斯卡尔（Blaise Pascal，1623—1662），也不过活了三十九岁，但是我们到现在还是要阅读他的书。

因此，生命的长短并不是最重要的，重要的是生命的密度。有些人可以在很短的一生中，以一种信念作为原则，表现出生命的精彩。相反，如果一个人想要把所有的道理都研究透彻，再去选择人生的道路，那么他可能永远无法往前走，因为人生并没有一条绝对正确的路，任何一种理论都可以找到与它相对的另一种理论。

事实上，真理要靠实践去印证，而不是在理论上争个对错。如果在理论上争论，首先必须解决许多后设的问题，譬如若要讨论某种学说，就必须先了解这个学说的命题，以及其中所提到的各个概念定义为何，是怎么产生的。然而，任何一个概念都针对一个真实的情况，所以这个时候就会出现许多弹性空间。举例来说，谈到桌子时，因为桌子的种类非常多（如办公桌、课桌、餐桌等），首先必须弄清楚彼此所指的是哪一种桌子。

依此类推，在实际的生活中，任何一个概念都可以作各种不同的应用。我们会发现，很多所谓的“对”，其实只是方法上的正确。举例来说，假设我现在要去美国，正确的方法是坐飞机，若想用游泳的方式去美国，恐怕永远都到不了。所以坐飞机去美国在方法上是对的，但我要去美国的动机却不见得正确。

因此，“把事情做对”与“做对的事情”是不同的，一般人活在世界上通常希望能够把每一件事都做对。换句话说，每一件事都有很多种方法可以达成，而我们要选择其中最适当的一种，这也是学校教育的目的之一。但事实上，还有比这个更重要的，亦即，我们要去“做对的事情”。那么，我们首先就要问自己：“什么事情是对的，什么事情是错的？”也就是要能够分辨善恶是非，而在这里面，就包含了许多价值上的抉择。这也就是为什么哲学与人生有着密切的关系。

生死与超越

苏格拉底面对死亡十分坦然，他何以能够如此？生命是有限而值得珍惜的，活着本身就是一种当下的肯定，这种肯定会让一个人觉得有希望。不过，虽然我们常说活着就有希望，但是大多数的人活着时，往往没有想到死亡的威胁，而随意浪费时间。

要改变这种情况，必须常常练习把死亡拉到眼前来看。一个人只有在面对死亡的时候才会真正严肃，能为自己所拥有的时间作妥善的分配和安排。人的生命是在时间当中表现的，甚至可以说时间就是生命，如何掌握自己的时间，就是如何安排自己的生命。如果没有把死亡拉近到自己眼前，很容易误以为时间永无止境，可以让人随便使用，这样一来就是在浪费生命。

人生不堪浪费，当然，这也不代表人每天都要过得战战兢兢，好像一直处于战斗的状态。人生有如一首乐曲，要有一定的主题、一定的节奏，还要有各种随时插入的和声、间奏，这样的生活才能显示出它的韵味。

苏格拉底生长在雅典这样一个爱琴海畔的小小城邦，却从来不觉得自己有什么局限，这是因为他能够随时自我反省。一个人只要有自觉，他就能成为宇宙的中心，问题只在于，我们是否能够像苏格拉底一样，活出这样的气魄。

像苏格拉底这样的人，自然会带给后人深刻的影响。柏拉图在苏格拉底过世之后说了一句话："老师死了，我们这些学生都变成孤儿。"由此可知，苏格拉底就像这些学生心灵上的父亲。柏拉图甚至曾经说："我觉得自己非常幸运，因为我生为雅典人，而不是蛮族；

生为自由人，而不是奴隶；生为男人，而不是女人[①]。但是，我真正觉得最庆幸的是，能够生在一个苏格拉底的时代，能够亲近他，向他学习。”柏拉图的《对话录》影响西方文化非常深远，是西方哲学最早期也是最重要的经典，因此有人说：谈起希腊，转头必见柏拉图。可见苏格拉底的事迹经过柏拉图记载后，对后世的影响多么深远！

结论：活出自己

苏格拉底在平凡的环境中成长，通过一生的努力，在思想上、实践上不断转化，最后能够表现出“人之所以为人”应该具有的风范。正因为如此，苏格拉底成为雅斯贝尔斯所选出的四大圣哲之一，与释迦牟尼、耶稣、孔子齐名并列。

苏格拉底是西方哲学家中最典型、最有特色的代表，他把一个人的生命充分活出来了。从他一生的经历中，我们可以获得启发，体认人生总是会面临各种遭遇，会有得意、失意，即使面对不义时，都要坦然接受。更重要的是，人活在世界上，要把关注的重点，由外在转向内在，因为人生终究会结束。

在此，我借用雅斯贝尔斯在《四大圣哲》里面对苏格拉底的描述，来作为本章的结束：

“苏格拉底临终前，安慰朋友们说：‘你们所埋葬的只是我的躯

① 虽然雅典以民主制度闻名，但是女性在政治及教育上都没有受到公平的对待。

体，今后你们当一如往昔，按照你们所知最善的方式去生活。'

“那些在他死前环绕身旁的朋友都怀着复杂的心情，既昂扬又绝望。在悲伤哀恸与兴奋莫名的气氛中，他们领悟了一种神妙的境界。

“苏格拉底立下了伟大的典范：在面对浓烈的哀愁时，能够解放灵魂，展现伟大仁慈的平安气氛。死亡于此失所凭依。这不是掩藏死亡于不顾，而是肯定：真正的生命不是走向死亡的生命，而是走向善的生命。苏格拉底不曾留下任何著作，但是却为希腊哲学注入强心针，激起了无比汹涌的风潮，余波荡漾绵延至今。”

第六章　存在主义

认识思想家

伊壁鸠鲁（Epicurus，公元前341—前270）

古希腊哲学家，立说主旨在于助人解脱对神明以及对后世的恐惧，由此带给人内心的平静。他认为，神明不会干涉人间事物，并且人死之后灵魂亦随之幻灭，所以人无须担心来世。他主张人生目的在于“快乐”，所以被后世称为快乐主义，但是他所谓的快乐不是放纵欲望，而是温和节制、平静安详地生活。

康德（Immanuel Kant，1724—1804）

德国哲学家，著作以三大“批判”(《纯粹理性批判》《实践理性批判》《判断力批判》) 而知名，开创了“批判哲学”的系统，也奠定了德国唯心论的基础。所谓“批判”，是指探究合理知识的“先验”条件，亦即知识“如何可能”的问题。

其生平关心四大难题:(一) 我能够知道什么？(二) 我应该做什么？(三) 我可以希望什么？(四) 人是什么？单单就其知识论的思考模式，就引起极大效应，亦即指出“物自身”不可知。人所知者只是“现象”。但是人的道德行动并非虚妄之物，由此接上“真实本体”，并且要求三大设定:

人的自由、灵魂不死，以及上帝存在。

谢林（Friedrich W. J. Schelling，1775—1854）

德国哲学家，有客观唯心论之说。所谓“客观”，是指他重新肯定了“自然”的价值。主张唯心论，当然以精神为唯一本体，但是精神的活动场域是自然，因此自然是“万事万物都活跃于其中的唯一生命体”。

他想了解神性创造力如何在“自然”中运作。他探讨艺术，因为艺术是绝对与相对之交会，是精神与物质的调和。他的最高目标，乃是借此回归于对神明的理解。

费希特（Johann G. Fichte，1762—1814）

德国哲学家，有主观唯心论之说。康德认为物自身不可知，费氏则指出人的“自我”属于知性直观，不需验证即可肯定，否则人无法进行任何思想活动。他在拿破仑占领柏林期间，发表《告德意志国民书》，提出“新教育”，强调新教育的本质即是道德心，“是完全为道德而讲道德，绝不是像从前那样把教育当作达到某种目的的手段”。

荣格（Carl G. Jung，1875—1961）

瑞士心理学家，创立分析心理学派（Analytic psychology），强调“集体潜意识”（the Collective Unconsciousness），在治疗心理病患时，采用自由联想法与象征扩展法来解梦，成效卓著。

他对神话学、宗教学、民俗学，甚至中国的《易经》、古代炼金术等，都有深入研究。

存在主义（Existentialism）是二十世纪最有特色的思潮。此派的代表人物，各有主张，但皆不离人的“存在”意义，要人真诚而勇敢地面对自身，选择成为自己。

存在主义的影响力可以说历久弥新，这是因为其中某些见解，无论是在任何时代、任何社会，对人类都有相当明确的启发性。以下将分别介绍先驱人物：克尔凯郭尔（Kierkegaard，1813—1855）及尼采，以及代表人物：雅斯贝尔斯、海德格尔（Martin Hidegger，1889—1976）与马塞尔（Gabriel Marcel，1889—1973）。

克尔凯郭尔

讨论存在主义，可以从“存在”一词的特殊用法谈起，而第一位必须提到的人物就是克尔凯郭尔。

克尔凯郭尔是丹麦人，具有宗教性的家庭背景。他的父亲是一位牧师，从小就栽培他，希望他从事这方面的工作。西方文化的精华，甚至可以说任何文化的精华，都体现在宗教信仰之中。无论人们的日常生活如何乏善可陈，都能够借由宗教信仰凝聚出深刻的文化传统。举例来说，在设计宗教建筑时一定希望它能够长久保存，因为它不是给人住的，而是给神或佛这种超越的神明居住的。也因此，人们会将这些建筑建造得金碧辉煌，借由这种具体方式来展示人类心灵的向往。

虽然克尔凯郭尔在宗教气氛的传统下成长，但是他不但不迷信，反而更深刻地去思考“什么是人生”这个问题。

克尔凯郭尔的父亲虽然是一位牧师，但是人生经验相当复杂，他安排克尔凯郭尔接受最好的教育，希望借此弥补自己的过失。严格的管教使克尔凯郭尔的性格显得早熟，与一般人格格不入。譬如，他在宴会上同别人聊天聊到最开心的时候，往往会忽然产生一个念头，觉得自己非常可耻，竟然与群众相处得这么愉快。

克尔凯郭尔只有在离开群众的时候才觉得自己关怀群众，若是与群众在一起则会感到恶心不已。他认为群众基本上是“庸俗”的，聊天的话题总是离不开日常生活的衣食住行、流行娱乐。这其实是相当正常的事情，可是克尔凯郭尔对这些言论却非常不能忍受，他有一次甚至说：“每当我在宴会中和别人谈笑风生时，就会有一种冲动，想拿一把枪自杀算了！”因为他觉得这种生活充其量不过是在浪费时间、浪费生命。

存在是选择成为自己的可能性

存在主义的“存在”（Existence）一词，本身就是一个值得注意的题材，因为只有“人”有资格使用这两个字。如果我问：“桌子存在吗？椅子存在吗？”这个问题其实是没有意义的，因为无论你问不问这个问题，这些东西都是原来的样子，不会改变。宇宙万物之中，除了人之外，都没有资格使用“存在”这两个字，因为“存在”

不只是一个名词，更是一个动词——“存在”不是死的，而是活的、有生命力的，能够自由地选择。换句话说，存在就是“抉择”，就是“选择成为自己的可能性”。

人在作选择的时候有两种可能，第一种是选择不成为自己，第二种是选择成为自己。第一种选择显然比较容易，在这种情况下我们习惯伪装自己、遮蔽自己内心真实的情感，扮演别人所期待的角色，而从来不作真诚的抉择，因为我们害怕真诚的抉择会让自己与他人发生冲突。

克尔凯郭尔把“存在”的概念从名词变成动词，凸显出“自由抉择”的内涵。然而他也认为，尽管在宇宙万物中，唯有人有资格使用“存在”二字，却很少有人真正去使用。克尔凯郭尔曾经提过一个生动的例子作为比喻：人生就好像一个酒醉的农夫驾着马车回家，表面上是农夫驾马车，事实上是老马拖着农夫回家。因为农夫喝醉了，根本没有清醒的意识，然而老马识途，因此能够把农夫拖回家。

人的一生就犹如走在回家的路上，大部分时间都在昏睡之中。只有当一个人清醒的时候才能够决定自己真正要走的路、做真正的自己。因此当代很多议题，如“为自己活”“做你自己”等，都是由存在主义启发出来的。

克尔凯郭尔提出“存在”这个议题之后，尝试以各种方式来表达。他本身是位作家，作品也具有文学性，相较于哲学著作容易让人望而生畏，他的表达方式显得更震撼人心，通过特殊场景、情节、人物的铺陈，让读者犹如置身在一种人与人的互动关系之中。

人生三绝望

克尔凯郭尔曾经订婚，却因为觉得没有人能真正了解他的内心而解除婚约，尽管未婚妻苦苦哀求，都无法改变他的决定。然而，他的未婚妻后来和别人谈恋爱，克尔凯郭尔又舍不得。由此可知，克尔凯郭尔内心世界所呈现出的是一种孤绝而特殊的状态，一般人确实难以亲近和了解。

克尔凯郭尔指出，人生有三种绝望：不知道有自我，不愿意有自我和不能够有自我。“绝望”看起来似乎是相当普通的两个字，但内涵却很特别。一般人谈到绝望时，可能会想到失业的绝望、落榜的绝望、房子倒塌的绝望等，事实上，这些都不能算是真正的绝望。真正的绝望是一种内在的体验，无关乎外在目标的达成与否。

（一）不知道有自我

这种绝望是指，一个人在世界上奋斗了许久，却不知道自己在追求什么。有追求代表有欲望，有欲望则代表一个人愿意激发内在潜能，朝着目标奋斗。然而许多人根本不知道自己要追求什么，也不知道追求什么才能得到真正的安顿，这是由于我们不知道有“自我”。

从小我们就被教导、被塑造来迎合社会的需要，学习如何追求成功。然而，这种成功是相当外在化的（拥有车子、房子、家庭……），人的生命绝对不应该只以这些为满足。因此克尔凯郭尔认为，如果人不知道有自我，庸庸碌碌过了一生，到最后也只是一场空，这样的人生没有什么意义。

（二）不愿意有自我

当一个人发现了自我之后，接下来必须问："愿不愿意有自我？"有些人发现自我以后，却不愿意有自我，因为要独自面对自己不是一件容易的事。我们经常可以看到很多年轻人随时带着手机，让自己显得很忙碌，在校园里面一边走路、一边讲电话，行色匆匆，似乎自己是很重要的人物。然而，真的是这样吗？其实很多时候不一定非这样不可。此外，有了自我，就意味着人必须开始为自己负责，而为自己负责的压力是非常沉重的。

庄子曾说："泉涸，鱼相与处于陆，相呴以湿，相濡以沫，不如相忘于江湖。"（《庄子 · 大宗师》）意思是说，当泉水干了以后，鱼躺在陆地上，必须互相吹气湿润，让彼此都可以活下去，这时候鱼知道自己是鱼，却活得很辛苦。只有当鱼回到水中而忘了自己是鱼，才是鱼最快乐的时候。人却不一样，或许当人在群众之中而忘记自己是谁时，的确很快乐，但是这种快乐无法持久，因为群众的聚集总有散场的一刻，人最终必须独自面对自己。庄子的比喻中所说的

“水”，是指道家的“道”[1]；而与群众相处时的热闹气氛，正是“相呴以湿，相濡以沫”，最后转眼成空。

我这么多年以来，一直很少参加应酬，就是因为我不喜欢散场之后孤寂的感觉。譬如，我们有时候和朋友聚餐，大家一起吃饭、喝酒相当开心。然而，正当所有的人酒酣耳热，高兴得忘我时，餐厅却到了该打烊的时间。这好像突然之间被浇了一盆冷水，发现原来所有的快乐都只是幻觉，之后又必须重新回到现实的世界。

一个人是否要成为自我，必须通过自己的选择。如果不愿意成为自我，也会感觉到绝望（不愿意成为自我又能成为谁呢？），这就是“不愿意有自我”的绝望。

（三）不能够有自我

假设一个人愿意成为自我，努力做一个真诚的人，最后却发现不能成为自我，不能“有”自我（存在主义用到“有”这个字时，并非真的是指“有”，而是指“是”的意思），这时候常会觉得自己能力不够，而必须走很长的路来实现自我，因此会感到非常绝望。坚持走自己的道路，是非常孤单的，而坚持下去是否会有好的结果，更是未知数。

克尔凯郭尔是一个宗教信徒，因此他通过对宗教的信仰来面对这种不确定感。他曾说：“一个人如果不信神、不做宗教徒，还不如

---

① 关于道家的“道”字，与西方哲学所谓的“存在”是属于同一位阶的。请参考本书第十章。

自杀算了。”这是因为通过宗教，能够让人作出抉择，并且活出特定的生命形态。

人生三阶段

克尔凯郭尔认为人生有三个阶段：感性阶段、伦理阶段、宗教阶段。

（一）感性阶段

一个人在青少年阶段往往会以感性为主，所谓“感性”，用一句话来形容，就是“今朝有酒今朝醉”。这句话用了两个“今朝”，是为了强调他不想昨天，也不想明天，而只看当下、现在。昨天发生的事已经过去了，悔恨又能如何？同样，即使我告诉你：“今天好好努力，明天就会有好的成果。”可是有没有明天呢？台湾地区时常发生地震，谁知道自己是不是哪一天睡着就再也无法醒过来了？

由上述可知，感性阶段的心态是偏向享乐主义的。享乐并没有什么不对，但是必须先思考两个问题：

第一，享乐分为很多层次，若只把享乐定位在身体的、本能的需要，是属于较低的层次。因为人的生命有整体的需求，而感官的满足来得快、去得快，刺激必须不断增强，但是效果则会渐渐递减，到最后变成完全没有自我，活在一个官能的流动过程之中，这种享乐的背后实际上是痛苦。比较高境界的享乐不容易得到，但得到以后能够长久保持，而且这种快乐是内求于己，而非依赖其他的因素和条件。因为越是倚赖外在的条件来满足，这种享乐就越没有保障。

西方有许多主张快乐主义的流派，譬如希腊时代，以伊壁鸠鲁为主的伊壁鸠鲁学派（Epicureanism）。这个学派是典型的享乐主义，但是他们的主张是一种温和的禁欲主义。这是由于他们了解，唯有温和的自我节制，才能够长期保持真正的快乐。

第二个问题则必须考虑自己本身的性向以及人生的目的。很多时候人要达成一个伟大的目标，必须经过许多痛苦的考验，尤其目标越高尚、越伟大时，过程就会越辛苦。牛顿说过："天才只是长久地耐苦。"当一个人认定了值得奋斗的目标，了解那就是他的召唤（calling），而努力去拼凑属于自己的图案，他的人生才有意义，反之则不过消消散散地度过一生罢了。

感性阶段的特色是"外驰"，亦即"向外追逐"。这个阶段的人到最后会感到忧郁（melancholy），因为他们会觉得只有今天没有明天，而过去的自己又不再回来，因此生命好像落在中间、无所依恃。此时人们会开始思考："为什么我会走到今天这一步呢？"这就如同置身在悬崖边，前方是一片迷雾，必须自己选择是否要"跃"[①]过去。若选择跳过去，就进入了伦理阶段。

---

① 克尔凯郭尔的作品强调"跃"这个字，意味着人在面对未知时的抉择就如同站在悬崖边，前面是漫天迷雾，完全看不清楚，这时候必须自己决定是否要跳跃过去。前方有可能是一个对岸，能够让人继续前进，也可能什么都没有，跳下去就粉身碎骨。但是在决定是否跳之前，没有人可以给我们答案，因为人生本来就是抉择的过程。

（二）伦理阶段

此一阶段的特色是“向内要求自己”，把过去、现在、未来连贯起来，如此一来，生命就完整了。举例来说，如果我告诉所有同学下星期要考试，那么下星期一定要实现这个承诺，否则就是没有伦理的观念。如果我下星期到学校，因为心情很好，临时决定不考试，固然皆大欢喜，但这样等于过去和现在没有连贯，生命无法完整。

然而，伦理阶段并不是终点，仍然要继续往上提升。我们在本书第三章曾经提过，七大死罪中的第一罪就是骄傲，一个人有了道德之后，便很容易出现“道德上的骄傲”，好像政治人物在掌权之后，很容易出现一种民粹主义所造成的“权力的骄傲”，因为他们认为自己是人民选出来的，所以比别人高一等。然而，道德的骄傲更为可怕，当一个人在道德上反省自己、肯定自己的时候（如没骗过人、没毁谤过人、没杀过人等），便会开始产生骄傲的心态。

事实上，一个人在道德上不曾有过失，并不尽然表示他的道德水平真的优于其他人，有可能只是因为他不曾受过真正的诱惑和试探。例如，有人拿一份公文叫你签名，只要签了就可以赚一大笔钱，难道你的内心不会挣扎吗？换句话说，很多时候只是我们没有机会碰到这种事情罢了。

（三）宗教阶段

在现实生活中我们常常面临两难的抉择，或遇上道德的困境，这个时候则必须“依他”。本质上人的生命是脆弱的，而能力也是有限的，所以宗教里面的“依他”也是一种真诚的表现。

经过实实在在的反省，会发现自己的生命在很多方面非常脆弱；接受这个事实，并且认识宇宙之中有更大的力量——他是生命的来源，也是生命的归宿，如果没有他，人的生命根本不可靠，就如同风一吹过，芦苇就折断了一般。若人不运用理智去想得透彻，那么他的生命可以说是毫无价值、毫无尊严可言的。

因此，这个时候我们必须问自己是否要“跃”过去——跳过去寻找一个“他”。这个“他”并不是指向外追求，而是找到了自己生命的基础，也就是诚心皈依了宗教信仰。

克尔凯郭尔为“存在”这两个字，揭示了新的意义，让我们思考的角度开始转变：把人的生命当作一种在每个刹那之间作抉择，选择成为自己的过程。存在是一个不断重复的过程，而这个过程所需要的就是“选择成为自己”，做一个真诚的人。所谓真诚的人，就是要对自己负责、忠于自己。

许多哲学家都说过类似的话，譬如孔子曾说：“匿怨而友其人，左丘明耻之，丘亦耻之。”（《论语·公冶长》）亦即，对孔子而言，把对一个人的怨恨隐藏起来，而在表面上做朋友，是一件令人不齿、不屑的行为。一个人要有所不为，才能够有所为，而这也正是存在主义所要警醒我们的一点。

尼采

尼采是德国人，同样出身于具有宗教背景的家庭，家中信仰路德教派（基督新教）。然而尼采年纪很小就对宗教信仰产生怀疑，上大学之后更进而主张无神论，后来成为著名的无神论者。

尼采的身体不好，看起来苍白而虚弱，但是思考相当深刻，看人时目光如刃，似乎能够穿透人心。尼采可称为天才，二十五岁尚未拿到哲学博士时，已经被聘请为希腊文学的教授。然而他的哲学背景却使他同时遭受哲学界和文学界的排挤，再加上本身口才不好，个性又相当愤世嫉俗，导致他的教学生涯很不成功。他曾说："听众是到教室来吃糖的。"又说："真正伟大的哲学家，要到死后才会出生。"

上帝死了 = 重新估定一切价值

"上帝死了"是尼采最有名的一句格言，这句话的用意并不只是在批判基督宗教，而是有着"重新估定一切价值"（transvaluation）的意涵。

当时的人认为，西方文化不能离开基督宗教而存在，譬如一个人之所以有道德，是因为他信仰上帝。然而，这种宗教信仰在尼采所处的那个时代已经变得非常虚浮，大家都有信仰，却未能真正体现信仰的精神，宗教逐渐变得社会化。换句话说，上帝原本是道德的基础，然而人们的道德行为却都成了一种虚伪。人们虚伪的表现，也就证明自己所信仰的上帝是假的上帝。因为如果信仰的是真的上帝，如果上帝是有生命的，则人不可能有这样的行为表现。

尼采看不惯这种打着宗教或上帝名号的虚伪浮夸，所以宣称“上帝死了”。他曾经写过一个比喻：有一个疯子，大清早提着灯笼在市场里面到处走动，有人问他：“为什么大白天提着灯笼？”他回答：“白天吗？我觉得是黑夜啊。上帝已经死了，宇宙一片漆黑，我什么都看不到，只能拿着灯笼到处去寻找上帝。”由此可知，许多人以为世界是充满光明的，然而，用眼睛看到的光明并不是真正的光明。

尼采说过：“哲学家是文化的医生。”哲学以理性探讨宇宙与人生的根本真相，从而指引现实生活、评估文化生态。文化氛围好像空气一样，当文化生态出现问题时，就会让生活在其中的人陷入价值错乱的困境。举例来说，现代人所尊敬崇拜的，大多是功成名就、升官发财的人，亦即不择任何手段，达到表面上所谓有“成就”的人。这种价值上的选择本身就有问题，因为它并未掌握到人所崇拜的对象应该是什么样子。值得崇拜的对象应该是拥有完美人格的人，这才是一种正确的价值观[①]。然而，现在却很少人崇拜人格高尚的人，因为人格高尚很难做到，并且就算做到了也没有什么实际利益。

尼采“上帝死了”的想法其实是经过深刻的反省的，正如我们

---

① 在本书第九章讨论儒家时，将会说明：人性向善，所以行善是正确的价值观。

所知道的，如果没有信仰，也就无所谓背叛。因此，背叛耶稣的人正是基督徒，而背叛释迦牟尼的人也正是佛教徒。由此可知，宗教本身未能使信徒免于人性的弱点，因而遭到批判。宗教本质上都有很好的理想，而宗教的致命之处其实就是人性的弱点利用宗教表现出来的结果。

权力意志：超人

尼采哲学的另一项重点就是“权力意志”(the will to power)。这里的“权力”并不是指政治权力，而是一种广义的权力。举例来说，台湾大学由于历史悠久，有些围墙很老旧，许多小草长在砖石之间。墙上怎么会有小草？这是因为小草有生命，它不管在任何地方都要凸显自己生命的力量，扩充自己的影响力。这就是一种权力意志的表现。

通过这种方式去了解尼采所说的权力意志，比较不会误解。在他看来，宇宙里任何生命，只要存在，就会表现自己本身的生命力，而权力意志所指的就是这种生命力扩张的状态。

这种哲学思想放在人的身上，演变成一种“超人”(Overman)[①]。

尼采认为，人类只是桥梁，一边是动物，一边是超人，而人的生命应该从动物这一边走到超人那一边。这种思想深受达尔文进化

① “超人”一词的原文是 Uebermensch，译为英文是 Overman，而不是 Superman。

论的影响。达尔文认为宇宙万物都是演化而来的，最后不知为何出现了人类。无论地球的历史有多少亿年，像我们这样的人类只不过存在了两万多年。因此我们要问："地球经过几十亿年的演化，最后两万多年才出现人类，那么人类有没有权利、有没有资格说自己是万物之灵，并且宣称演化到此为止？"毫无疑问，人类当然没有这种权利，因为我们只是演化过程的一个环节。因此，我们应该接着思考："人类将会演变成什么样的新物种？"尼采的答案就是"超人"。

这种思考是合理的，我们不妨如此推想：在人类出现之前，地球上最先进、最伟大的生物是灵长类，也就是所谓的猩猩族群。曾几何时，这些动物因为人类的出现而被关到动物园里面。如果照这种方式往未来推衍，人类的命运可能会和猩猩一样，而我们的后代可能也被关到动物园里面了，因为一种更新的物种出现，叫作超人。换言之，超人之于我们，可能像我们之于猩猩一样。当然，我个人不太相信会发生这种情形，但是尼采从另外一个角度思考，也值得参考。

尼采还将"超人"比喻为一个人在"走钢索"，也就是说，他必须接受各种考验。尼采之所以被列为存在主义的先驱，便是因为他的思想凸显了这种个人生命中"自我负责"的部分。他认为，一个人若是只活在群众之中，不能算是真正的"人"，要做一个人，应该设法做个"超人"。所谓的"超人"是指：一个人活在这个世界上，要对生命充分肯定。亦即，要把生命潜能完全实现出来。生命的潜能包括了"有形的身体"和"无形的精神"两方面。尼采曾经举一个例子，他认为真正的“超人”可以用两个人的结合作为代表，这两个人就是拿破仑（Napoleon Bonaparte，1769—1821）和歌德（Johann W. von Goethe，1749—1832）。拿破仑代表的是由身体开发出来、在有形世界获得的成就；而歌德所代表的则是精神方面、在无形世界的精神表现。

德国人对拿破仑有一种由害怕而崇拜的情结，因为拿破仑曾经横扫欧洲，占领了整个德国（当时称为普鲁士），强盛的姿态让当时的普鲁士人认为法文是一种优美而高尚的语言，德文则野蛮落后。然而，德国人由于被拿破仑占领而丧失的民族自信心，后来又因为康德、费希特、谢林、黑格尔等大哲学家相继出现，而逐渐恢复。到了二十世纪甚至出现希特勒（Adolf Hitler，1889—1945）这号人物。希特勒受到尼采“超人”概念的启发，不仅在墙上挂着尼采的照片，并以此为借口，消灭所谓的低等民族（如犹太人），这也使得尼采蒙上不白之冤。

精神三变

尼采提出精神有三变：骆驼、狮子、婴儿。他认为精神应该先变成骆驼，再变成狮子，最后变成婴儿[①]。

---

① 这个概念，源自尼采所著的《查拉图斯特拉如是说》。查拉图斯特拉是一个很聪明的人，就像先知一样。他三十岁的时候，觉得世界太污浊，因此上山隐居，隐居的十年间得到了各种具有启发性的见解，最后想回到原来的世界。有一天早上他起床，面对太阳，说了一句话：“太阳啊，伟大的星球，如果没有这个地球让你光照，你的光明有什么用？”说完就下山了。

（一）骆驼

骆驼是“沙漠之舟”，刻苦耐劳，意味着人在年轻的时候要接受训练，承受传统的包袱。我经常在台北街头看到中学生，觉得他们真是非常辛苦，每天上学背着沉重的书包，有时候甚至要背两个书包。每次看到这种情形，我心里常会想：“他们现在是骆驼，这是人生必经的阶段，但是这样能保证他们将来变成狮子吗？”这是个很大的问题。

（二）狮子

骆驼与狮子的差别在于：骆驼必须听从他人的指挥、接受他人的命令，所听到的是别人说：“你应该如何！”而狮子则是自己作决定、对自己负责，说的是：“我要如何！”每个人都经过骆驼的阶段，听从父母与老师的教导，告诉我们应该怎么做，我们无法反驳也无法反抗。然而，上了大学以后应该进入狮子阶段，也就是由自己来告诉自己该怎么做。

但是有几个年轻人真的知道自己要什么？怎么做才对自己有意义？这就是另一个新的问题。换句话说，骆驼虽然看起来很可怜，但是至少不用自己作决定，只要服从别人的指令就行了；相反，如果要成为狮子，就要承担自我、为自己负责。这一点的压力很大，因为当我们能够自由选择想要做的事时，同时也就丧失了寻找借口和抱怨的权利。

举例来说，学生考完高考之后选填志愿时，如果按照父母的希望去选择，至少就保留了一个将来抱怨的权利；相反，如果父母说："你已经长大了，应该自己填志愿、自己负责。"这时候一般人会很苦恼，只好去问问同学，参观大学博览会，可是最后抉择的时候还是很痛苦，因为我们一旦决定了，也就丧失了找借口的权利。就算后悔，也不能抱怨，因为这是自己的决定！聪明的父母，应该让子女自己作决定，而对子女来说，在选择的那一刹那会觉得自己长大了，决定了以后也比较愿意为自己负责。

德国心理学家弗洛姆（Eric Fromm）在《逃避自由》（*Escape from Freedom*）这本书中曾经写到："给我自由吗？千万不要给我自由！因为随着自由而来的是要负责任啊！我一有自由之后就自己作选择，选择之后就做我自己，但是我做不起啊！"这段话表达了类似的想法。

（三）婴儿

狮子阶段之后则是到达婴儿阶段。婴儿意味着"完美的开始"，提供了所有的可能性。当一个人还是婴儿的时候，父母一定怀着无穷的想象，想象他将来可能成为科学家、工程师、医师等。每天看着他，也就给父母的人生带来了彩色炫丽的希望。当然，小孩成长的过程往往也是父母希望幻灭的过程，最后小孩让父母失望，就像父母曾经让他们的父母失望一样，人生就是这样一种不断重复的过程。

当一个人抵达婴儿的阶段，就不会再遭遇到前面所说的种种问题，代表心灵重新回归原点，可以重新再出发。

雅斯贝尔斯

雅斯贝尔斯是德国人，也是生活体验比较特别的哲学家。雅斯贝尔斯患有先天性心脏病，从小就随时感受到死亡的威胁。他曾获得医学博士，后来担任心理学教授，再转任哲学教授。不过他对大学哲学教授颇为反感，认为“他们并不处理与生命真正相关的问题。他们给我的印象是自负，而且固执己见”。由此不难想象他与同事相处不睦。在纳粹政权控制德国时，雅斯贝尔斯也备受压力，因为他的妻子是犹太人。若不是盟军及时攻进海德堡，他们夫妇就被送往集中营了。这些都是他生命中的“界限状况”。

界限状况

一般人活在世界上，不太会去烦恼“人生”的问题。如果有一个人说，他最近在苦思人生问题，却找不到答案，我们通常会认为他不过是庸人自扰。之所以会有这样的反应，是因为我们自己的思考深度有限。

但是雅斯贝尔斯认为人生有三种界限状况：身体界限、心理界限、灵魂（精神）界限。当这三种界限出现时，便是人必须思考、作出抉择的时候。

（一）身体界限

一般人多半只有在面对身体的界限时，才会开始思考人生的意义，譬如车祸、受伤、衰老，或是觉得来日无多之时。这时候，很多人会开始问：“我为什么会走到这一步？将来又该往哪里走？生命如此短暂，应该如何抉择才能使生命有意义？”然而这些人还算幸运，真正可悲的是那些即使在面临身体界限时，仍然不去思考这些问题的人。

举例来说，有一年我在台湾一所大学兼课，期中考试有一个学生缺席，写了一封信给我。信上写着：“老师，我因为车祸住院。在医院里面，我才开始思考人生有什么意义。”当时我想着，光是这句话就可以让他期中考拿九十分了！因为他是真正把学到的知识用在生活上。我平常教课的时候，就算拜托同学多思考人生的意义，仍然是言者谆谆，听者藐藐，因为大家只想着考试及格就算了。然而，这位同学却因为不幸发生车祸，而能够开始严肃地思考人生的意义。

所谓的意义是指，选择成为自己的可能性、实现自我的过程。很多人喜欢询问人生有什么意义，然而，人生的意义绝不可能存在于某一个地方，或是某一件事情上面。人生的意义是一个人决定去做某件事，在这个过程之中产生一种自我肯定的力量。也就是说，人生的意义只能是由内而发，而不是向外寻求的。

（二）心理界限

人的心理是指一种自我认知的能力。譬如，我的心理状况很正常，因此与别人交往时情绪稳定；别人称赞我，我就高兴，别人批评我，我就难过。然而，如果别人称赞我的时候，我觉得难过，别人批评我的时候，我觉得高兴，那才是有高度修养的证明。子路就是这种人，《孟子·公孙丑上》中描述子路“闻过则喜”，听到别人说他的过失就很开心。这是因为知道自己的过失，才有改善的空间。

许多人平常都认为自己是正人君子，然而遭遇考验时，突然有一种黑暗的、莫名的冲动，这时候才警觉到自己并非自己平常所想的这么健全。也就是说，表面上人似乎很健康，在遇到困难时，才会发现自我并非如此可靠。这时候我们会察觉一些连自己都无法了解的念头以及其中的盲点，这就是发现了心理的困境，也就是所谓的心理界限。

（三）灵魂界限

灵魂则代表着“精神”，它关系着“意义”的问题。人生有没有意义，这不属于心理问题[①]，心理学家荣格曾经说：“到我这里来治疗心理疾病的，大都是上层社会的人，他们身体健康、心理正常，但

---

① 心理学的发展一开始是把人的心理当作内、外二分的关系来研究，也就是说，一个人有了外在的行为，就代表着他内心中有这样的想法与观念。弗洛伊德以后，开始了“深度心理学”的发展，他认为，一个人的行为表现，不是决定于内在的心态，而是有深度的考量。就犹如冰山之中、海平面之下的部分，连自己都不了解，也就是所谓的“潜意识”。此后便开始出现“心理分析”这个行业，而荣格就是一位著名的心理分析师。

是并不快乐。”也就是说，一定有什么地方出了问题，而这个地方，不在于身体，也不在于心理，这个地方称作“灵”。

那么灵是什么？先不要问这个问题。只要我们同意荣格所说的，一个人有可能在身体健康、心理正常的情况下不快乐，这就代表着一定还有第三个因素决定人们是否快乐，而这第三个因素，姑且称之为“灵”，如此而已。

西方文字的表现就已经透露出人们相信有灵的存在：body 代表身体，mind 代表心理（心智），最后一个则称为 soul（灵魂）或是 spirit（精神）。

刹那与永恒

人在作抉择时，往往必须掌握到“刹那”。所谓刹那是指，我们平常都生活在平淡而稳定的日子之中，忽然在某一个瞬间，可能因为某件事、某个人、某个画面，让我们很感动，觉得自己的“真我”浮现了，觉得人生好像不一样了。这时回过头去看以前的日子，就知道生命的质与生命的量是不同的。

举例来说，我有一次去看《十月的天空》（*October Sky*）这部电影，描写 1957 年 10 月苏联发射第一枚人造卫星，当时美国一个小镇的几个中学生立志研发火箭的故事。这部电影只有“催泪弹”三个字可以形容，我很久没有看到这么令人感动的电影了，它催泪的效果甚至远超过《泰坦尼克号》和《美丽人生》。这部电影并没有什么大明星、大场面，我一开始也没有抱太大的期望，但是看到后来发现它描述的友情、亲情、师生之情都真诚之至。所以看完电影的时候就觉得："啊，今天真是不一样！"那一刹那就让我觉得内心多了一道希望的曙光。

密码与超越界

雅斯贝尔斯认为这个世界上充满了密码，如果解开了密码，就会发现人生虽然有限，却有它存在的真正基础。举例来说，一个人单身的时候，可能会觉得生活还过得去，但是一旦开始谈恋爱，就会发现不同的人生角度，在那一刹那，会觉得好像人生所有的秘密全部解开了。也就是说，我们活在世界上，有时候会疑惑自己到底要过什么样的人生，但是在恋爱的阶段，在两个人的互动过程之中，自己好像获得一些启发，借由这段感情，找到了解开人生之谜的钥匙一般。

同样，许多人在读书、交朋友、甚至看电影的过程中，都是因为一个密码解开，而让整个生命明朗起来。马丁·路德就是一个很好的例子。有一天他在《圣经》中读到一句话："我相信罪过可以得到赦免。"在那一刹那之间忽然顿悟。事实上，相同的经文，他在此之前读了不下千百次，都没有顿悟，却在某个年龄、某个心境以及某种外在环境的配合下，豁然开朗。

由此可知，人的这种忽然觉悟是很难去操控的，也无法了解它为什么会发生，总之，在那一刹那好像所有的秘密就解开了。基督徒常说“因信称义”（justification by faith）——信了就会得救，这句话就是从马丁·路德的体验中来的。他一再强调，人不可能靠自己得救，因此需要倚靠“信仰”的力量。越是能够承认自己的无能、懦弱，就越有希望得救；相反，越骄傲就越没希望得救，这也是基督徒一贯反对“骄傲”的一个例子。

四大圣哲

雅斯贝尔斯研究了历史上各大文明的重要思想家之后，选出四个人作为人类的典范——释迦牟尼、孔子、苏格拉底、耶稣。这四个人并非一般人眼中的成功者，甚至可以说，以世俗的眼光来衡量，他们是所谓的“失败者”。然而他们的伟大之处在于，见证了人类精神之中丰富的潜能。通过四位圣哲的表率作用，人类觉悟自己具有的尊严，亦即只要看到他们，就会肯定作为一个人可以是多么伟大、多么崇高。

当然，所谓的崇高，并不是指人一生下来就是崇高的，而是指人类在面对自己的生命、走在人生路上时，必须对自己有怎样的自我期许，以及希望得到何种结果，这种精神，就是四位圣哲最大的贡献。

人类的典范绝对不是那些靠着军事力量、政治力量称雄称霸，所谓“一将功成万骨枯”的人物（如亚历山大大帝、恺撒大帝等）。

所谓人类的典范，应该是让你我这般平凡的、有着许多烦恼的人都能够效法的。他们指出，烦恼并不值得担心，因为烦恼之中能够磨炼出智慧；死亡并不值得害怕，害怕的是不知为何而死、死得糊里糊涂。

四位圣哲的共同特色，正在于他们让许多人在面对人生负面的情况时（如烦恼、痛苦、灾难、罪恶等），能够坦然以对，并通过这些困局让自己内在的精神得到淬炼。他们所表现的，在某个意义上，也就是尼采所谓的“超人”。

海德格尔

海德格尔是德国哲学家，在纳粹统治德国期间，曾受命担任弗赖堡（Freiburg）大学校长，后来因为反对纳粹暴行而与之决裂，但是接受校长一职的行为，仍然为人诟病。学术与政治之无法兼容，由此可见一斑。海德格尔在哲学界的影响极大，其代表作《存在与时间》(*Sein und Zeit*；*Being and Time*)，更是广受研读与讨论的当代经典。他虽然否认自己与法国的萨特[①]属于同一阵营，但是大家都将他们归在“存在主义”的名下。以下简单介绍他的思想，便知其中道理。

---

① 萨特于1946年发表《存在主义是一种人文主义》，认为海德格尔与他属于无神论的存在主义，而雅斯贝尔斯与马塞尔则是有神论的存在主义。他的分类并未得到这三人的认可。有关萨特的思想，请参看本书第七章。

存在与时间

海德格尔首先宣称他所关心的，其实是西方哲学所欲探求的“究竟真实”，亦即“存在”（Being）[1]本身。可惜的是，历代哲学家大都“遗忘了”存在，亦即把一般的“存在者”（beings，或存在物）当成“存在”本身来思考，以致陷入思想与人生的迷雾中。譬如，我们习惯以概念来思考，结果往往把“存在”当成众多存在物之一，好像那是一种抽象的“存在性”（beingness），而忽略了“存在”是生生不息的动力来源。那么，如何把握与理解“存在”？他认为，只有一个方法，就是从“提出存在问题的存在者”（指的正是“人”）着手，亦即要从“人的存在状态”着手分析。一经分析，便发现人的特性在于对“时间”的意识，在过去、现在、未来的流变过程中，觉察了时间一去不复返，人也可能浑浑噩噩地过日子，这时立即体认了自我抉择的迫切性。人若真诚面对自己，就会面临存在的关键，亦即“存在”是一个人选择成为自己的可能性。

但是，大多数时候，人们对自己的存在漠不关心，陷入讲闲话、好奇心、模棱两可的处境中，活着好像是在应付别人，好像自己永远不必真诚面对自己似的。宇宙万物之中，唯有人这种特殊的存在者可能成为“存在”，亦即使“存在”开显出来。那么，这种存在者的背景是什么？又要如何真正存在？

---

① 关于“存在”与“存在者”的说明亦可参考第五章 152 页注①。

从此在到存在

“此在”（Dasein，being-here）是指“存在者在此”，亦即人的生命在此时此地的当下，是开放的，让人有机会作选择。由于时间的流变，并且最后必须面对死亡的空无性，亦即人生可能沦于幻灭，因此人的生命出现忧惧（Angst，anxiety）之感。面对空无，人不能再逃避了，他必须采取立场。“此在”一旦选择做自己，他就因而属于自己，也就成为真诚的生命，可以形成开放的管道，让“存在”展现出来。我们常说，真诚的人说话最有力量，也最感动人，那是因为他毫无遮蔽，让真理（“究竟真实”的另一种说法）可以源源不绝地展示。也就在这一刹那，“此在”成了“存在”。海德格尔说：“人是走向死亡的存在者。”人在面对死亡时，实在没有理由再虚伪了。

人的未来

海德格尔试图回归希腊时期的“真理”观，肯定真理即是揭开或开显，而不再是一般知识所谓的“言说与事实对应”。若讲究“对应”（correspondence），则不涉及人的实践要求，只是在理论层次来往。若强调“开显”（manifestation），则须以人的真诚与抉择为前提，在毫无遮蔽的情况下，让“存在”展现出来。唯其如此，人生才有自由可言，正如一滴水只有回归大海，才不会有干涸之苦。

在推崇“存在”的重大意义时，海德格尔并未忽略“此在”的具体处境，就是一方面人是“被抛弃”在那儿，成为“在世存在者”，与其他人共同组成这个现存的世界；另一方面，人在认知这种状况时，必须认真而严肃地考虑人生应该何去何从。由此可知，海德格尔以专业术语表达的，依然是存在主义的核心关怀所在。

马塞尔

马塞尔幼年丧母，深刻体验了孤独。他学会以戏剧来制造对话机会，八岁即写过两篇剧本，此后一直以文学创作来展现他的思想。哲学方面的代表作为《形而上学日记》，亦即以日记写下他的形而上的沉思。在第一次世界大战期间，他体验了“存在”是有血有肉的生命，不能被当成抽象的号码或数字。这位法国哲学家特别指出：“是”不等于“有”，“奥秘”不等于“问题”，以及“我与你”不等于“我与他”。从这三点可以引发正面而积极的入世情怀。

是（Being）≠有（Having）

许多人喜欢问：“我拥有什么？”然而实际上，一个人“有”的越多，就越不“是”他自己；因为一个人拥有的越多，越没有时间做自己。

存在主义有一句名言叫作：“拥有就是被拥有。”（To possess is

to be possessed.）举例来说，我拥有一辆车子，就等于我被这辆车子所拥有，因为我必须时常担心："我的车有没有被拖吊？停车费还没缴怎么办？"又如我有一个朋友，他很辛苦地工作赚钱，以前租房子，后来终于自己买了一栋房子。他拥有了这栋房子，而他也被这房子所拥有。后来他拼命赚钱，买了五栋房子，从此以后就更累了，因为他一个月有一半时间都在烦恼房子的问题：租给别人怕收不到租金，收到租金又担心别人以后不肯搬走，景气不好的时候还忧虑房子跌价，然后每年还要缴一堆税金。几年辛苦下来，生活质量反而下降了。

由此可知，拥有的东西太多时，人的生命内涵以及注意力就分散了，最后反而会被拥有物所拥有，变成了拥有物的奴隶，以致精疲力竭，丧失了人生的意义。你所"有"的越多，你所"是"的就越少，这二者常是成反比的。

当然，这只是要提醒人，不要去拥有一些不需要的东西，并不意味着什么都不必拥有。我们所拥有的东西必须是我们所能够掌握的，也就是现代人所讲的"简朴生活"。

简朴生活要把握两个原则，第一个原则就是"东西用到坏为止"。举例来说，我的旧眼镜戴了将近十年，镜片都已经起花了。最近因为看不清手边的东西，把眼镜拿下来检查时，才发现这副眼镜实在已经老旧到不能用了，所以才换了副新的。这就是一种习惯，我们不应该把还可以用的东西丢弃，因为任何东西的存在，无论它是什么材质，若是没有充分被利用，那么它作为这样东西本身的价值就被忽略了。

下课时，我常常最后一个离开教室，有时候发现桌上有几支圆珠笔，就会捡回去用。为什么学生会把笔丢在桌上呢？因为圆珠笔很便宜，丢了一支没什么了不起，所以很多人一点都不在乎，也不会在发现遗失之后回教室找，结果这些笔就变成垃圾了。我常常写文章，所以看到笔与纸都觉得特别亲切，只要是可以用的笔，就算被丢在地上，我也会捡起来使用。这就是养成一种不愿意浪费东西的习惯。

第二个原则是“不拥有不需要的东西”。我们可以做个实验，就是把自己的皮包打开，检查里面所有的东西，看看是不是每一样东西都是必要的。把握这两个原则，才能够做到不浪费的“简朴生活”。

奥秘（Mystery）≠问题（Problem）

我们常会认为这个世界上有青少年问题、家庭问题、老人问题等各类关于人的问题。事实上，凡是与人有关的都不能称为问题，因为凡是问题就预设了一种解决的方法。也就是说，如果找到解决的方法，问题自然会消失。但是，属于人类的问题永远都不会消失，这是因为人本身就是问题的制造者和解决者。因此，对于人类，应该以“奥秘”形容之。

奥秘与问题的差别在于：问题是预设了有一个正确的答案，可以消解问题；奥秘则否，我们只能够跟它一起生活。举例来说，假设我们现在看到一个问题青少年，我们不应该认为他有问题，而以为只要把问题找出来，给他一个答案，问题就解决了。要解决问题，唯有跟他一起生活，把他当作“奥秘”对待，而不是当作“问题”解决。

我们和人来往，都希望彼此的相处永远没有困扰，但是这种奢望是不可能实现的。说得更明白一点，如果我们跟朋友在一起都没有任何需要费心的事，代表彼此之间其实没有什么感情，因为人是奥秘，不可能没有生命的互动。

我与你（I-You）≠我与他（I-He）

“我与你”是指一种说话的场景，我如果问：“你好吗？”（How are you?）你会回答：“我很好，谢谢你，那你呢？”（I am fine, thank you, and you?）由此可知，“I”与“You”可以对等代换，我说“你”的时候，“你”一定在我面前出现（presence）。“你”在我面前，因此与我是平等互动的：当我说“你”的时候，这个“你”是“你”；而“你”回答的时候，“你”就变成了“我”。

所谓的“他”，是不在眼前的，也就是缺席（absence）的。譬如我现在说：“张三如何如何……”由于张三不在现场，所以没有机会为自己辩护；相反，当我问：“你今天怎么没有来？”你立刻可以提出解释，说自己有正当理由。因此，我们与人相处，应该要用“我与你”的关系来取代“我与他”的关系。因为我们在同别人来往的时候，若把他当成“你”，就代表尊重他；相反，若把他当作“他”，便不是如此了。

就一般人的习惯而言，当一个人不在我们面前的时候，我们通常会用比较直接、尖锐，甚至刻薄的方式批评他，然而，当那个人出现在眼前的时候，我们却会用不同的方式批评他，或许比较委婉、比较保留。举例来说，我在上课的时候批评一个不在场的人，可能把他骂得很严重，同学也都听得很过瘾。下次上课的时候，这个人也出席了这堂课，结果我提到他的时候，就会说一些婉转的话，就算必须批评他的缺点，也会补充称赞他的优点。

一般人平常是不是也如此？在一起聊天的时候，如果提到某个不在场的人，那么批评起来就肆无忌惮。听到有人骂他，就算明明知道他是被冤枉的，也懒得替他辩护；相反，如果这个人在现场，那么大家的态度又不一样了。由此可知，我们对一个人的批评，和他在不在现场有很大的关系，而这也说明了，我们大多数人都不符合存在主义的要求。

事实上，在他人面前不敢说出口的话，在他背后，也不应该说。同样，当我们在背后批评他人的时候，也要想：“在他的面前我是不是也能说出相同的话？”如果我们对待任何人，都像他在现场一样，那么我们的言行就会比较谨慎，这样才算是符合存在主义的要求。

人生＝旅行的过程

人活在世界上都只是旅客或过客，而不是归人。既然只是旅客，又何必在意自己“有”什么呢？我们应该在意的是，自己“是”什么、如何“做自己”。人生所有的一切，最后都不能带走，所以我们要懂得“与人分享”的道理，分享不单单指财物方面的分享，还包括了关怀、知识、信念，以及人与人之间的尊重。

很多人都有参加旅行团的经验，在那段时间大家真的会互相帮助，如果到国外念书，那更是情同手足。然而，一旦回到了自己的家乡，似乎整个态度就转变了，因为故乡会让我们觉得有恃无恐。

事实上，人生整个说起来就是一个旅行的过程，人与人之间因为缘分而有机会在一起。相处的时间可能并不长，在此之后就各奔东西，继续走向自己的未来。因此我们必须做到“舍得”，并且在当下去珍惜及感受相处的缘分，因为这些过程，只能留待将来回忆。若是舍不得，继续坚持原来的那份情感，最后恐怕也只会变得不堪，甚至可能觉得自己受到了某种束缚。

结论：保持开放的心胸面对人生

存在主义强调人类当下的“自我抉择”，但是从来不曾忘记“超越界”，也就是人类生命最后的基础。

如果从人生所面对的四大领域——“自我、群体、自然界、超越界[①]”来看，存在主义的出发点显然在于“自我”，肯定自我的抉择与负责态度，不愿虚度此生；其次，由自我推至“群体”，因为人是“在世存在者”与“共同存在者”，进而要以“我与你”的相互尊重及信任对待所有的人。然后，即使不谈宗教，他们对于“超越界”也有一定的体认（完全否定超越界的，只有下一章要介绍的萨特比较明显）。不过，对于“自然界”，无论是科学研究或哲学沉思，都较为少见。

我们在思考人生问题时，因为本身经验的限制，可能会局限在狭隘的经验范围之内。然而，我们不能因此以为，自己的人生只是如此而已，还必须保持开放的心胸，去面对“人”的生命。这就是存在主义带给我们的启示。

---

① 有关“超越界”，请参看本书第十二章《宗教与永恒》的讨论。

第七章　荒谬之超越

认识思想家

笛卡尔（René Descartes，1596—1650）

法国哲学家。他想借由理性（而不再靠宗教信仰）找到知识的基础。他认为：每一个人在一生之中，至少要有一次“去怀疑所有能被怀疑的东西”。我们可以怀疑世界与上帝，甚至怀疑自己是不是在做梦。但是，最后将会发现不能怀疑那正在怀疑的自己。

怀疑是一种思想作用，所以可以肯定“我思，故我在”。如此一来，我是由思想所肯定的，我的本质即是思想，然后就走上唯心论的路线了。身与心之间的二元对立，自此困扰着西方哲学界。

本章延续上一章“存在主义”的讨论，进一步选择一个特定的题材深入分析。关于这个主题，要介绍两位哲学家：萨特（Jean-Paul Sartre，1905—1980）和加缪（Albert Camus，1913—1960），两人都生长于法语系国家。

萨特

萨特在当代的思想家中，以无神论作为号召。他反对宗教、反对信仰，公开宣称上帝已经死亡[①]。上一章我们谈过，尼采提出“上帝死了”的观点，而萨特则要将他所造成的后果深入解说。

萨特治学的目标，是要克服自笛卡尔以来的二元论思潮，还要避免走入唯心论的窄路。他采取现象学的方法，试图深入分析“意识”，由此揭示“存在”的真相。

他认为，一切现存与既成的事物，都是“在己”（en-soi；being-in-itself），意思是“就是在那里”，既偶存又无目的可言。这些东西若想获得“意义”，则须依赖“意识”。譬如，我认为历史上某一段时期是黄金时代，那么它就是如此；如果我改变想法，情况也将随之不同。换言之，如果没有我们这些现在活着的人，在意识

① 萨特于 1964 年获得诺贝尔文学奖，但是他认为自己是存在主义者，不必接受这种世俗价值的判断，因而拒绝领奖。在一大群记者围住他时，他公开宣称：“各位，我要告诉你们一个消息，那就是：上帝已经死了。”这早已是旧闻，但是他的诠释却是新的。

中肯定宇宙万物及历史事件的价值，那么试问这一切东西又与化石有何差异？

那么，意识是什么呢？意识就是“为己”（pour-soi；being-for-itself），随时赋予一切事物以意义，但可随时改变之。意识因而是自由的。萨特说：“人被判决为自由的。”自由带来责任，也因而产生焦虑，因为生命是意识的不断活动，永远定不下来。萨特的悲观倾向，由此可知一二。至于他反对宗教，则是因为“神”应该是“在己”加上“为己”，而这种合一关系是矛盾的，因此神不可能存在。

由萨特具体的生活经验，可以看出他排斥宗教信仰的缘故。萨特父系家族的体型比较矮小，母系家族的体型则比较高大，因为父亲早逝，萨特从小就随着母亲生活在高大的女人之间。这些女人都是虔诚的天主教徒，每逢星期天都要上教堂望弥撒。小萨特常常跟着去望弥撒，觉得这些人在教堂里面跟在教堂外面的表现完全不同。当她们在教堂里面祈祷的时候，同所有人都好像兄弟姐妹一样，非常亲切和善，离开教堂之后却又像平凡人一般，在背后批评别人、讲坏话、传谣言。

萨特从小就看到人类伪善的一面，因此对于宗教非常反感，认为宗教只不过为许多人提供了伪装的借口。譬如，一个人如果有宗教信仰，当他犯错时，只要很虔诚地到教堂去忏悔，就可以洗清所有的罪恶。罪恶洗清后，不再感受到任何压力，然后就可能不自觉地回到旧的生活路线上，继续做一些不好的事，如此不断循环；相反，一个人如果没有宗教信仰，没有忏悔的机会，错误就会压迫自己的良知。如此一来，这些人反而能够从错误中得到教训，而让自己在思想、行为上都更为谨慎。由此可知，虽然宗教对人类而言非常重要，最后却往往容易被误用。

存在先于本质

萨特生长于法国巴黎地区，处于法国文化的核心位置，而萨特的文化素养也相当高。在萨特的各种观点中，首先要介绍的是“存在先于本质”。

存在是“选择成为自己的可能性”，亦即在运作“存在”这个动作时，我们尚未成为“自己”。我们必须先选择自己要成为什么样的人，最后才会变成这样的人。举例来说，若一个人想要成为医生，那么他在考大学的时候就要选择医学系，接下来必须经过长期的努力，最后才会成为医生。医生就像是这个人的本质，而这个本质是由他过去的选择所造成的结果。

所谓“存在先于本质”就是说，一个人先有选择自己的可能性，最后才使自己得到所选择的内容。每个人都是在生命过程中不断抉择，选择之后才会得到结果。由此可知，一个人的本质是在选择之后所得到的结果，如果没有先作选择，永远不会有后来的那个结果。换言之，人不是“已做成”之物，而是不断在“造就”自己。

当然，许多人找到固定的生活模式，就此安顿下来，这在萨特看来，表示他们接受了“坏的信念”，放弃了作为一个“人”的天职。

“存在先于本质”表达了人类独具的特色，由于描述相当生动，所以一般人提到存在主义时都会想到这句话。这句话凸显出个人抉择的重要性，一个人如果从来不作抉择，就根本没有本质可言，因为他所有的一切都是由别人安排的，他只是一味地接受。一旦接受成了习惯，本质就只是虚浮的，因为这等于这个人从来没有真正存在过，也就是从来不曾认真地考虑要成为什么样的人。

意识的空无化作用

“存在先于本质”的观点非常生动地表现出人的自由，以及自我塑造、自我实现的特色。这种说法固然有它的优点，但也不可避免地造成了意识的空无化。

萨特把上帝搁置一边，认为上帝死了，这等于是要让人类自己变成上帝，变成绝对的主宰，拥有绝对的自由，不受任何限制。然而，人的意识基本上有一个特色，亦即：意识的目的是要达到意识的内容。例如，我现在意识某样东西，那么这样东西必须真的存在，才能够使我的意识落实。但是由于意识本身有选择性，它会选择要意识什么样的内容，因此经常会对已经现存的一切产生一种否定性，这就是意识的空无化作用。

萨特曾经举过一个例子，说明意识的空无化作用：假设有一天我到咖啡店找彼得，因为我要找彼得，所以我的意识中对彼得有一个清楚的形象。我用这个形象去对照咖啡店中的客人，只要这个人不是彼得，就会被我化为虚无。换句话说，因为我心中有“找彼得”这个意识作用，所以所有的“非彼得”都会被我化为虚无。这是意识的第一度空无化作用。如果找到最后发现彼得不在这里，那么就产生了意识的第二度空无化作用，这时连我脑海中原本对于彼得的形象也不见了。

这种描写方式相当生动，在日常生活中也常会发生这种情形，譬如，当我心中想着要找某人的时候，就算眼前有许多人，我也会对他们视而不见、听而不闻。这是因为我的意识太过于专注，以至于根本看不到这个人之外的其他人。换句话说，当我集中注意在某件事情时，就会忘记其他事情，就如同其他事情不存在一般。这就是意识的空无化作用。

第一度的空无化是必要的，因为如果没有第一度的空无作用，我就无法找到想找的那个人。但是当我想找的人不在这里时，就造成了第二度的空无，这时候会产生一种落寞的感觉，因为所有的一切都落空了。萨特举的例子把意识的空无化作用夸张描写，表达出人在做任何事情，尤其在设定目标、加以界定时，所产生的一种微妙的感受。

存在主义擅长把一般人平常心中非常微妙细致的变化，包括怀疑、失望、难过、落寞、兴奋、期待这些感受，加以夸张、放大式地描写，当人们看到这样的描述时会觉得颇有趣味。他们之所以这样做是受到了现象学的启发。现象学是用自由想象法来描写事物，希望通过描写的方式使一样东西的真相呈现出来。更明白地说，现象学会采取不同的角度进行描写，用各种方法使得一样东西的表面现象通过这种多方面的描述而慢慢消解。描述到最后我们会发现有些部分是一定存在的，而这些部分就是此物的本质。存在主义者经常使用现象学的方法。

萨特消极的人生观

由于萨特认为意识有空无化的作用，因此他的人生观难免倾向于消极。因为人有意识，一个人活在天地之间，“前不见古人，后不见来者”，“上不在天，下不在田”，空无化的结果，总觉得只有自己一个人孤单单的。无论一个人过去的生活多么丰富，对未来有什么憧憬、理想，所能掌握的就只有当下这一刹那。

萨特对于意识的特色了解得相当透彻，他曾提到，意识的空无化作用会导致人与人之间相互的压力与伤害。试问，人最害怕的是什么？是被别人当成“物”来注视，因为这种物化是别人以他的意识作用否定了我的主体性。举例而言：假设有一天中午我买了一个盒饭，并且找了一间空教室坐下来吃。一个人这样吃饭是一件轻松愉快的事，并且让人觉得有一种安全感。但是当我吃完盒饭后，突然发现有一个人站在门口注视我，我不知道他什么时候站在那里，也不知道自己被注视了多久。这时候心中会产生一种愤怒的感觉，因为我会觉得他把我当作一个物（a thing）而不是一个人（a person）。人有主体性，不能被当作客体（物），因此当我发现自己被别人当作物来观赏时，会觉得愤怒。这时候我会采取一种报复行动，也就是反注视、看回去。

所以我们有时候会在新闻中看到，有些年轻人在街上走路，互相瞪一眼就会觉得很生气，接着拿刀互砍，好像彼此有什么深仇大恨似的。为什么看一眼会造成这么严重的后果，让原本没有恩怨的人拿刀互砍？这就说明萨特所说的那种意识的否定性作用是非常可怕的，尤其当一个人缺乏对自我的了解、对人性的认识时，确实就只能在当下那一刹那谋求“我的注视比你凶悍、比你更为有力”这种方式，来压制别人。

古代仆人和主人之间的关系也是如此，仆人不能直视主人的眼睛，必须低头承受主人的命令。如果仆人两眼直视主人，可能会被认为想造反。长辈和晚辈之间亦同。由此可知，眼神可以用来表达一个人意识的肯定或否定。

萨特的人生观是倾向悲观的。如果一个人主张无神论，认为人死了之后什么都没有，既没有上帝也没有灵魂的存在，那么他的人生是很难乐观积极的，因为“活在这个世界上要乐观奋斗”和“人死了就什么都没有”这两句话是矛盾的。奋斗需要付出代价，如果我们每天努力工作，到最后发现人生一片虚无，那么奋斗又是为了什么呢？

我有一次到台湾交通大学演讲，回程时他们安排一辆出租车送我回台北。这位出租车司机是交大的研究生，以开出租车为副业。我们一路从新竹聊回台北，他特地谈到了他姐姐的事情。他姐姐从小成绩非常好，一直到初中毕业都是全班前几名。后来她接触了老庄思想，发现人活在世界上无论怎么奋斗，最后的结果都是一样，因此决定不考高中了。老师、父母知道之后非常担心，联合起来开导她。她说："那么你们告诉我，人生有什么意义。如果能够说服我，我就按照你们的想法去考试。"于是他们开始讨论，最后的结论是：无论考不考高中，人最后都会死。老师和父母没有办法说服她，因此她真的没有去考高中。一直到现在快三十岁了，还是到处打零工，过着很简单的生活。

这个同学的姐姐想得很单纯，认为人生最后都是死亡，但是却没有想到，从出生到死亡这段路程是漫长的，要怎么走更是一个很大的问题。当然，我们不否认有些人能够走上与一般人不同的路，但是这些人必须能够忍受，甚至是享受孤独，并且也要清楚知道自己真正想要的是什么。作为一个人，最重要的不是有什么成就，而是知道自己在做什么。有些人表面上有很好的成就，却不知道自己为什么要这样做；相反，有些人可能找不到工作、到处碰壁，在别人看起来是一个失败者，但是内心却非常清楚自己在做什么。

这也就是说，人生的道路并没有一个固定的走法，重要的是，我们要通过人类特点的表现（如理性），让自己有精确思考的能力，能够在许多复杂的、变化的经验现象中，掌握到基本的原则，然后在作抉择时，真正把握到"存在先于本质"的道理。

加缪

加缪生于法属北非阿尔及利亚，家里很穷，父亲在他一岁的时候就过世了，母亲则是文盲，他求学时是靠着奖学金一路念过来的。加缪的第一部作品《异乡人》在 1941 年出版，当时他才二十八岁。《异乡人》出版之后，萨特率先撰写书评推荐，肯定那是一本描述荒谬思想的经典之作。这是一件难得的文坛美谈，因为萨特比加缪大了八岁，又是巴黎文化圈的高级知识分子，文坛地位比加缪高出许多。但他却能以宽宏的度量与眼光，推荐一个初出茅庐的年轻人所写的作品。加缪后来的表现也非常杰出，他在 1957 年获得诺贝尔文学奖时才四十四岁。

与萨特之交往

在这里要介绍一段萨特和加缪交往的轶事。

第二次世界大战时，德军占领了整个法国。当时的法国知识分子为了抗暴，办了一份地下报纸以激励民心士气。这份报纸的名称叫作《战斗报》，加缪是主编，萨特也和他们有相同的立场。这些人被称作地下抗德分子，经常聚在咖啡馆聊天。

有一天萨特和加缪在咖啡馆聊天，聊到了人的自由的问题。萨特主张因为上帝不存在，所以人有绝对自由，可以为所欲为；加缪则认为不管上帝是否存在，人都无法有绝对自由。这两个命题是完全相反的，因此萨特和加缪开始辩论，由于两人各执一词，谁都无法说服谁。最后加缪想到了一招，他说："既然你说人有绝对自由，那么请问你能不能把我交给德军，检举我是地下抗德分子呢？"萨特想了半天，最后说："不行！无论如何我都不能向德军检举你！"由此可知，这场辩论最后是加缪赢了。

人没有绝对的自由，就算我们可以为所欲为，最终却不能违背道义，因为违背道义的自由称不上自由，而是一种疯狂的行为！

思想关键："荒谬"

加缪的思想关键是"荒谬"一词，《异乡人》被描述为探讨"荒谬"的经典之作，但是，加缪在《西西弗斯的神话》中更深入剖析了"荒谬"的概念，并且公开指出："我是在寻求一种方法而非一种学说，我是在从事方法的怀疑，试图造成'白板'的心态，作为建构某物之基础。"①

荒谬就是不合理，亦即不能用理性去解说的事件。人生许多事情都是不合理的，譬如我们以为大自然很美，事实上大自然根本就是非人性的，无所谓美丑。平常风和日丽的时候，会觉得大自然同

---

① 所谓"方法的怀疑"，是借用笛卡尔"以怀疑为方法"而非"以怀疑为目的"，所以加缪不认为自己的哲学是所谓的"荒谬哲学"。他是想借由理解荒谬，而建立合宜的新人生观。至于"白板"（tabula rasa），则是借用英国哲学家洛克（John Locke，1632—1704）的术语，亦即人的心灵原来是空无一物的，经由印象才获得观念。

加缪以荒谬为方法，是为了扫除心灵既有的成见与主观的愿望，以重新思索人的存在问题。

自己的心灵好像有一种默契，然而一旦地动山摇，这些原本很美的自然界却忽然之间变得不可理喻，这就是一种荒谬。这个世界被装上一层像人的面貌，但事实上这只是我们的一厢情愿而已，大自然基本上是非人化的，它按照自己的规律在运作。

荒谬的形态

加缪在《西西弗斯的神话》中，特别探讨的，正是人的理性“要求理解世界”，而世界或大自然却“无法回应”此一要求。

（一）荒谬是一种遭遇

加缪认为，荒谬是一种“遭遇”（confrontation），来自理性与世界的对峙。世界本身依其规律运作，虽谈不上是“非理性”，但是人总是要求理解，想知道这样的世界“有何意义”。其次，荒谬是一种“关系”，当人面对世界时，觉得自己与世界是既相连又相异。人是生物之一，无法离开世界而生存，但是人处于世界中，又自觉是个陌生者。加缪说：“世界不荒谬，人生也不荒谬，人活在世界上才荒谬。”然后，荒谬具有“三合一”的性质：理性与世界分开而言，各自并不荒谬，但是两者相会立即出现荒谬，亦即“一加一等于三”。于是，人生的荒谬成为不可避免。

（二）人我之间的误会

譬如，我常以为别人了解我，而事实上别人所了解的只是他所了解的我，而不是真正的我。换言之，人与人之间无法完全了解，我们了解的都只是被我们了解的部分，而我们所了解的和对象本身一定有些落差，这就是我们和别人之间所产生的一种误会。

人与动物之间也是一样，譬如我养了一只狗，我自以为能够了解它的想法。事实上我根本不可能了解狗的想法，我所了解的狗只是被我所了解的狗，而不是这只狗本身。

（三）我与自己之间的隔阂

要了解自己也是很不容易的，所以希腊德尔斐神庙上第一句话就刻着“认识你自己”。

这些都说明加缪的想法的确有他的道理，人活在世界上，到最后会发现自己四处碰壁，完全孤单。这时候就会知道，所有的一切本来就是荒谬的，并不是我们所想的那个样子，所以要重新调整自己的想法。

以荒谬为出发点

如果荒谬是思考的结果，等于是以荒谬作为目的，变成荒谬主义；然而加缪并非如此，他是以荒谬作为方法。二者的差别很大。以荒谬作为方法是指：即使我们知道真实的情况是荒谬的，但仍接受这种情况，并且以它作为出发点，把我们原先建立的一切虚幻知识与价值观全部打破，再重新开始建立人生观。

加缪要重新建立的有三点：反抗、自由、热情。以下分别加以介绍。

（一）我的反抗

如果人生是荒谬的，那么，人可以或应该“自杀”吗？加缪明确表示反对的立场，他甚至连“思想上的自杀”，亦即轻易信仰某种宗教，或接受某种哲学，都无法苟同。

他认为，当我们说：“这是荒谬的。”正代表了我们知道什么是不荒谬，因为若不知道什么是不荒谬，根本无法判断什么是荒谬。这就是以一种否定的方式来表达肯定。在荒谬中可以看到人们所坚持的原则以及理想，这就是由荒谬所引申出来的反抗。换句话说，因为在荒谬中看到了自己的不满，也就引导出了我们所真正欣赏的是何种情况。

加缪认为“我反抗，所以我们存在”。所谓的“我”是指个人，而“我们”则是指群体。这句话说明我反抗不是为了个人的利益，而是为了人性共同的尊严。换句话说，我今天如果起来抗议这个社会不公平，不是为了我自己，而是为了许多被社会的不公平所压迫的弱势团体。这是加缪由荒谬引申出的第一个积极的成果。

加缪于第二次世界大战时，参加巴黎的地下抗德运动，这正是以反抗来肯定人权与人性尊严的具体作为。他在 1951 年出版《反抗者》一书，书中强调："一旦承认了绝对否定之不可能——因为只要生存就是承认此点——那么第一个不容否定的东西，就是他人的生命。"不仅如此，"在荒谬经验中，痛苦是个体性的，一有反抗活动，人意识到痛苦是集体性的，是大家的共同遭遇"。

（二）我的自由

如果一切都是荒谬，代表个人有真正的自由，因为自由就是取消所有先决条件，不给予任何暗示。加缪这种对自由的看法其实已经带有后现代的色彩：因为荒谬使得所有过去社会上的价值全部取消，一切从零开始，而"从零开始"就是后现代社会第一个特征。举例来说，许多父母告诉小孩要用功念书，但如果以从零开始的观点来看，首先必须探讨："为什么要用功念书？为什么不能不用功？"这就是后现代社会的特征。如果我们只是强迫别人接受一些既定的价值，就变成是一种威权、压迫，这是后现代社会所反对的。

加缪所讲的荒谬就具有这样的作用。荒谬使得一切先决条件被取消了，不去预设任何既存的价值。如此一来，等于是给了我们完全的自由，亦即"我的自由"出现了。当我得到完全的自由之后，就能够重新创造，因为创造要靠自由。

自由不能有任何预设条件，否则就是假的自由。一个人如果因为荒谬而发现自己无所拘束，不受任何制约，那么他在创作时就可以充分表达创意，没有任何预设的条件约束他，这就是因自由所引发出来的创作。创作基本上是让我们所有的想象力与理解力，通过某种具体的形式展现出来，而只有在荒谬的情况下，人的创作才是生命力的绝对表现。

（三）我的热情

如果人生是荒谬的，那么量就可以取代质。所谓的“量”是指：发挥自己的生命力，用很多的次数来取代一次性。

如果人生真的有一个关键时刻，而我必须在这一次决定自己是生是死，那么我就要问：“这一次是谁提供的？”换言之，“这一次”是要有根据的，能够让人知道：如果决定生，就是真正的生；如果决定死，就是真正的放弃。但是，加缪认为在荒谬的情况下，“这一次”是不能成立的。换句话说，根本没有“这一次”的问题，只有“许多次”。

许多次是指一个人活在这个世界上，因为荒谬会让人注意到自己每一个感觉的细枝末节，任何发生在他身上的事情，无论再怎么细微，他都会认为那是发生在自己身上的唯一，因此很重要，不会因为它很细微就忽略它。一个人越是能够注意到生命的每一个细节，就能够活得越充实。

一般人则不是如此。通常我们只注意到别人也共同注意到的事情，而忽略了只有个人才能注意到的细枝末节。如此一来，生命变成是向外投射或外在化了，因此，我们与他人虽有一些共同的关怀，却忽略了自己生命中最特别的部分。

加缪的荒谬推展到最后出现了“我的热情”。热情代表因为次数的累积，而使生命产生一种无穷的量，而最后的目的则是要追求幸福。

加缪曾经说："在发现人生是荒谬的之后，我只有一种冲动，就是想写一本幸福手册。"因为人生是荒谬的，所以要幸福只能靠自己，让自己尽量在量上增加对生命的品味能力以及对生命的把握。

在这里要留意一点：在说到"用量取代质"的时候，与道德是无关的，它强调的是人要活得非常踏实。加缪在《西西弗斯的神话》中，归结出一段话："仅存的是命运，其唯一的结果是命定的。在那死亡独有的命定性之外，一切（欢乐或幸福）都是自由。世界仍然存在，人是唯一的主人。过去，局限他的是彼世的幻象。如今，他的思想的结局，不再是自我弃绝，反而重生绽放于意象之中。其实，他悠游于神话中，但神话的含义只是人类的苦难，两者都是无穷无尽的。既娱人又惑人的并非神性的寓言，而是地上的面貌、姿态与戏剧，在其中，总结出一种艰难的智慧与短暂的热情。"

这是加缪为现代人的处境所作的诊断，其中最后一句，"艰难的智慧与短暂的热情"一语，也不幸预示了他个人四十七年短暂人生的结束。他于 1960 年 1 月 4 日因车祸身亡。

加缪作品简介

（一）《异乡人》（*L'Étranger*）

这本书开头的第一句话是："妈妈今天死了。也许是昨天，我不确定。”此书的主角莫梭把母亲送到养老院，而养老院寄给他的死亡通知只写了“令堂病逝，请来料理后事”，没有写是哪一天死的，因此他无法确定母亲是哪一天过世。

这句话很有震撼力，因为母亲是我们生命的来源，生命的来源死了，代表自己也会死。莫梭无法确定他母亲是哪一天死的，这代表了他对自己的生命也是不确定的。这种情况令人难以忍受，因此莫梭的心里开始有点怪怪的。但是他必须上班，周末才有空去为妈妈办后事，所以那几天只能照常过日子，好像到了有点麻木的程度。他这种行为，也就构成了日后的罪状之一。

在这几天中他去拜访朋友，这个朋友跟一个阿拉伯人有仇怨，所以约好了要决斗。莫梭跟着去助阵，不知怎么回事，朋友把枪交到他的手上，随后阿拉伯人突然跳出来，阳光照着阿拉伯人手上拿的匕首，反射进莫梭的眼睛。莫梭觉得很刺眼，就开枪了。开枪的时候他心里想着，开一枪与开很多枪没什么差别，因此连开了五枪。

如果你对一个陌生人开了一枪，一般人可能还会谅解，认为这是自卫的行为，但是连开五枪，则有很明显置人于死地的意图。对莫梭本人而言，则觉得有点茫然，因为他认为每个人最终都会死，就算他现在没有开枪，这个阿拉伯人以后还是会死。

这件事最后演变成谋杀案，莫梭被关在监狱里面。这期间，牧师按照规定去探望他，希望他能够在死前悔改，这样才能在死后得救。但是莫梭很难接受这种说法，他不相信自己会因为信神而在死后得救。

整部小说的气氛非常低沉，阅读的时候，会觉得内心有一股冲动，却又伸展不开。情节从头到尾充满了荒谬和反荒谬的冲突，连主角到最后要死的时候都只有一个荒谬的愿望，就是希望自己被处死时能有很多人在四周呐喊。从母亲的死亡一直到自己的死亡，就是这篇小说的主题。

（二）《西西弗斯的神话》（*Le Mythe de Sisyphe*）

这本书是一篇哲学的散文，第一句话是："真正严肃的哲学问题只有一个，就是自杀。"这些话并不是随便说说的。加缪虽然是一个文学家，但本身是哲学系毕业的，因此哲学素养相当不错，才会提出这个问题。

哲学问题是要思考宇宙与人生的真相，追求人生的根本智慧。我们如果不想通人要不要活着，那就没有活着的理由。既然没有活着的理由，那么为什么不自杀呢？换句话说，如果不把这个问题想清楚，那么活在世界上只是过一天算一天。用这种态度面对生命是不认真的，因此加缪通过西西弗斯的故事让我们了解，人要以认真的态度面对生命。

西西弗斯的故事和希腊神话中的《普罗米修斯》[①]可以互相呼应。普罗米修斯因为偷火而被天神宙斯惩罚，西西弗斯则是因为泄露了天神的秘密来帮助河神，而被宙斯惩罚。当时人类因为找不到水源

① 请参考第四章《神话与悲剧》中神话的部分。

而受苦，于是西西弗斯帮助河神，让河神告诉人类水源所在。西西弗斯使人类得以存活下去，自己却必须接受天神宙斯的惩罚。宙斯罚西西弗斯推石头上山，但是石头只要被推到山顶，又会再滚落下来，如此日复一日，永无结束之期。

加缪写这本书的时候不到三十岁，但是这样一个简单的寓言，却让现代人产生深刻的感慨。我有一次到邮局，听到邮局小姐在讨论为什么放完假后上班的第一天总是觉得特别累，我心里想："这是因为石头又重新回到了山脚啊！"每到星期一，石头都会在山脚下等着我们，而我们就要从星期一开始推，推到星期五，石头终于到了山顶。到达山顶之后，我们可以稍微喘一口气，慢慢走下山，但是回到山脚又要重新推石头。人生就是像这样永无止境的惩罚。

西西弗斯的象征对现代人而言，是相当生动的描述，因为工作就是一种劳苦、一种惩罚，必须尽心竭力、按时上班、创造业绩、争取成就，这种压力是很大的。当然，我的意思并不是不要工作，不过，生命本身的要求应该是全面的。人类在本质上有全方位的发展需求，但是工作会把人分化，因为我们只被允许去发展某一方面，成为专家后才能适应社会的需要。等到我们无法再被社会所用时就必须退休，然后人生变得毫无目标。所以很多人退休之后衰老得很快，好像整个生命的斗志完全瓦解一样。

当加缪在重述西西弗斯的故事时，结论已经由悲观透显出希望了。他说："我让西西弗斯留在山脚！人总会一再发现他的重负。但是西西弗斯教导我们更高的忠实：否定诸神，举起巨石。他也断定

‘一切都很好’。对他而言，没有主宰的宇宙既不贫瘠也不徒劳。石头的每一粒原子，夜色弥漫的山丘的每一片矿岩，本身就形成一个世界。向山顶奋斗的本身，已足以使人心充实。我们应该想象西西弗斯是快乐的。”

由此可知，存在主义者用这种小说、寓言的方式，能够让人充分了解现代社会的特色，并且有所警醒。

（三）《误会》（*Le Malentendu*）

这是一篇很短的戏剧，从头到尾只有五个人出现，但是加缪花了很大的心思，希望能够把希腊悲剧重新呈现出来。希腊悲剧是很难重新呈现的，因为其背后是命运的操纵，不像近代悲剧是因为人的理性自作聪明，以致走入虚无主义的困境。加缪当然也了解这一点，因此设法写入命运。至于是否成功，连他自己都无法论断。

这出悲剧的内容如下：一个妈妈带着兄妹二人在欧洲山区开了一家小旅馆，生意很差，几乎没什么客人上门。儿子到了十五六岁时，觉得待在家中没有前途，想到外面闯一番事业。他打定主意后就离家出走了，把妈妈和妹妹留在家中继续经营旅馆的生意。他奋斗了几年，赚了不少钱，并且结了婚，照理说日子应该过得愉快，但是他却常觉得不快乐。太太问他原因，他回答：“幸福不是一切，人还有责任。我的家人在山中受苦，我希望他们也能够享福。”最后他决定与太太一起回去探望妈妈和妹妹。

回家的路上，他忽然想到《圣经》中有关浪子回头的故事[①]，心里想："我比浪子好多了，浪子是挥霍家产，我可是赚钱回来给妈妈！那么我应该会受到更好的待遇才对。"他一有了这种想法，就开始期待妈妈会在门口等他，甚至因为担心妈妈认不出他，而叫太太先去住另一家旅馆，好让他独自回家。果然，妈妈年纪大了，看不清楚客人，没有认出他。儿子由于是回到自己的家，因此对妈妈讲话非常亲切，但是妈妈不知道这是自己的儿子，所以回话非常冷淡，妹妹对他更是如此。

事实上，妹妹长大后也一直希望到外面的世界去见识，但是家里太穷而无法这么做。最后她想到一个办法，决定谋杀单身有钱的

---

① "浪子回头"是耶稣说的一个故事：有一个有钱人，他有两个儿子，哥哥很孝顺、很听话，弟弟则交了一些坏朋友，整天游手好闲。弟弟到了二十岁可以分家产时，告诉爸爸："爸爸，我已经长大了，请你把我应得的家产分给我，我要和朋友到外面闯一番事业。"爸爸虽然知道小儿子到外面会胡乱花钱，但是不忍心让他难过，于是真的变卖一半的家产给他。

小儿子拿到这笔钱后和朋友在外面花天酒地，不到半年就全部花光了。当时正好碰到荒年，找不到工作，最后只好在当地替人家放猪。他饿到连猪吃的豆荚都想吃，主人却不让他吃。

他于是想："爸爸在家中有几百个工人，哪一个不是丰衣足食呢？我今天到这边替人家放猪，却连猪吃的豆荚都没得吃。我要回家向爸爸忏悔，请他把我当成工人一般对待。"他打定主意之后就拿了一根木头作为拐杖，一身破衣服，朝回家的路上走。

快到村庄前时，他大老远就看到爸爸站在路口。原来爸爸自从他走了之后，一有空就站在村前等他回来。儿子于是跑过去对爸爸说："我做错了，我不配做你的儿子，请你原谅我吧！"爸爸二话不说，立刻把手上的戒指拿下来套在儿子手上，把身上的袍子脱下来披在儿子身上，并且吩咐管家杀一头最肥的牛来庆祝。

哥哥原本在田里面监工，回到家听到丝竹之声，心里想："自从弟弟走了之后，家里没有任何欢笑，怎么今天忽然有人奏乐呢？"于是问仆人怎么回事，仆人向他报告事情的经过。哥哥听了很生气，不愿意进到屋里。

爸爸知道之后出来问他："你怎么不进来同乐呢？"哥哥说："我一辈子听你的话，没有违背过你的意思，你从来不曾为我杀一头羊。弟弟把家产全部花光了，现在一无所有地回到这里，你居然为他杀一头牛来庆祝！"爸爸回答说："你一直跟我在一起，我所有的一切都是你的，但是你弟弟则不一样，他是死而复生，失而复得啊！"

客人，抢夺他们的钱财。妈妈看到女儿这么坚持，只好帮着女儿一起谋杀那些单身旅客。因此当妹妹看到哥哥时问：“听说外面的世界很美丽，是吗？”哥哥当然很乐意为她描述外面的世界，但是他描述得越生动，越注定了自己非死不可的命运。

哥哥看到妈妈和妹妹都记不起自己，妹妹还用愤恨的眼神看着自己，觉得很失望，喝了妹妹倒的茶后就上床睡觉了。由于妹妹在茶中放了迷药，哥哥喝了不久就睡着了。半夜时母女两人把他抬到水坝丢下去，过程中他的身份证不小心掉在地上，被旅馆的老仆人捡到，第二天早晨交给妈妈。妈妈傻住了，她没想到自己杀的人竟然是儿子，于是决定上吊自杀。女儿一直阻止，但是妈妈认为自己连儿子都认不出来，已经没有资格做一个妈妈了。女儿很着急地说：“可是你还有一个女儿啊！”妈妈却回答：“妈妈对儿子的爱与对女儿的爱是不同的。”然后上吊自杀了。

女儿听到妈妈的话很生气，正在气头上时，她未曾谋面的嫂子跑来找哥哥。当她看到妹妹后知道这是自己的小姑，因此很亲切地同她说话，但是妹妹并不知道这个女人是嫂嫂，所以反应依然很冷淡。妹妹把所有经过说完后就自杀了，旅馆里只剩下一个寡妇呼天抢地。最后老仆人出来问：“怎么这么吵？”这个寡妇对老仆人说：“救救我吧！请你帮助我吧！”老仆人则说：“不！”故事就这样结束了。

加缪自己后来说明，老仆人的角色就好像命运一样，命运在旁边观看着这一切，你希望它能够帮助你，但是答案是“不”，因为痛苦是孤立的，没有任何人可以帮助任何人。这就是因为误会所造成的悲剧。

读了加缪的作品，会发现他对人间的观察的确是颇有特色。他的作品能够得到诺贝尔奖，显然是经过了一段洗练的过程，也就是第二次世界大战。如果没有经过第二次世界大战，那么加缪的作品也不过是在荒谬和反荒谬的过程中挣扎而已。人有时候因为太年轻，即使真诚地反省，所看到的依然有限。但是一旦经过了某种考验与挣扎，自然有所成长，这时候的见解就会完全不同了。

（四）《瘟疫》（*La Peste*）

加缪得到诺贝尔奖的代表作品是这部在第二次世界大战之后的1947年所出版的《瘟疫》。这本小说比较正面，内容相当简单，描写一座城市发生瘟疫的经过。这座城叫作奥兰城，因为发生瘟疫而被迫与外界隔绝。瘟疫中许多人生病、死亡，这时候出现了两个人：一位是神父，代表宗教家；一位是医生，代表科学家。医生负责治疗病人的身体，神父则负责安慰病人的心灵。

请看加缪如何描述二人的关系：

"'不管你愿不愿意，我们总是盟友，一起承受它们（死亡与疾病），与之作战。'李尔医生仍然握着潘内鲁神父的手，'所以你看吧'——说话时他避免不去接触这位教士的眼光——'就连上帝本身，如今也不能把我们分开了。'"

瘟疫过后，李尔医生思索了许多曾经发生的事，归结出至理名言:“一个没有爱的世界，就是一个死了的世界。”

加缪用这样一个简单的故事架构，凸显人在世界上的处境。事实上，这个世界本身犹如一座瘟疫之城，人类好像是命运共同体，彼此之间的斗争是不必要的。不管任何行业、任何专长的人，都应该携手合作，帮助需要帮助的人。然而，人往往要等到严重的灾难出现时，才能够体会这种道理，譬如在 2003 年 4 月发生 SARS 疫情的那段时间，大家就能把政治问题放在一边，全力防疫救灾。事实上，在平常的日子里，我们也应该尽力为别人做一些事。

加缪的小说能够引发人类心中正面的情怀，因为我们要面对的是命运这个共同的敌人，因此不需要等到灾难真正发生，我们平常看到任何人都会自然而然觉得彼此之间有一种亲切的关系，产生一种自发性的关怀。

二十世纪五十年代，加缪又出版了几篇作品，这时他已经跟萨特绝交了。这是因为萨特的无神论思想走到最后，已经同加缪的思想有了相当大的歧异。

结论：清楚自己的抉择

在这一章中，援引了加缪的作品来说明“荒谬之超越”，是以荒谬为方法重新思考及理解人生的意义。所要强调的是：活在世界上，是一个重大的挑战，而我们不能预设任何条件（如我要依靠神明、依靠社会、依靠群体等），因为存在先于本质，人必须自己作抉择。

抉择之前必须想清楚，而一旦决定了就要勇往直前。在实践目标的过程中可能会产生各种压力及挑战，当我们进入到临界点的时候，必须设法平静下来，进行自我调节。如果一个人的目标非常明确，他自然就会调整自己的实力，在特定的时间内做出一些安排，这就是所谓人生的规划。一个人如果没有完整的人生规划，很可能一开始非常努力，而在不久之后就感到耗尽心力，无以为继。

存在主义所强调的，就是要求我们直接面对及承担人生中的各种狂风暴雨。它让我们知道，每个人都可以成就自己与生俱来的愿望，成为一个真实的人！

第八章　中国哲学的起源与特质

认识古代哲学典籍

《尚书》

《尚书》又称《书》《书经》，为一部多体裁文献汇编，是中国现存最早的史书。分为《虞书》《夏书》《商书》《周书》。战国时期总称《书》，汉代改称《尚书》，即“上古之书”。因是儒家五经之一，又称《书经》。《尚书》是中国最古的皇室文集，是中国第一部上古历史文献和部分追述古代事迹著作的汇编，它保存了商周特别是西周初期的一些重要史料。《尚书》相传由孔子编撰而成，但有些篇是后来儒家补充进去的。

《易经》

《易经》也称《周易》或《易》，是中国最古老的占卜术原著，是中国传统思想文化中自然哲学与伦理实践的根源。据说是由伏羲氏根据《河图》《洛书》演绎并加以总结概括而来（同时产生了易经八卦图），到了周文王与周公再为六十四卦写下卦辞与爻辞所编成，是华夏五千年智慧与文化的结晶，被誉为“群经之首，大道之源”。在古代是帝王之学，政治家、军事家、商家的必修之术。从本质上来讲，《易经》是一本关于“卜筮”之书。“卜筮”就是对未来事态的发展进行预测，而《易经》便是总结这些预测的理论规律的书。

引言：中国有哲学吗

习惯了西方哲学的思考模式之后，许多人心中难免浮现一个疑问，就是：中国有哲学吗？答案是肯定的。因为任何一个群体所形成的文化中，一定有其属于哲学的部分；并且，中国古代也确实出现了可以称为哲学的几派思想。以下先就这两点稍加说明。

有文化必有哲学

我们将在本书第十四章“文化的视野”中，详细探讨此一观点。在此，不妨先作简单的剖析。文化有器物、制度、理念这三个层次。理念层次保存的是无形而重要的理想及观念，通常展现于文学、艺术、宗教与哲学中。哲学的特色在于进行“完整而根本的”思考，再以几个关键概念来解释宇宙与人生的复杂现象。譬如，“善有善报，恶有恶报”，显然代表人类的信念；而哲学的任务在于探讨：何谓善与恶？如何分辨善与恶？人为何应该行善避恶？在善恶报应无法公平时，又作何解释？

因此，如果没有哲学，文化中的理想与观念无法得到澄清与辨明，而人们的生活只能依赖宗教中的信仰及习俗中的禁忌来维持稳定。事实上，每个民族在古代都有一段很长的时期，正是如此度过的。这一点我们在介绍第四章“神话与悲剧”时，也曾以西方为例说明。换言之，哲学是“化隐为显”的工作，把隐含在生活秩序中的信念，以清晰的概念展现出来。

譬如，在孔子（公元前551—前479）之前的一千多年之间，中国有三部主要的经典，就是《周易》《尚书》《诗经》。这三部经典所保存的不只是古人经验的记录，还有他们长期生活中所提炼出来的智慧。《周易》从自然现象的变化，看出人类趋吉避凶的法则；《尚书》从帝国朝代的兴亡与更迭，看出“天命”的基本要求；《诗经》则充分反映了古人对正义与仁爱的信念，以及对幸福生活的向往。哲学的根苗早已在滋长之中，只是等待时机成熟及哲人的诞生。

我们稍后讨论中国哲学的起源时，会针对《周易》与《尚书》的相关材料，揭示其中有所谓的“变化哲学”与“永恒哲学”。在此所谓的哲学，是指其中有丰富的思考成分与完整架构，足以让人安身立命。许多学者认为中国古代属于“早熟的文明”，与其他文明相较之下，显示高度的礼乐教化以及合理的人文精神。这种说法是可以成立的。

中国古代的哲学流派

到了春秋时代，传统的政治结构开始崩解，于是好学深思的人勇于提出新的理念来说明宇宙与人生是怎么回事。庄子（约公元前369—前286）是战国时代的道家代表，他的著作中有一段话，描写“古代”（哲学家出现之前）的状况。他说：“古之人其备乎！配神明，醇天地，育万物，和天下，泽及百姓，明于本数，系于末度，六通四辟，小大精粗，其运无乎不在。”（《庄子 · 天下》）意思是：“古代的人真是完备啊！他们配合神明，取法天地，抚育万物，调和天下，恩泽推及百姓，明白治国的根本原则，也不疏忽法度的末节，不论时间空间上的任何领域，事情上的小大精粗，他们的功用都无所不在。”

此一理想世界幻灭之后，各家各派的学者竞相发表言论，意图引动风潮成为思想界的主流。当时声势较为显赫的有六家，就是儒家、道家、墨家、法家、名家、阴阳家。其中又以前三家特别值得留意。譬如，儒家以理性而温和的态度，希望通过经典的诠释而“承先启后”；道家则有“革命派”之称，因为他们主张“以道取代天”，由此避开天与天子（人间帝王）之间的复杂纠葛，重新恢复自由思考的无限领域；墨家则有“保守派”之称，因为他们依然坚持相信“天志”，认为上天希望看到人间和乐，同时人们必须学习“兼爱”，以无私与无差等之心，平等对待每一个人。墨家团体不仅保守，并且强人所难，以致到了秦汉之后就失传了。

法家思想在战国末期大为盛行，最后还帮助秦始皇统一天下。不过，此派的重点在于取得现实世界的成功，侧重手段之效用，而忽略“以人作为目的”的立场。秦朝二世而亡，亦与此直接相关。譬如，法家以韩非为代表，他一方面师承儒家的荀子，另一方面以《解老》《喻老》来诠释道家老子的思想，这两种不同体系的哲学糅杂之后，无法形成一套体大思精的系统，以致在谈及宇宙与人生的问题时，程度既有限，说法又牵强，到了后世就无法持续吸引人才加以发扬光大了。

此外，名家强调名实关系与修辞辩论，虽有趣味但大多止于“言谈”层次，对实际人生并无影响。而阴阳家在汉代虽有辉煌时期，但其思想局限于具体形质的宇宙，却又辅以灾异之说，以致在天象与人事之间逞其聪明，乃日益远离理性之途，成为历史陈迹了。

因此，只有儒家与道家演变而为中国古代两大学派，从此一路左右并塑造了中国人的思维模式与基本心态。直至今日，一谈到中国哲学，立刻跃上舞台的即是儒家与道家。不过，这两派哲学并非凭空出现，在它们之前的一千多年，中国已经拥有两套思想系统，可以称为中国哲学之“起源”。以下分别加以说明。

中国哲学之起源

关于中国哲学之起源，我服膺业师方东美先生（1899—1977）的主张，认为早在儒家与道家出现之前，中国人在理念上已经肯定了一套永恒哲学与一套变化哲学。这两套哲学有如火车的双轨，使中华民族长期存续发展。那么，它们如何构成相辅相成的双轨？

人为万物之灵，其灵在于觉知自身的处境：一方面是在时间之流中，思索如何面对刹那生灭的变化；另一方面，又想辨明自身存在的意义，亦即理解此一短暂人生究竟有何目的。一个文化传统，如果侧重前者，就会强调因应变化，顺势而行，求取今生今世最大的成就与利益。历史上许多帝国皆在极盛之时，种下败亡的因素，最后沦为考古学所研究的遗迹。那么，如果侧重后者，情况又会如何？会凸显其信仰层次的建构，争千秋而不争一时，因为企盼来世之报应而能够忍受此世一切苦难。这样的民族往往具有鲜明的宗教性格，但是也因而可以绵延不绝。印度人与犹太人就是最好的例子。

印度人的传统信仰是印度教，配合种姓制度的社会结构，相信轮回转世之说，因而在承受苦难的能力上高人一等。他们重来世而轻此世，重修行而轻享乐，不易与人为敌，自然也没有亡国灭种之虞。犹太人相信唯一真神，更深信自己是真神之选民，因此历经三千多年的颠沛流离，还惨遭第二次世界大战的“大浩劫”，却依然存续下去，并且多难兴邦，培育出来的杰出人才，在人类心智与灵性的领域闪耀光芒。

我们这样说，并不是重永恒而轻变化。试问：谁愿意保有宗教信仰而在现实世界一筹莫展？谁不希望两者兼顾，相互搭配而持盈保泰？中国古代就达成了此一理念。或者更可说是：中国能够从文明古国一路发展，历经数千年而不坠，正是因为先圣、先贤以其高明的智慧，在这两方面有所建树。代表永恒哲学的是《尚书》中的《洪范》，代表变化哲学的是《周易》。我们以下分别介绍之。在介绍这一部分的资料时，将会引述不少原典，若能耐心读完，则所领悟的不只是古人的智慧，也将是我们省思自己人生时的美好借鉴。

《尚书·洪范》：永恒哲学

《尚书》是古代的历史文献，记录从尧、舜开始，到夏、商、周三代的资料。其中有些篇章的真伪受到质疑，但是大体而言，仍可展示古人（尤其是统治阶级）的基本观念与实际作为。以下介绍《洪范》中的主旨。

周武王在公元前1122年取代商朝成为天子之后，深知想要治理天下，必须借重前朝的经验。于是他前往拜访商朝的遗贤箕子（商纣王的叔父），他说："呜呼！箕子，惟天阴骘下民，相协厥居，我不知其彝伦攸叙。"这句简单的问话，含义非常丰富。周武王相信"上天暗中保佑下界人民，帮助他们获得安定的生活"。古人所信的是天，天是真正的主宰；帝王称为天子，必须代替天来治理百姓。但是如何治理呢？有一套"治国安民的常道次序"，留给了早期的帝王，所以周武王现在要虚心请教。

箕子是商朝遗贤，当然知道商朝兴亡之理，但是他把答案推到更早的夏朝，亦即当大禹治水成功之后，上天就赐给他"洪范九畴"（九类大法），由此可以治国安民。箕子的回答涉及古代的一则神话，不过，重要的是，洪范九畴有一个神圣的来源，而其中的核心理念就构成了我们所谓的永恒哲学。以下我们将稍加解说此一宝贵的资料。

先就其大纲来说："初一曰五行，次二曰敬用五事，次三曰农用八政，次四曰协用五纪，次五曰建用皇极，次六曰乂用三德，次七曰明用稽疑，次八曰念用庶征，次九曰向用五福，威用六极。”以下分别说明其详细内容。

（一）五行

所谓“五行”，是指水、火、木、金、土。这是人类在大自然中所见的五种素朴的材质。人类的生存要靠五行来支持，所以必须明辨其性质，如“水向下渗透，火向上燃烧，木可以弯曲伸直，金可以随意屈伸，土可以生产百谷”；由这五行还牵连出人类的五种味觉，分别是：咸、苦、酸、辛、甘。换言之，自然界的五行在人类的感觉与理解中，会显示特定的性质，由此提供了可利用的条件，让人类在文化上继续创造发展。

（二）敬用五事

五事是指人的五种本能，如“容貌、言语、视察、听受、思虑”。这些本能的表现有一定的要求，譬如，“容貌要恭敬，言语要有条理，视察要清楚，听受要聪敏，思虑要通达”。只要符合上述要求，则效果必佳，分别是：“表现严肃，办事顺利，明辨一切，谋事成功，成为圣人（古代的‘圣人’是指无所不通的智者）。”换言之，这里所谈的是人类世界的基本条件，是期许人人由其特殊本能，表现恰到好处的作为，以便融入群体生活，共享幸福。人是社会性的动物，除了个人具备基本修养之外，需要国家层次的整体规划，否则无法保障其福祉，以下第三、第四项即是此意。

（三）农用八政

农用八政之意是切实办好八政。八政是国家施政的八大领域，就是“管理粮食，管理财物，管理祭祀，管理住行，管理教育，管理司法，接待宾客，治理军务”。一个政府的主要部门大致如此，其中最值得注意的是“祭祀”，古人所祭的对象有三：天或上帝，自然神以及祖先。它代表宗教信仰的仪式，要让人民知道人生不是当下的刹那生灭，死亡也不是沦入未知的虚无。人类活在世间，借由定期的祭祀，可以与生命的大源、自然界的母体以及自己的祖先，保持适当的关系。

（四）协用五纪

协用五纪之意是调和阴阳，要用五纪。阴阳是指自然界的动力而言，其变化显示于天象，作用于人间，所以要由“天官”来观察及记录有关“岁、月、日、星辰、历数”五纪的一切细节。在农业社会中，五纪直接影响人民的作息。

（五）建用皇极

“皇极”即是大中（至大谓之“皇”，至中谓之“极”），亦即最高正义或绝对正义的原则。这是整篇《洪范》的精神所在。人的社会向来不单纯，在人际互动的过程中，各种有心或无意所造成的恩怨可谓层出不穷。因此，人人心中所期盼的正是“绝对的正义”。谁来代表天意而维持大中呢？当然是天子了。以下是一段精彩的描述：

“无偏无陂，遵王之义。无有作好，遵王之道。无有作恶，遵王之路。无偏无党，王道荡荡。无党无偏，王道平平。无反无侧，王道正直。会其有极，归其有极。曰：皇极之敷言，是彝是训，于帝其训。凡厥庶民，极之敷言，是训是行，以近天子之光。曰：天子作民父母，以为天下王。”①

“天子”是天之子，相对的，即是“作民父母”，因为古人相信“天生烝民”（《诗·大雅》）。天子所推行的王道是以“大中”（绝对正义）为目标，亦即要让百姓对“善恶报应”这种正义要求得以实现。这无异于以政治来实践宗教的目的，欲使人间成为幸福之地。这种理想就是“永恒哲学”的表现。以此为理想，人民活在变化多端的世间，不会丧失行善避恶的信心，同时对美好的未来抱有希望。相对于西方的发展，中国古代的政教关系确实自成一格，颇有特色。“皇极”在九畴之中，正好居中。在此之后，所侧重的是后续效应。

（六）乂用三德

乂用三德的意思是治民要靠三德。“三德”是指：守正不阿，以刚制胜，以柔制胜。这里所谈的是人际相处之道。正直是首要原则，

① 此段文字的大意是：“不要偏差不要倾斜，要遵守先王的正义。不要有所爱好，要遵守先王的大道。不要有所厌恶，要遵守先王的正路。没有偏私没有朋党，王道是宽广的。没有朋党没有偏私，王道是平坦的。不要反复不要偏执，王道是正直的。如果有了这种标准，大家就有一致的归向了。又说：用大中之道颁布教言，作为经常的守则，以顺应上帝。所有的人民，尽量说出好的意见，作为教训，作为行动，就能逐步获得天子的光荣。所以说：天子做了人民的父母，为的是使天下有一致的归向。”

接着就须妥善运用刚与柔，亦即刚柔并济。对顽强者，采取刚的策略，使他知所收敛；对柔顺者，则温和有加，使他增益信心。

（七）明用稽疑

明用稽疑的意思是一国之君若要明辨疑惑，必须使用各种方法。古代有卜与筮。卜是用龟壳卜卦，筮是用蓍草占卦。今日所谓的甲骨文，即是古代卜卦的遗迹。根据目前所有的甲骨文，我们已可断定夏朝历史之可靠性。

《洪范》内亦记载，古人遇到疑难时，除了使用卜与筮之外，其实还有三种更常用的方法，就是国君“自己”多加考虑，接着与执行政务的“卿士”商议，然后还须与“人民”大众商量。因此，合而言之，共有五法。如果全部使用，则采多数决（亦即五者之中，有三者相同则实行）。这是否表示理性的考虑已经出现？当然，卜与筮所要询问的对象是天意。在古代民智未开时，天意对于民意具有很大的影响力。但是，如果担心天意受到国君操纵，则古人也有“天视自我民视，天听自我民听”（《尚书・泰誓》），亦即“上天的视听均来自小民百姓”的说法。由此可见，凡是与国家或大众有关之事，总是以谨慎为要。

（八）念用庶征

念用庶征的意思是人的思考必须根据外界各种现象。四季变化与气象，势必影响农作物之生产，随之也将影响人们的心绪与行动，进而干扰到社会与国家。因此，要仔细考察“雨、晴、暖、寒、风”，若是五者不能调顺，后果将是不幸的。在此有些观点涉及自然与人事之间的对应，有些阴阳家的倾向。不过，就人的言行无法脱离自然界的运作而言，此说仍有参考价值。

（九）向用五福，威用六极

这句话的意思就是用五种幸福引导人行善，用六种困苦警戒人为恶。所谓“五福”，是指“寿，富，康宁，攸好德（亲近有德），考终命（长命善终）”。所谓“六极”，是指“凶短折，疾，忧，贫，恶（丑陋），弱（懦弱）”。这种说法是想以现世的遭遇来作为“善有善报，恶有恶报”的验证。这种观念既古老又素朴，与后来儒家与道家的思想大异其趣。譬如，孔子主张“杀身成仁”，就不会在乎这种观念；而老子认为“金玉满堂，莫之能守”，也不会在乎这种观念。由此亦可反证上述“洪范九畴”之说，确实是十分原始的信念。

以上九大范畴，足以建构一个国家。其中从自然材质谈到人类属性，从政务规划谈到天象规律，然后推出至高理想——皇极，以此作为国家的指导原则，亦即人群组成国家是为了体现绝对正义。接着，由三德再到稽疑，由庶征推至五福六极，以作为个人具体的报应参考。于是，我们有了一个像北极星一样的恒定之点，要将人生指向“大中”之体现。有此目标，人生才不至于失望与落空。

对古人而言，此一信念的作用无异于宗教的稳定力量。问题在于：如果“天子失德”，不但无法维持正义，反而作威作福、欺压百姓，又会有何后果？事实上，正是由于这个原因，造成礼坏乐崩，天下大乱，然后才有“哲学的突破”，才有儒家与道家的立论与宣扬。我们稍后还会说明这一点。在此，所要接着探讨的是变化哲学。

《周易》：变化哲学

天地之间唯一不变的，就是变化。变化提醒人们：今日异于昨日，明日又将不同，甚至没有任何一刹那不在变动之中。如果无法把握变化的规则与方向，则将时时刻刻生活在不安与恐惧之中。我国古代有《周易》（又名《易经》）一书，由其书名可知，是周朝有关“变化”的著作。据说，夏朝与商朝也有同类著作，分别称为《连山》与《归藏》。今日所知者，则为《周易》。

《周易》有“经”与“传”两部分。“经”是最早的资料，内容有六十四卦的卦象，以及每卦的卦辞与爻辞。据说那是周文王被拘禁时所作的。所以，后来有：“易之兴也，其于中古乎，作易者，其有忧患乎！”（《易经·系辞下》的说法）所谓“中古”，即指周文王的时代；所谓“忧患”，即指文王为天下人而忧患。当变化时，一切将趋于灭亡，可能变好还是变坏呢？人类仔细观察自然界的变化，应该可以找出一些规则，那么至少可以顺着天时地利，安排自己的生活；这些规则与人生的具体处境，也有或深或浅的关联，那么何不由之找出趋吉避凶的方法呢？

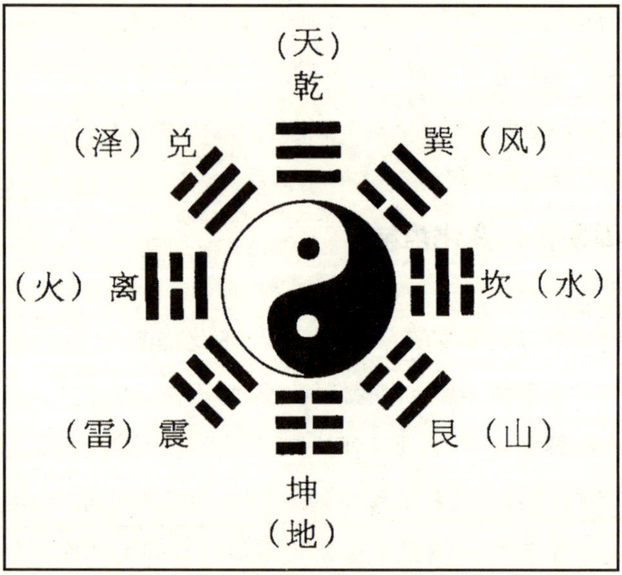

八卦图

《周易》的主体是六十四卦。每一卦皆由六爻组成，爻有阳爻（⚊）与阴爻（⚋）之分。由三爻组成的基本卦有八个，就是：乾（☰）、坤（☷）、震（☳）、艮（☶）、离（☲）、坎（☵）、兑（☱）、巽（☴）。有一个简单的口诀是：乾三连，坤六断，震仰盂，艮覆碗，离中虚，坎中满，兑上缺，巽下断。

这八卦即是符号，用以代表自然界的八大现象，亦即依序是：天、地、雷、山、火、水、泽、风。一般所见的八卦图如上图。依此图来观察每一卦时，要以中间的太极图为中心点，向外再由下而上，譬如，震卦是☳，艮卦是☶。

由基本八卦再两两配合，就成为六十四卦了。譬如，“乾卦”是六爻皆阳，而“坤卦”则是六爻皆阴。每一卦皆有简单扼要的卦辞与爻辞，这些就构成了“经”的部分。

“经”之外，还有“传”，是最早的注释。“传”有十部分，又名“十翼”（翼为辅助之意），就是：彖（上、下）、象（上、下）、系辞（上、下）、文言、说卦、序卦、杂卦。关于十翼的作者，一般认为是孔子的弟子数代相传的结晶，因为其中屡见“子曰”，并且基本立场是要人进德修业，成为君子。譬如，乾卦《象传》说：“天行健，君子以自强不息。”坤卦《象传》说：“地势坤，君子以厚德载物。”

《周易》的基本原则，是观察自然规律以安排人的言行。自然规律是变化中有其不变，循环不已而永保生机。因此，人要学会“穷则变，变则通，通则久”（《系辞下》）。古代圣人制作这一部经典，目的是：“以通天下之志，以定天下之业，以断天下之疑”（《系辞上》），希望能够了解天下人的心意，使大家同舟共济；能够成就天下人的事业，使大家安居乐业；能够决断天下人的疑惑，使大家充满信心。

《系辞上》有一段话对于《周易》的功能，作了中肯的描述：

“圣人设卦，观象系辞焉而明吉凶，刚柔相推而生变化。是故吉凶者，失得之象也；悔吝者，忧虞之象也；变化者，进退之象也；刚柔者，昼夜之象也。六爻之动，三极之道也。是故君子所居而安者，《易》之序也；所乐而玩者，爻之辞也。是故君子居则观其象而玩其辞，动则观其变而玩其占，是以自天佑之，吉无不利。”[①]

重点在于最后一句：“自天佑之，吉无不利”。表面看来，人期待得到上天的助佑，但是这个天已经不再保障“绝对正义”。因此，人需要自求多福，由圣人（异于原来的天子）来设计一套卦象，借着掌握自然界的变化规律，配合古人一千多年的生活经验所凝聚的智慧，希望由此提供人们明确的指引，使自己“吉无不利”。而另一方面，则处处提醒人们进德修业是不可或缺的。六十四卦的各“传”，在标志吉凶时，总是留了一线生机，也就是：不可安于小成，也不必为小祸而失去上进的意志，因为变化是一直在进行的，只有把握主体自觉的行善要求，以日新又新的德行走向君子的目标，才是逢凶化吉的上策。于是，原本可能由变化带来的危机，一变而为转机，使人随遇而安，顺势而行，充分实现生命的创意与活力。

以下试举几个较常听说的卦，来稍加介绍。

（一）“否极泰来”

否卦是（下坤上乾），其象为地在下而天在上，两者不相交通，失去活力而没有出路。

至于泰卦则是（下乾上坤），其象为天在下而地在上，天必然

---

① 这段话的大意是：圣人制作了六十四卦，观察卦爻之象而撰写相关的系属文辞，以说明吉凶的出现，经由阴阳刚柔诸爻的相互推移而生出各种变化。所以，吉凶是表示外在的得失，悔吝是表示内在的忧虑，变化是表示进退取向，刚爻柔爻是表示昼夜的阴阳现象。六爻的变动，体现了天、地、人的活动规律。所以，君子平居时所考察的是《周易》各卦承接转化的次序，闲暇时所玩味的是爻辞的内在含义。所以，君子闲居时，观察卦爻之象而玩味卦爻之辞，决定行动时，观察卦爻象的变化而玩味卦爻辞的占筮，这样就可以得到上天的助佑，从而吉利无比。

要往上而地必然要往下，两者之交通也必然因生气蓬勃而畅旺无比。换言之，吉凶要看变化之可能性，有变化则机会大增。

（二）“剥极而复”

剥卦是（下坤上艮），其象为地在下而山在上，又是两者固定而不再交通。反之，复卦是（下震上坤），其象为地在上而雷在下，雷必然要鼓动力量往上奋进，所以这是循环之新生的开始。

（三）“谦卦”

六十四个卦象中，只有“谦卦”是六爻非吉则利，其卦为（下艮上坤），其象为山在下而地在上。明明是高山，却愿意隐藏于地下，如此谦虚，当然到处受人欢迎了。

（四）“既济卦”

第六十三卦为“既济卦”（下离上坎），其象为火在下而水在上，代表一切都完成了（济为完成之意）。理由是六爻皆“当位”（由下而上，一阳一阴，完全无误）。同时，火在下而水在上，表示以火烧水，其功可成。

（五）“未济卦”

第六十四卦为“未济卦”（下坎上离），其象为水在下而火在上，这两者又是无法交通，并且六爻皆不当位，事未定而物未成，一切有待继续努力，甚至要重新开始。

由上述各例可知，《周易》是一部值得仔细省思与品味的作品，对人生哲理的启发也有随机指点的效果。仅就阅读而言，也有无可比拟的趣味。（相关介绍请参看傅佩荣著《易经与人生》，东方出版社出版。）

中国哲学的特质

由前文对中国哲学起源的探讨，已经可以肯定中国哲学兼具永恒义与变化义，并且由此启发了先秦哲学家获得丰富的成果。在我们继续分别介绍儒家与道家之前，再就其特质作大概的描述。

以生命为中心的宇宙观

中国人认为整个宇宙是充满生命的，亦即宇宙中没有任何孤立的地区或物质。这种思想在西方属于较新的理论，称作“机体论”（Organism）。机体论是把整个宇宙看成一个有机体，而不是死的机械——西方近代科学的共同信念是“机械论”（Mechanism），认为宇宙是由物质拼凑而成的，有如一个组合的玩具，没有自身的内在动力，而是由外在的力量造成它的运动。

一个人如果研究科学，比较容易接受自然机械论，把自然当作机器来看待，如此才能加以区分研究。然而，用这种方法，研究了一部分却无法联系到另一部分，更谈不上整合为一体了。就以西医和中医来说，西医倾向于头痛医头、脚痛医脚，却不知道通过对脚的适当按摩，可以把头痛治好；而中医懂得利用这种方法，主要原因即是把人看作一个有生命的整体。事实上，人本来就是一个整体，西医的身体检查，会注意所谓的临界点，只要还没到达某个指数，就会判断我们的身体没问题，但是一旦到达那个指数时，身体的情况可能已经很糟糕了。中医则会通过调理的方式，让我们的身体由保养而逐渐改善。

生命表现为一种力量和趋势，有时候一个人表面上看起来很健康，其实正在走向严重的疾病。如果我们趁早察觉并对症下药，就能够调整方向；相反，如果把生命看作物质，用仪器去测量，现在没事就说没事，那么有一天真的有事的时候，恐怕已经太晚了。这就是把人看作有机体与机械的差别。

在西方，一直要到当代才出现机体论的思想[①]。中国古代是素朴的机体论，西方经过科学革命后所发展出来的，则是现代化的机体论。此二者仍有不同之处。现代的机体论的说法比较准确、精密；古代的机体论则往往是靠体验，借此肯定整个宇宙是相通的。譬如你家前面有一座山或没有一座山，会产生截然不同的差异。山虽然是没有生命的物质，但是它可以对整个气流，甚至是一个人的心情产

---

① 1900 年普朗克（Max Planck，1858—1947）提出“量子论”，1905 年爱因斯坦提出“相对论”，1927 年海森堡（Werner Heisenberg，1901—1976）提出“测不准原理”，至此西方才出现了机体主义的哲学。

生影响。由此可知，大自然虽然是物质，但还是会对人造成影响，只不过有的影响是表面的，有的则是深层的。换言之，任何东西只要存在，都不会是毫无目的的存在。

中国人说“大化流行”，亦即认为整个宇宙是一个生命流行的场所，在其中，任何东西的生灭都与人有关。这种想法可以使得人类与大自然的关系变得比较亲切，因为我们看到任何东西，都会觉得它与我们不只是外在的关系，而是能与我们的生命互动的。正因为如此，中国哲学谈到人的时候，往往认为人与大自然不应该分开考虑，以为这是两个不相干的领域。

中国哲学以生命为中心的宇宙观，是一种具有特色的想法，并且也符合西方现代物理学所推展出来的最新观念。

以价值为中心的人生观

宇宙万物的生命不断在变化，而人类的生命除了变化之外还有另一个特色，就是需要不断地实现价值，不能只是随着生、老、病、死的步伐，最后一切结束就停止了。

我们每天都应该要问自己：“我今天有没有比昨天稍微长进一点？在真、善、美这些价值上，有没有稍微提升一点？”或许有人会认为一天的变化看不出来，那么一个星期如何？一年如何？十年又如何？一个人总不能十年过了还是跟以前一样，没有丝毫差别。孔子自三十而立以后，每十年都会有所成长——四十而不惑，五十而知天命，六十而（耳）顺，七十而从心所欲不逾矩[①]。这就是一个标准的模式，亦即以价值为中心的人生观。人生不应该只是活着而已，而是要不断地实现价值。也就是说，多活一天就要有多活一天的效果，绝对不是白白活着。

所谓的价值，与人的自由有关。换句话说，没有自由选择的机会，就没有所谓的价值。我们要时常自问："我要自由地作什么样的选择？"接着要问："为什么我要作这样的选择？根据是什么？是否正确？"如果一个人选择的根据是来自外在的因素，那么它的力量可能不够，因为一旦外在的条件改变或消失，就不见得要坚持原来的选择；反之，如果选择的根据是内在的因素，那么情况就不一样了，因为这是出于内心对自己的要求，促使自己去实现更高的价值。（有关价值，请参考本书附录"何谓真善美圣"。）

存在与价值可以统合于超越界

存在就是活着，而价值是活着所要追求的目标。此两种需要合而为一，合一之处则在于超越界（Transcendence），也就是儒家所说的"天"，或道家所说的"道"。"超越界"是很难解释的一个名

---

① 本段话出自《论语 · 为政》，其中"六十而顺"，不再采用一般所谓的"六十而耳顺"理由是：一、孔子自述的六个阶段都是直接以"动词"描写修行的进境，不宜有例外。二、顺天命与孔子生平事迹完全相应，耳顺则无合理解释。三、敦煌石经的版本是"六十如顺"，无耳字。四、孟子私淑孔子，谈到"顺天"，并且在宣称"舍我其谁"时，正是想要顺天命。除此之外，他也未曾提起耳顺。相关讨论请参见本书第九章及《傅佩荣译解论语》，东方出版社出版。

词。简单来说，与超越界相对的称为“内存界”（Immanence）。这两个词可以说明一切的存在。从人的角度来看，所有我们可以经验到的、思考到的，全部都是内存界。换言之，我们活在世界上，理性与经验所能掌握的范围，包括宇宙万物、一切星球，统统属于内存界。人类的各种变化、各种花样、各种细致的情感，也都属于内存界。由此可知，内存界简单地说，就是大自然加上人类社会。

然而，大自然与人类都没有必然的理由可以存在，宇宙有开始也有结束，人的生命则更为短暂。换言之，内存界无法证明与保证自己的存在。但是它居然存在了！因此我们要问：“它凭什么存在？”答案就是超越界。

两千多年以来，西方哲学不断在探讨如何追求真正的智慧，最后产生了一个基本想法，用一句话来说，就是：“为什么是有，而不是无？”（Why is there something rather than nothing?）这句话对西方而言，是最深奥的一句话。当一个人问这句话时，表示他在追求形而上学最后的基础。举例来说，“我”为什么存在？有生有死的我，到底凭什么存在？为什么是有而不是无？这是因为有一个超越界使“我”此时可以存在。

每个人都有形而上学的需求，这是出于自然的冲动，因为一个人要知道这个答案，才能活得有意义。活着绝对不是吃饱、睡觉，然后慢慢成长而已，这些都只是每天变化的过程。人活着就要问：“我的活着是一个‘存在’吗？它有基础吗？”正因为如此，所以我们要谈超越界。

孔子为什么要谈“天”？老子为什么要谈“道”？孔子两次遭遇危险的时候，都毫不迟疑地诉求于天[①]，这个“天”就是超越界；老子谈“道”，便说“知者不言，言者不知”（《老子》五十六章）。这指的就是超越界。我们如果对天与道没有深入了解，或不曾与它建立关系的话，人生根本只是一场空。我们所谈论的超越界，是超越一般宗教之上的，它基本上是一种信仰。信仰不等同于宗教，却是宗教的核心。有关这一点，请参考本书第十二章“宗教与永恒”。

结论：使传统智慧再现生机

本章重点置于中国哲学的起源部分。至于特质部分，只是略谈一个大概，因为后续二章所谈论的儒家与道家，可以充分印证此处所略谈者。那么，儒家与道家如何在此一起源之后开展出来？我们今日又能由此一起源学到什么？

古代的政教合一结构，使得“天子”的角色成为天与人之间的中介。天子失德之后，天的概念立即产生变化。我们且以最扼要的

---

① 孔子这两次谈“天”分别记载于《论语》的《述而》与《子罕》，说明如下：

（一）《述而》：子曰：“天生德于予，桓魋其如予何？”意思是，孔子说：“天是我这一生德行的来源，桓魋又能对我怎么样呢？”桓魋为当时宋国的军事统帅。当时孔子五十九岁，是其生命成长阶段知天命之后的顺天命时期，因此遇到生命危险，立即诉求于天。（孔子的生命成长阶段，请参见第九章。）

（二）《子罕》：子畏于匡。曰：“文王既没，文不在兹乎？天之将丧斯文也，后死者不得与于斯文也；天之未丧斯文也，匡人其如予何？”意思是，孔子被匡城的群众所围困，他说：“周文王死了以后，文化传统不都在我这里吗？天如果要废弃这种文化，后代的人就不会有机会学习这种文化；天如果还不要废弃这种文化，那么匡人又能对我怎么样呢？”

方式加以说明。

由功能的角度来看，“天”在古代扮演了五种角色，就是：主宰之天，造生之天，载行之天，启示之天，审判之天。[①]其中，主宰之天一直受到肯定，譬如历代帝王延用“天子”之名，到了清朝，皇帝仍在诏书中说：“奉天承运。”但是，造生与载行应该体现的是“仁爱”，而启示与审判应该体现的是“正义”。《周易》讲求变化之道，目的在让人活得有希望，无异于侧重“仁爱”；《尚书·洪范》标举永恒理想，所揭示的自然是“正义”了。

但是，随着天子失德，天下大乱，出现两大危机：造生与载行之天由于不再表现仁爱之德，而变为“自然之天”；启示与审判之天由于不再保障正义之德，而变为“命运之天”。这两种观念，亦即以天为具象的自然，以及以天为盲目的命运，在春秋时代开始蔚为流行。这是一个危机，既不能由自然现象的变化中看出超越的理想，又不能由人间复杂的遭遇中发现正义的原则，人群的未来还可设想吗？

孔子的志业在于把人的命运转化提升为使命，再将它上溯于天，重新为“天命”下定义，亦即让人人自觉其内在向善的力量，经由择善固执而走向至善，以符合天命的要求。老子的志业在于为自然界找到基础，而那是无以名之的超越界，勉强可以称之为“道”，道产生万物并且在万物之中，但是它又不受万物变化所影响。于是，

---

① 意思是：（一）天是自然界与人间的至高主宰；（二）天造生了自然界与人类；（三）天继续载行着这一切；（四）天启示了人间的善恶原理；（五）天将审判善恶，并且赏善罚恶。

有关这五种“天的角色”的说明，参考了《诗经》《尚书》《周易》《左传》等资料。（请参考傅佩荣著《儒道天论发微》，中华书局出版。）

人的精神世界重新得到无限提升的机会，可以与道为友，自在逍遥。有关儒家与道家的探讨，请见后续第九、第十章。

今日回顾中国哲学，不是为了怀古或念旧，而是要借重古人思想的完整架构，就是兼顾永恒与变化的双重要求，使自己既可因为永恒信念而安身立命，又可因为变化之理而勇于创新。如此双轨配合，人生方可动静得宜，收放自如，并且在每一个当下皆有充实之感。如果进而领悟儒、道二家的精彩见解，不是知性领域的莫大快乐吗？

第九章　儒家的风格

认识思想家

孔子（公元前551—前479）

子姓，孔氏，名丘，字仲尼，鲁国陬邑（今中国山东省曲阜市南辛镇）人，中国春秋末期的思想家和教育家，儒家的创始人。孔子集华夏上古文化之大成，在世时已被誉为“天纵之圣”“天之木铎”，是当时社会上最博学者之一，并且被后世统治者尊为孔圣人、至圣、至圣先师、万世师表。孔子和儒家思想对中国和朝鲜半岛、日本、越南等地区有深远的影响，这些地区又被称为儒家文化圈。二十世纪末，世界诺贝尔奖获得者聚会巴黎，发表了著名的《巴黎宣言》:“人类要在二十一世纪生存下去，必须回首两千五百年前，从孔子那里汲取智慧。”

孟子（公元前372—前289）

名轲，字子舆（待考，一说字子车或子居）。战国时期邹国人，鲁国庆父后裔。中国古代著名思想家、教育家，战国时期儒家代表人物。著有《孟子》一书。孟子继承和发展了孔子的思想，提出一套完整的思想体系，对后世产生了极大的影响，被尊奉为仅次于孔子的“亚圣”。 孟子把伦理和政治紧密结合起来，强调道德修养是搞好政治的根本。他说：“天下之本在国，国之本在家，家之本在身。”《大学》中提出的“修身、齐家、治国、平天下”就是根据孟子的这种思想发展而来的。

在一般人的观念里，常认为中国近代国势衰弱的原因之一是儒家思想。1919年的五四运动，以“打倒孔家店”为口号，好像只要消灭了儒家，中国就会走向光明的未来。

由于年深代久，中华文化在历史上积淀了一种所谓的“深层结构”，以致无论是否改朝换代，中国人基本的思维模式与行为习惯其实已经僵化了，而造成此一僵化的罪魁祸首，自然非儒家莫属了。儒家即使是受到曲解与误用，也应该有它本身的特殊条件，才会促成这种令人遗憾的结果。譬如，汉武帝接受董仲舒的建议，“罢黜百家，独尊儒术”，由此使儒家成为统治者手中的“术”，是可以用来安邦治国的工具。问题是，正如清末谭嗣同所指出的：“两千年之政，秦政也；两千年之学，荀学也。”这充分说明了荀学的影响之深之广。回顾过去的中国历史，试问：作为主导的，是孔子与孟子所推崇的“仁政”，还是秦始皇那一套作风？亦即不外乎“阳儒阴法”而已。试问：社会上所推行的儒家，是合乎孔子与孟子的理念，还是以荀子的思想为依归？别忘了：代表法家的韩非与李斯都是荀子的学生。

把箭头指向儒家时，立即面临两个盲点。一是如果儒家造成近代中国的困境，那么过去两千多年里的某些顺境，如汉唐盛世，是否也要归功于儒家？二是近年许多学者讨论“现代化”议题时，认为儒家对东亚现代化的帮助，可以类比于基督新教的伦理观对欧美现代化的影响。如此一来，儒家又成了现代化的功臣了。事实上，这一类说法都过于简化，把儒家当成了“解围的神明”（Deus ex machina），亦即遇到难题就用它来解释，而忽略了它本身精彩的学理。我们将以孔子思想为主轴，说明儒家的风格。

人文精神的觉醒

孔子是春秋时代（公元前770—前476）的人。在此之前，中国已历经夏朝（约四百多年）与商朝（约六百多年），到了周朝（西周与东周共八百多年）的后半段，再接下去则是战国时代。孟子与荀子都是战国时代的人。

孟子描述春秋时代的状况时，指出："世衰道微，邪说暴行有作。臣弑其君者有之，子弑其父者有之。"（《孟子·滕文公下》）这种天下混乱的局面，以《论语·阳货》中的一句话来说，正是"礼坏乐崩"。

礼乐安定人间秩序

谈到礼乐，对古人至为重要。周公的政绩在于"制礼作乐"，孔子一生皆以周公为学习的楷模，正是因为礼乐既可以安定人间秩序，又可以协调人际情感；若无礼乐，则国家难以存续。但是，礼乐现在崩坏了，眼看社会陷于危机之中，孔子能做什么呢？他一生的努力，无论在政治、教育及生活领域，可以用四个字形容，就是"承礼启仁"。

所谓"礼坏乐崩"，其意是指礼与乐只剩下表面的形式，而丧失了实质的内涵。大家行礼如仪，奏乐如常，却忘记了内在的情感基础。孔子说：“礼云礼云，玉帛云乎哉？乐云乐云，钟鼓云乎哉？”（《论语·阳货》）礼当然不只是玉帛的陈列，乐当然不只是钟鼓之演奏。孔子又说：“人而不仁，如礼何？人而不仁，如乐何？”（《论语·八佾》）在此，“仁”是指真诚的内心情感而言；少了这一份真情，能用礼与乐做什么？不过是虚伪的文饰而已。“仁”是孔子的核心理念，其内涵极为丰富，稍后会有详细讨论。

孔子揭示“仁”这一理念的用意，其实并不复杂，就是要启发每一个人觉察自己内心有一种“自我要求”的力量，亦即要求自己主动自发地“行善避恶”。即使礼乐不再生效，人们也可以因为自我要求而遵循社会规范与保持人际和谐。道德价值必定出于主体的自觉，人文精神随之觉醒。后代的“天不生仲尼，万古如长夜”的说法虽然过于夸张，因为孔子自己说过：“我欲仁，斯仁至矣”（《论语·述而》），亦即我（在此是指每一个人）想要行仁，立刻就可以行仁。但是以这点而言，孔子无疑可以作为万世师表。

人性向善论

我们小时候念《三字经》，一开头就是：“人之初，性本善。性相近，习相远。”这句话的后半段是孔子说的[①]，但是，谁说过“人之

① 本章的原文是：子曰：“性相近也，习相远也。”意思是依本性来看，人与人是相近的；依习染来看，人与人就有很大的差异了。

初，性本善”呢？孔子没说，孟子也没说，荀子明白主张“性恶”，更不会说了。原来这是宋代哲学家的杰作。

我们先不谈哲学史上的复杂问题，只就这句话来看，立刻可以察觉“人性本善”的概念有两大盲点：一是在经验上缺乏佐证。试问每天电视及报纸的新闻中不是充斥着各种罪恶行径吗？有谁是本善的？如果“本善”是指出生时原本是善的天性，一进入社会就被污染了，那么试问组成社会的成人不也是本善的吗？若把责任推到过去，那么过去从第一个人出现以来，不也是本善的吗？当然，我们同意人性非常复杂，而“本善”只是描述其主要特质，用以区别人与禽兽之别。但是，为了区别人与禽兽，不可说一边本善，另一边本恶，因为禽兽根本没有善恶问题。只可以说“人有可能行善”，而禽兽与善恶无涉。既然如此，何必用“本善”来混淆视听？

第二个盲点是善与恶都是价值上的概念，而任何价值之呈现，皆以“自由选择”为前提。那么，试问：在一个人尚未有能力作自由选择的年幼阶段，怎样可以说是“本善”？然后，一个人成长到可以自由选择的时候，这种自由必然是同时向着善与恶开放的，亦即任何自由的行动都可能导致善，也同样可能导致恶。如此一来，说“本善”只是一句空话而已，无法通过逻辑的检验，亦即：善以自由为其前提，而自由这个前提又无法保证人一定会行善。因此，从逻辑角度来看，人性本善无法成立。

向善而非本善

批评“人性本善”的想法，是为了回归孔子的哲学立场。依我们对《论语》的研究，可以肯定孔子的观点是“人性向善论”。以下试加以说明。

人的特色在于自由，自由是一种动力状态。其形式是以“知、情、意”的结合为前提，譬如：我知道某事是对的，我喜欢做某事，我选择做某事，这三者之间的关系，至今仍是一个无解的奥秘，而三者配合起来所提供的机会，就是自由得以运作的条件。我所说的“向”，就是指“自由”而言，它是由真诚所觉察的内在力量，要求我去实践“应该”做的事。应该做的事，即称为“善”，这一点稍后会再加以解释。

那么，为何说“向善”？因为知道什么事应该做，并不保证真的会去做，否则自由岂不是假的？不过，虽然人有自由，当他选择不做该做的事，或者选择做不该做的事时，内心仍会有“不安”或“不忍”的感受。这正是儒家思想的关键所在。自由加上不安或不忍，就是向善。如果进而质疑：是否每个人所不安、不忍的情况都一样？答案是：“都不太一样。”孔子说“性相近也，习相远也”，从相近到相远，就是不能说“相同”。既然如此，人性安在？

事实上，“向”字就肯定了每个人的不安、不忍，必有程度强弱之异。一个人从小生长在幸福家庭，看到别人的小灾、小难很容易于心不忍；反之，一个人从小饱经忧患，就可能非要碰到悲惨之极的人，才会于心不忍。就他们都“可能”不忍来说，可知都是属于“人”的一类；就他们不忍的情况有差异来说，可说是“向善”而非“本善”。这里的关键在于“真诚”。许多时候，我们看到人情险恶，人间犹如丛林，那是因为人们忽略了内心真情，再一路走偏，愈陷愈深，就像孟子所谓“牛山之木”（《孟子·告子上》）的比喻，一座草木盛美的山，如果“旦旦而伐之”，每天每天地去砍伐它，最后就成了寸草不生的秃山。但是，每一座山原本都有“可能”长出花草树木的！换言之，对人而言，性即向，向即性，所向者就是善。

善：人与人之间适当关系之实现

究竟什么是“善”？许多西方学者认为：善是不能定义的。我们不必勉强下定义，但是可以由大家使用“善”这个字时所指为何，来描述其功能性定义。自古以来，一谈到善，大家都会想到“孝、悌、忠、信”。那么，这四种善有何特殊之处？那就是：都在于“一人与他人之间”适当关系之实现。无父母，如何孝？无兄弟姐妹，如何悌？无长官老板，如何忠？无朋友，如何信？因此，我们可以清楚描述“善”为：“人与人之间适当关系之实现”。孔子所谓的“仁”，在字形上是“从人从二”，亦即“二人为仁”。若是孤独一人，则没有行善的机会。因此，儒家没有关起门的圣人。儒家的社会关怀，亦由此得以肯定。

不过，如此一来，人与动物或与神明之间的任何作为，都不能称为“善”吗？答案是“不能”。一个人爱护动物，如果可以像“孝悌忠信”一样称为善，那显然不是孔子的想法。《论语·乡党》有一段话说：“厩焚。子退朝，曰：‘伤人乎？’不问马。”我在解释时指出：马棚烧了，可能受伤的是车夫、马夫、工人等身份较卑微者，而孔子并无阶级意识，只是以平等态度来关怀所有的人。至于马，在古代属于财物，再怎么贵重，也不能与人相提并论。至于后来孟子所批评的“率兽食人”[①]，更是掷地有声的见解。因此，善不可用于人与动物之间。

至于人与神明之间的关系，由于古人相信“人死为鬼”，所以对神明自有一份像对待祖先的情感，但是具体的做法则是“务民之义，敬鬼神而远之”（《论语·雍也》）。这句话的意思是“专心做好为百姓服务所该做的事，敬奉鬼神但是保持适当的距离”，由此可知，忽略眼前老百姓的需求，而过度供奉鬼神，显然并非孔子之意。孔子主张对鬼神要孝敬，但是说到“善”，仍以“人与人之间”为其范围。

“仁”字在《论语》中，首先与一个人的“真诚”有关。有真诚，才会自觉；所自觉的，是自己与别人之间应有何种适当关系，此即“感通作用”，可称为“恕”，意为“己所不欲，勿施于人”（《论语·卫灵公》）。只有将心比心（恕字的结构是“如心”），肯定别

---

① 原文是：“庖有肥肉，厩有肥马，民有饥色，野有饿莩，此率兽而食人也。”（《孟子·梁惠王上》）意思是：您（梁惠王）的厨房里有肥厚的猪肉，您的马厩里有健壮的马，可是老百姓却面带饥色，野外还躺着饿死的尸体，这等于是您带领野兽来吃人啊。

人与自己是平等互动的，才会出现真正的尊重，就像康德（I.Kant，1724—1804）所说：“不能只以别人为手段，而不同时也以别人为目的。”这种人文主义，不但是普世价值，而且指出了人生的康庄大道。

“仁”字有三义，皆与“人”有关。孔子正是以“仁”来照明：人之性，人之道，人之成。

（一）人之性

以人之性而言，只要真诚（因为若不真诚，就是伪装，成为假人），就会觉察内在向善的力量是源源不绝的，好像希腊神话中的普罗米修斯，无论老鹰如何啄食，他的肝脏总是生生不已。《易传》所云，“天行健，君子以自强不息”，正是来自此一人性的自发力量。

（二）人之道

以人之道而言，《中庸》说的“择善而固执之”，正是人生的正途。有关人之道，在《论语》中，弟子问仁之处，孔子的回答就是因材施教，指出如何择善的方法。我们稍后也将针对这一点，详细讨论择善的具体考虑以及正确的固执态度，同时，更要进一步就孔子的价值观来说明人生的上进阶梯，是要努力走向至善之境。

（三）人之成

在人之性与人之道之后，“仁”字还指涉了人之成。人之成即是人生目的之完成。孔子声称："志士仁人，无求生以害仁，有杀身以成仁。"[①]（《论语·卫灵公》）"杀身"即是死亡，即是生命的毁灭，为何居然被视为"完成了仁的理想"？因为人生难免一死，而死亡并非结束，而是达到了目的。这样的生死观，显示了其中有深刻的宗教信仰，亦即孔子对"天"（超越界）有他个人的信仰，所以无惧于世间的患难与死亡。关于这一点，也将在最后稍作说明。

择善固执论

择善的前提

若要择善，首先必须分辨善恶。但是，分辨的标准何在？如果标准是由社会人群、风俗习惯、法律规章所定，那么它显然是相对的。凡是外来的标准，都难免因时因地而改变。那么，内在的标准呢？行动者个人可以决定善恶吗？如果我们记得"善"的界说是"人与人之间适当关系之实现"，就不能忽略个人以外的他人。因此，善恶显然也不能由个人自己去决定。由此看来，我们陷入两边为难的处境。儒家如何解决此一问题？

第一步，分辨善恶，方法有二。一是先天的，称为"良知"；二

① 这句话的意思是：有志者与行仁者，不会为了活命而背弃人生理想，却肯牺牲生命来成全人生理想。

是后天的，称为“习知”。

何以人有良知？良知又有什么内容？关于前者，儒家是由人的“生理、心理、伦理”三重结构，去说明人的心对于父母的遭遇，会有“安不安”与“忍不忍”的反应。换言之，由于小孩子受父母养育，内心对父母自然感恩。这种“自然状态”不必去学或去教，所以称为“良知”。孟子说：“孩提之童，无不知爱其亲；及其长也，无不知敬其兄。”(《孟子 · 尽心上》) 至少就“爱亲”而言，可以视为良知的主要内容。

但是，“爱亲”只是心中的感受与趋向，若要付诸行动，实现出来，则需要学习。因此，光靠良知，就像光靠善意，做出来的方式与结果，可能令人不满。何况，人类社会是群体共存的，所有的行为规范都是渐次形成的，没有人可以光靠良知而成为善人。

所以，儒家重视“习知”。以标榜良知的孟子为例，他竟然注意到“舜”的情形。舜原是深山野人，后来“闻一善言，见一善行”，靠着“闻见”，才促使内心自觉，引发丰富情感，“沛然莫之能御”[①] (《孟子 · 尽心上》)。当然，舜原本就有“良知”，这是毫无疑问的。但是，具体上如何实现良知的要求，则需要依赖后天的学习。

孔子向来强调“学习”的重要。学习的内容除了传统的典籍

---

① 孟子整段话的原文是：“舜之居深山之中，与木石居，与鹿豕游，其所以异于深山之野人者几希。及其闻一善言，见一善行，若决江河，沛然莫之能御也。”意思是：舜住在深山里的时候，在家只有树与石，出外只见鹿与猪，他和深山里的一般人不同的地方很少，等到他听到一句好的言语，看到一种好的作为，立刻受到启发，这种力量好像江河决了口，水势澎湃，没有人能阻止得了。

（诗书礼乐易）与立身的技能（礼乐射御书数）之外，还须向老师请益。可以自己学习的，是一个社会既成的伦理规范；向老师请益的，则是个人特定的处境所要求的因应之道。因此，许多学生问仁、问孝、问知、问忠，等等，而孔子的回答各不相同。我们美其名为“因材施教”，事实上，老师若不因材施教，哪里有资格称为老师？学生如果以“标准答案”为自己的指针，岂不等于承认自己是可有可无、没有任何独特的生命了？

因此，若要择善，必先知善；而知善以“良知”为源头，以“习知”为开展，然后可以推到下一步，就是具体上如何择善。

择善的方法

择善必须考虑三项因素：（一）内心感受；（二）对方期许；（三）社会规范。既然“善”是指“人与人之间适当关系之实现”，那么自然要注意行动者自己、行动相关的对方以及社会大众所接受的规范。

原则很清楚，具体情况却可能十分复杂。譬如，一个小孩想要实践孝道，以示对父母的感恩。父母期许他赚大钱。那么请问：小孩是否为了孝顺父母，满足他们的期许，而去抢劫？当然不能，因为抢劫是违背社会规范的行为。小孩如果没有念过书，又不知法律，结果出此下策，成为罪犯，这时我们会认为他是坏公民，但不会认为他是坏儿子。“儿子”是专就“父母”而言的，只要父母认定他是好儿子，天下人皆无话可说，要说也只能说父母不知好歹，不会责怪儿子。但是，就社会而言，任何人都是公民，犯法就须坐牢，不管他是不是好儿子、好丈夫、好朋友，等等。

上述例子说明了外在规范可以维护社会群体的安定与和谐。但是，光靠遵守社会规范，而不顾父母的期许，则未必是好儿子。譬如，有些人移民美国之后，按照美国社会的规范，把年迈的父母送到养老院去。这样的行为固然合法，但是却不符合父母的期许，当然不能说是好儿子了。《推手》这部电影对此有详细而深入的描写，可以说明择善时，需如何考虑相关对方之期许。

然而，单单注意外在规范与对方期许，仍有缺失之处。因为任何道德价值都有“主体性”，都会在行动主体的心灵世界产生一定的效应；换言之，行动必须与内心感受互相呼应，否则难免造成表里不一、形式主义，甚至演变成乡愿（表面媚俗而心中毫无理想的“好好先生”）。孔子说：“乡原（愿），德之贼也”（《论语 · 阳货》），因为人之大患在于虚伪，不诚无物，最后人格分裂。

本章一开始谈到礼乐能安定人间秩序时，曾提过孔子特别强调：“人而不仁，如礼何？人而不仁，如乐何？”若是一个人缺乏内心的真诚感受，礼乐对他又有何意义？一切都是在表演、作秀，只是浪费生命而已。唯有真诚的人，才可能实现道德价值，行善避恶。一个因为真诚而犯错的人，绝对要比一个因为虚伪而立功的人，更值得大家敬佩。因为前者既然真诚，在发现自己犯错之后，必然诚心悔改，改过迁善，成就真正的品德。

那么，如果在考虑社会规范、对方期许与内心感受时，发现三者互相冲突，又该如何取舍？譬如，以抢劫表示孝心，当然不可为。对方的期许远超过自己内心的感受时，也不宜过度勉强。理由很简单：第一，社会规范往往是最低限度的道德要求，我们没有理由违背，为了小的善而犯了大的恶，以致伤害群体的和谐。第二，对方的期许固然重要，但是没有人能够完全了解及彻底满足对方的期许，何况对方也可能因时、因地而改变期许，结果则是我们自己疲于奔命，甚至忽略了生命中其他方面的责任。第三，真正不可避免的是内心感受。"求其心安"之意在此。若不能忠于自己的良知，其他一切都是空话。

从择善到固执

若是内心感受、对方期许、社会规范三者互相冲突，则以忠于自己的内心感受为最后凭借，亦即孟子所云："仰不愧于天，俯不怍于人。"（《孟子·尽心上》）这是基本原则，然而人生的问题并非一次选择就可以定案的，因此我们又须继续思索。

关键在于：生命的本质就是变化与成长，所谓"小时了了，大未必佳"，表示努力永无止境，否则终究难免陷入困局。譬如，原本交往密切的朋友，经过一段时日的睽违，感情自然生疏。人与人之间的适当关系，每天都在慢慢变化，如果当事人自己粗心大意，遇到必须选择某些行动时，就很容易犯错了。

因此，随着择善而来的要求有二：

（一）经常反省自己与别人之间的适当关系

曾子所云："吾日三省吾身：为人谋而不忠乎？与朋友交而不信乎？传不习乎？"[①]（《论语·学而》）即是例证。若是缺少这种功夫，连"善"都分辨不清楚，行为自然不易适当合宜了。

（二）经常以行动保持人我之间的适当关系

这一点在今天人际交往又快又多的情形下，特别值得注意。因此，首先必须分辨：在我一生中，哪些人最为重要？于是，家庭亲人，从父母、夫妻、子女、兄弟姐妹，再到朋友、同学、同事等，就列出一张表了。其次，有些关系是以天生的血缘为基础，恒在而稳定，使我们没有后顾之忧，可以专心向外建立新的关系，求得人间各种成就。这时所要考虑的是本末轻重。孔子说："父母在，不远游；游必有方。"（《论语·里仁》）第一句是原则，第二句是变通。只重原则，则个人生命可能受到限制；只重变通，则又容易忘本。如何兼顾呢？试举一例说明。

我的母亲在五十岁时因病而半身不遂。我当时忙着自己的工作，为了成家立业，出国念书，回国教书，直到领悟儒家的哲学，才明白孝顺的重要，如孟子所说："惟顺于父母可以解忧。"（《孟子·万

---

① 这句话的意思是，曾子说："我每天好几次这样省察自己：为别人办事，没有尽心尽力吗？与朋友来往，没有信守承诺吗？传授学生道理，没有印证练习吗？"

章上》）孝顺是善行之一，那么我如何实践呢？我内心有强烈的感受想要表达，但是母亲的期许如何？也就是：我该怎么做，才能使母亲快乐？

我一向心直口快，有了问题非解决不可。于是当面请教母亲：您希望我怎么做？母亲沉吟不语。我随即提议：往后增加奉养父母的生活费，如何？她说：钱再多又有什么用，我又不能花？的确，她每天躺在床上，日常生活的要求极少，对于金钱也就不太在意了。我再提议：物质方面既然无效，精神方面呢？譬如，古人说："扬名声以显父母"，也是孝顺。母亲说：你扬名声固然很好，但是别人又不知道我是你的母亲。的确，除非在熟识的朋友中得到肯定，否则名声无异于过眼烟云。古人说："富贵不还乡，如衣锦夜行。"穿着锦衣，白天才有光彩；富贵之后，乡亲的赞美也最值得安慰。

然而，我的孝心竟无表达的机会吗？母亲想了一想，最后说："你要让我快乐，就陪我打麻将。"于是，每逢周日，只要没有特别的事，我就回家陪父母打麻将去了。这种家庭麻将既可满足母亲的期许与我的内心感受，又不至于违背社会规范，因此成为我尽孝的途径。

上了牌桌，看到母亲忘记自身的病痛，精神大振异于平日，兴高采烈的样子，我终于明白儒家的智慧。这是通权达变，天下没有两个人是一样的，因此任何伦理规范都会有些弹性，只要自己有此心意，同时又不影响社会大众的和谐生活，何必拘泥于固定的教条呢？

我举个人的例子来说明，是想指出：善恶不在于事情本身，而在于行动者的动机以及他与相关对方的关系是否得到适当的发展。想不到“打麻将”居然成为我个人尽孝的途径。我的途径未必是别人可以效仿的。因此，每一个人都需学习及反省，以便找到自己尽忠、尽孝、尽义、尽礼等之途径。

固执与变通

择善之后，还要固执。固执就是坚持原则，绝不妥协。但是，前面在谈“择善”时，一再强调通权达变，现在又如何自圆其说？答案是：固执所坚持的是自己内心的真实感受，而不是行为的外在表现方式。譬如，我坚持对父母的孝心，但是表现方式却要依实际情况而定。择善是针对具体表现方式而言，固执是针对内心感受而言，两者相辅相成，并不矛盾。

孟子遇到类似的挑战。有人问他：“嫂溺，则援之以手乎？”（《孟子 · 离娄上》）古人的礼规定叔嫂不通问，那么嫂嫂不幸落水时，做小叔的能否伸出援手？若孟子说不可，则未免太狠心，不像平常倡言仁义的样子；若孟子说可以，又显然违背当时的礼教。看似左右为难，其实十分简单：任何女子落水，我都应该伸出援手，救人第一。如果嫂嫂落水而坐视不管，简直就是豺狼野兽，毫无人性了。

孟子强调“执中”，执中与“执一”不同。执一是“举一而废百”，因噎废食。执中，则是“有权”，要权衡轻重，以便选择合宜之途。人性是向善的，所以人心会对别人的遭遇感受不安与不忍。接着需要行动，以便化解不安与不忍。这就是择善了。固执的意义并非顽固不知变通，却是“勇于实践”。任何实践都需要勇气，在道德领域更是如此。没有勇气，当然谈不上坚持什么原则了。

孔子认为人性虽然向善，但是长期而有恒的行动显然才是成为善人的必经之路。他说：“善人，吾不得而见之矣，得见有恒者，斯可矣！”[①]（《论语·述而》）所谓“有恒者”，正是有恒于行善之人。何以需要有恒？他的比喻生动自然。他说：“苗而不秀者，有矣夫；秀而不实者，有矣夫！”（《论语·述而》）有的树苗长高了，却不开花；有的开花了，却不结果。如果不到结果的程度，这棵树苗的存在实在是浪费了。人的生命亦然，不能坚持行善避恶，就是为德不卒，活着就是侥幸，没有意义可言，十分可惜。

孔子又说：“岁寒，然后知松柏之后凋也。”（《论语·子罕》）天气真正冷了，才会发现松树与柏树是最后凋零的；一般人在平常的日子看不出善恶，一定要到“造次、颠沛”[②]（《论语·里仁》）时，面临重大挫折与困难时，才知道谁是小人，谁是君子。我们常说：“家贫出孝子，国乱显忠臣。”正是因为考验之严苛，才凸显出人格的特

---

① 这句话的意思是：善人，我是没有机会见到了；能够见到有恒的人，也就不错了。

② 本章的全文是：“富与贵，是人之所欲也；不以其道得之，不处也。贫与贱，是人之所恶也，不以其道得之，不去也。君子去仁，恶乎成名？君子无终食之间违仁，造次必于是，颠沛必于是。”意思是：富有与尊贵，是每一个人都想要的；如果不依正当的途径加于君子身上，他是不会接受的。贫穷与卑微，是每一个人都讨厌的；如果不依正当的途径加于君子身上，他是不会逃避的。君子如果离开了人生正途，凭什么成就他的名声？君子不会有片刻的时间脱离人生正途，在匆忙急迫时坚持如此，在危险困顿时也坚持如此。

质。朋友来往，也只有在患难时，才看得出真正的交情。

为了达到这种要求，孟子提议“集义”与“养气”。集义是指：做任何事，不论大小，都须符合内心的指示，不必在乎外在的评价或得失。久而久之就会产生“浩然之气”。他的描述令人神往。“其为气也，至大至刚，以直养而无害，则塞于天地之间。”（《孟子·公孙丑上》）何以如此？因为人的内心充满自信，俯仰无愧，坦荡荡无所求于外，自然觉得一股力量支持自己，源源不绝，生生不息。

集义与养气到达一定程度之后，就可以体会孟子所说的：“万物皆备于我矣。反身而诚，乐莫大焉！强恕而行，求仁莫近焉！”（《孟子·尽心上》）“万物皆备于我”，是指内心自有主宰，自得自信，无待于外，可以超越于名利权位、成败得失之上，显示自由的境界。“反身而诚，乐莫大焉”，是指回归内心，看见自己一向忠于指示，行善避恶，符合“向善”的天性，不愧于一个人的身份，快乐由此源生。事实上，孔子与颜渊的“快乐”也都是相同的，就是：努力实践自己该做的事，不去计较其他问题，由此所生的自得之乐，可以维持终身。

至于“强恕而行，求仁莫近焉”，是说：若要实现人之向善本性，就须努力将心比心，推己及人，既考虑自己的感受，又注意对方的期许，然后选择的行为方式，虽不中亦不远矣。在此，“强恕”二字，也有坚持、固执、勇敢的含义。由择善到固执，确实是儒家所主张的人生正途。

儒家的价值观

在探讨了“择善固执”的道理之后，我们还须明白儒家有一套完整的价值观，可以作为人生的蓝图。以下我将充分引用儒家的资料来描述，因为它代表了我二十多年来的研究心得。若在阅读上感觉压力，仍请耐心坚持下去。

价值观是人在自由抉择时所呈现的，环绕着“自我”的生命而展开。自我在生命的不同阶段，会选择不同的价值。所谓不同阶段，大致有三：一是以自我为中心，顺着本能的需要，表现为生存与发展；二是注意自我与他人的互动，讲究礼法与情义；三是超越自我，走向无私与至善。儒家价值观一方面肯定这三个阶段，另一方面强调由下而上的提升。以下分别说明之。

自我中心阶段：生存与发展

首先，古人的一般观念是：“饮食男女，人之大欲存焉。”（《礼记·礼运》）“食色，性也。”（《孟子·告子上》）这是常识，也是基于经验的观察，更是人的本能需要。儒家并不反对人的生存本能，而是要增益其内涵。孔子感叹：“吾未见好德如好色者也。”（《论语·卫灵公》）好色是本能，好德则须教育与功夫。他又提醒人们血气造成的问题，要以“色、斗、得”（《论语·季氏》）为戒。孟子遇到齐宣王时，后者也坦白承认自己有三大毛病：“好色、好勇、好货。”(《孟子 · 梁惠王下》)这与孔子的劝诫正好相互呼应。

本能的过度扩张固然不好，但是本能的适度满足却是不可或缺的。孟子说：“养生丧死无憾，王道之始也。”(《孟子 · 梁惠王上》)王道必须建立在妥善的经济规划上，初步目标是：“五十者衣帛，七十者食肉，黎民不饥不寒。”(《孟子 · 梁惠王上》)即使是孔子，也需要最基本的生活条件：“饭疏食饮水，曲肱而枕之。”(《论语 · 述而》)颜渊再怎么清苦，也需要“一箪食，一瓢饮，在陋巷”(《论语 · 雍也》)。他们与一般人的差别在于：“谋道不谋食”“忧道不忧贫”。(《论语 · 卫灵公》)

什么是道？简单说来，就是在价值上不断向上提升的过程。儒家的价值观十分明确，所以遇到抉择时不会犹豫。孔子谈到政治时，认为对于百姓，要依序“庶之，富之，教之”(《论语 · 子路》)，就是繁衍人口、增加生产，再进展到教育。孟子说得更直接：“饱食暖衣，逸居而无教，则近于禽兽。”(《孟子 · 滕文公上》)人如果吃饱穿暖，每天安逸生活而没有接受教育的话，就与动物相差不远，因此人之所以为人的关键在于“教”。教的第一步，则是有关“发展”的原则。

所谓“发展”，是指个人在社会上的成就，富贵可以作为代表。孔子说：“富与贵，是人之所欲也。”相对于此，“贫与贱，是人之所恶也。”(《论语 · 里仁》)他本人并不反对富贵，他说：“富而可求，虽执鞭之士，吾亦为之。”[①](《论语 · 述而》)只要手段正当，不妨各

---

① 本章的全文是：“富而可求，虽执鞭之士，吾亦为之，如不可求，从吾所好。”意思是：财富如果可以求得，就算在市场担任守门人，我也去做；如果无法以正当手段求得，那么还是追随我所爱好的理想吧。

逞其能。然而，人间富贵无法脱离政治环境。国家有道，正人君子才能出头，否则大有问题："邦无道，穀，耻也。"（《论语·宪问》）"邦无道，富且贵焉，耻也。"（《论语·泰伯》）

然而，有道与无道的判断标准何在？在客观上不易认定，譬如孔子与孟子都曾周游列国，求为可用，最后都难免于失败与失望。因此，思考的焦点回到自己身上，提出"见利思义"（《论语·宪问》），"见得思义"（《论语·季氏》）的原则。国家有道、无道可以姑且不论，因为"赵孟之所贵，赵孟能贱之"[①]（《孟子·告子上》）就是强调个人的处世态度必须坚定，由此作出价值判断，譬如："君子喻于义，小人喻于利。"[②]（《论语·里仁》）"君子怀德，小人怀土；君子怀刑，小人怀惠。"（《论语·里仁》）小人是凡民，所关心的是"利、土、惠"（利益、产业、利润）这些个人的所得；君子是上进之人，注意"义、德、刑"。在此，"刑"可以理解为下一阶段所谓的"礼法"（规范），而"义、德"则属于"情义"的范畴了。

人我互动阶段：礼法与情义

人与人互动时，不能没有行为规范。最基本的要求是"法"，较高尚的安排是"礼"。儒家兼顾二者。孟子说："徒善不足以为政，

---

① "赵孟"是晋国正卿及其后代的称呼，代表有权的高官，他可以使人变得富贵，也可以使人沦于贫贱。孟子的意思是：我们不必看人脸色，随人俯仰，而自己毫无原则。

② 这句话的意思是：君子能够领悟的是道义，小人能够领悟的是利益。

徒法不能以自行。”（《孟子·离娄上》）他认为善与法是相辅相成的。孔子则重礼而轻法，“道之以政，齐之以刑，民免而无耻；道之以德，齐之以礼，有耻且格”[①]（《论语·为政》）。合而观之，礼与法可以并称，都是教育的初步内容。

孔子说：“不学礼，无以立。”（《论语·季氏》）立身处世，不能不知礼。在有关“好礼与好色孰重？”“好礼与好食孰重？”（《孟子·告子下》）这两个问题上，孟子的立场很清楚，是礼胜于食与色。子贡想要省去祭祀时的牺牲，孔子说：“尔爱其羊，我爱其礼。”[②]（《论语·八佾》）礼不是物质或财货可以替代或衡量的。如果礼出了问题，像季氏“八佾舞于庭”，孔子就会说：“是可忍也，孰不可忍也！”[③]（《论语·八佾》）因为人间秩序与分位大乱，国家也将陷于覆亡。孔子谈到“益者三乐”时，说：“乐节礼乐，乐道人之善，乐多贤友。”[④]（《论语·季氏》）其中以“节礼乐”为首。他对颜渊说

---

① 这句话的意思是：以政令来教导，以刑罚来管束，百姓免于罪过但是不知羞耻。以德行来教化，以礼制来约束，百姓知道羞耻还能走上正途。

② 本章的全文是：子贡欲去告朔之饩羊。子曰：“赐也！尔爱其羊，我爱其礼。”意思是：子贡想要废除告朔之礼所供的活羊。孔子说：“赐啊！你不舍得那只羊，我不舍得那种礼。”古代天子每年颁告诸侯历法，诸侯依其规定每月初一（朔）必须告朔于祖庙，以示尊君与上告祖先。孔子不舍的原因是，羊为告朔礼的一部分，如果去掉，就等于告朔礼的消失，而君臣之间的适当关系也就更为模糊了。

③ 本章的全文是：孔子谓季氏八佾舞于庭：“是可忍也，孰不可忍也。”意思是：季氏在家庙的庭前，举行天子所专享的八佾之舞。孔子评论这件事时，说：“如果这可以容忍，还有什么是不可容忍的！”

④ 本章的全文是：“益者三乐，损者三乐。乐节礼乐，乐道人之善，乐多贤友，益矣。乐骄乐，乐佚游，乐宴乐，损矣。”意思是三种快乐有益，三种快乐有害。以得到礼乐的调节为乐，以述说别人的优点为乐，以结交许多良友为乐，那是有益的。以骄傲自满为乐，以纵情游荡为乐，以饮食欢聚为乐，那是有害的。

"克己复礼为仁"，又说"非礼勿视，非礼勿听，非礼勿言，非礼勿动"(《论语·颜渊》)，可见殷切叮咛之意。不仅如此，许多品德如果少了礼的节制，将出现后遗症。譬如："恭而无礼则劳，慎而无礼则葸，勇而无礼则乱，直而无礼则绞。"[①]（《论语·泰伯》）

不过，礼不只是典礼仪式或教条形式而已，它必须植根于一个人内心的情感，亦即"仁"。如前所述，"仁"是自觉与感通。自觉是指人自觉为道德实践的主体，可以抉择而且必须为自己的抉择后果负责。感通是指人体认自我与他人之间，有密切而对等的关系，由此开展出情与义。

这个层次的特征是尊重别人与要求自己，由此可以促使人际关系安定和谐。孔子说："言忠信，行笃敬，虽蛮貊之邦行矣。"(《论语·卫灵公》）又说："居处恭，执事敬，与人忠，虽之夷狄，不可弃也。"[②]（《论语·子路》）这两句话表示天下各民族的人心都是相似的。他的学生引申说："君子敬而无失，与人恭而有礼，四海之内，皆兄弟也。"(《论语·颜渊》）由此可见，礼法与情义是人类社会普遍认同的价值。

情义的位阶较高，因为它是出于人性并且是礼法的内在依据。孔子说："君子义以为上。"(《论语·阳货》）君子"义以为质，礼以

---

① 意思是：一味谦恭而没有礼的节制，就会流于劳倦；一味谨慎而没有礼的节制，就会显得畏缩；只知勇敢行事而没有礼的节制，就会制造乱局；只知直言无隐而没有礼的节制，就会尖刻伤人。

② 这两句话的意思分别是："说话真诚而守信，做事踏实而认真，即使到了南蛮、北狄这些外邦，也可以行得通。""平时态度庄重，工作认真负责，与人真诚交往。即使到了偏远的落后地区，也不能没有这几种德行。""貊"音"莫"。

行之，孙以出之，信以成之”[①]（《论语 · 卫灵公》）。这个“义”兼指内在自觉该做之事及外在合宜的行为方式。《大学》有云：“为人君，止于仁；为人臣，止于敬；为人子，止于孝；为人父，止于慈；与国人交，止于信。”由此可知，每一种角色都有预定要达成（“止于”）的目标。情义因角色而有不同要求，因此首要原则是“恕”，不但“己所不欲，勿施于人”，而且“推己及人”，处处设想人我之间的适当关系应该如何安顿。

超越自我阶段：无私与至善

孔子与子路、颜渊谈到志向时，提供了颇有深意的参考架构。子路的志向是：“愿车马衣裘，与朋友共，敝之而无憾。”这是重视情义胜于财物。颜渊期许自己：“无伐善，无施劳。”这是化解自我的执着，朝着无私的目标前进。孔子呢？他说：“老者安之，朋友信之，少者怀之。”[②]（《论语 · 公冶长》）这就更进一步，以无私的努力为过程，希望达到至善的效果，就是天下大同。

---

① 意思是：君子以道义为内心坚持的原则，然后依合礼的方式去实践，用谦逊的言辞说出来，再以诚信的态度去完成。

② 本章的全文是：颜渊、季路侍。子曰：“盍各言尔志？”子路曰：“愿车马衣裘，与朋友共，敝之而无憾。”颜渊曰：“愿无伐善，无施劳。”子路曰：“愿闻子之志。”子曰：“老者安之，朋友信之，少者怀之。”意思是：颜渊与子路站在孔子身边。孔子说：“你们何不说说自己的志向？”子路说：“我希望做到：把自己的车子、马匹、衣服、棉袍，与朋友一起用，坏了都没有一点遗憾。”颜渊说：“我希望做到：不夸耀自己的优点，不把劳苦的事推给别人。”子路说：“希望听到老师的志向。”孔子说：“使老年人都得到赡养，使朋友们都互相信赖，使青少年都得到照顾。”

孔子对颜渊的评价高于子路，是因为他以无私为努力目标。“无私”除了从“恕道”出发，是人人可以效仿的之外，常常需要特定的凭借，才能得到印证的机会。譬如，在儒家的描述中，圣王或贤相的作为比较可能显示这种成就。孟子认为，文王发政施仁，必自“鳏寡孤独”（《孟子·梁惠王下》）四者着手。“禹思天下有溺者，由己溺之也；稷思天下有饥者，由己饥之也。”（《孟子·离娄下》）这种“人饥己饥，人溺己溺”的情怀，特别容易在统治者身上表现出来。孟子又说：“乐以天下，忧以天下，然而不王者，未之有也。”[①]（《孟子·梁惠王下》）

统治者可以“视民如亲”，一般人可以“老吾老以及人之老，幼吾幼以及人之幼”。这种观点，一方面肯定儒家“爱有差等”的原则是基于人性的情义要求，另一方面也强调无私是人群社会的崇高理想。如果有人在实际成效上造福大多数百姓，就会得到孔子的充分肯定。最鲜明的例子是管仲，当子贡与子路严词批评管仲时，孔子竟然为管仲辩护，他的理由很简单：一、没有管仲，我们早就被夷狄所亡，丧失了文化传统，不再拥有合宜的价值观与生活方式；二、管仲使春秋初期免于兵车战祸，可以说是“民到于今受其

① 这整段话的意思是：禹负责治水，稷负责农耕，他们二人想到天下有人溺水或挨饿，就“好像”是自己在害人似的。他们把别人的挨饿与溺水当成自己在挨饿与溺水。因此能以天下人之乐为自己的乐，以天下人之忧为自己的忧，这样的人还不称王天下，那是不可能的事。

赐”[1]（《论语·宪问》）。当然，管仲本人并非“无私”之人，但是他的作为却泽及苍生，在一定程度上有了无私之效果。

圣王的无私成效是有目共睹的。以舜为例，孟子说：“大舜有大焉，善与人同，舍己从人，乐取于人以为善”“君子莫大乎与人为善”。（《孟子·公孙丑上》）凡是这一类的表现，都可以用“民无能名焉”“民无得而称焉”来描述。

不过，要从无私抵达至善，却是不容易的挑战。孔子说过两次“尧舜其犹病诸”，意思是：连尧舜都觉得遗憾的事。什么事呢？一是“修己以安百姓”（《论语·宪问》），二是“博施而能济众”（《论语·雍也》）（普遍照顾百姓又能实际帮助众人）。孔子前面说过的志向，不也是如此吗？或许我们可以说：无私是至善的过程，至善是无私的目标；然后，人生在世总是可以日新其德，因而也不可能真正止于至善。换言之，圣人之忧与圣人之病，毋宁是自然的与必然的。

儒家有些说法不易理解，因为描述的正是至善之境。这些描述的特色是：不再局限于人的世界，而是把天地万物连贯为一个整体。譬如，孟子说：“君子所过者化，所存者神，上下与天地同流。”[2]

---

① 本章的全文是：子贡曰：“管仲非仁者与？桓公杀公子纠，不能死，又相之。”子曰：“管仲相桓公，霸诸侯，一匡天下，民到于今受其赐。微管仲，吾其被发左衽矣。岂若匹夫匹妇之为谅也，自经于沟渎而莫之知也！”意思是：子贡说：“管仲不算行仁的人吧？桓公杀了公子纠，他不但没有以身殉难，还去辅佐桓公。”孔子说：“管仲辅佐桓公，称霸诸侯，一举而使天下得到匡正，百姓到今天还在承受他的恩惠。如果没有管仲，我们可能已经沦为夷狄，披头散发，穿着左边开口的衣襟了。他难道应该像坚守小信的平凡人一样在山沟中自杀，死了还没有人知道吗？”

② 这里所谓的“君子”，已是圣人境界。他经过之处，人们受到感化；他停留之处，所起的作用更是神秘莫测；他上与天、下与地同时运转，充满无穷的生命力。

(《孟子 · 尽心上》) 我们之前提过孟子所谓的“浩然之气”，是指“其为气也，至大至刚，以直养而无害，则塞于天地之间”[①]（《孟子 · 公孙丑上》）。《易传》说：“大人者，与天地合其德，与日月合其明，与四时合其序，与鬼神合其吉凶，先天而天弗违，后天而奉天时。”[②]《中庸》说：“致中和，天地位焉，万物育焉。”又说“唯天下至诚，为能尽其性”，接着是“尽人之性”“尽物之性”“赞天地之化育”“与天地参”[③]。这一系列描述的依据，是儒家“天人合德”的观念，彰显了价值观的究竟真相。

如果这时再思考：儒家价值观只是一套人文主义吗？答案很清楚，不只是如此。孟子谈到“善、信、美”之后，继续宣称：“大而化之之谓圣，圣而不可知之之谓神。”[④]（《孟子 · 尽心下》）“圣”代表无私与至善，“神”就“不可知之”了。儒家价值观从生存出发，一路上升到不可知之的妙境，其中系统之连贯性与完整性，值得我们省思与取法。

---

① 意思是：这种气，最伟大，也最刚强，用正义去培养它，一点也不加阻碍，就会充满上下四方，无所不在。

② 意思是：完美人格的大人，他的美德可配天地，贤明可比日月，政教法令如四时有序，察知吉凶有如鬼神，在征兆之先采取行动，而能与天道配合，在秉承天道之后采取行动而能顺合天时。

③ 如果人人都做到适中与和谐，天地就会安居其位，万物也将繁荣滋长。然后，只有天下真诚至极的人，能充分实现他的本性潜能，由此再让众人充分实现其本性潜能，然后让万物也充分实现其本性潜能，最后可以有助于天地的化育，并与天地共襄盛举，鼎足而三。

④ 这整段话的用意是要区分人生修养的六个阶段，就是“可欲之谓善，有诸己之谓信，充实之谓美，充实而有光辉之谓大，大而化之之谓圣，圣而不可知之之谓神”。意思是：人心所欲求的，称作善；善在自身得以实现的，称作真；充分实现善而无任何缺失的，称作美；充分实现善并且彰显光辉的，称作大；光辉照人又能化民成俗的，称作圣；由圣再到无法思议的境界的，称作神。

结论：人生的横向与纵向

在存在主义哲学家雅斯贝尔斯的评选中，孔子是人类历史上的“四大圣哲”之一，与释迦牟尼、苏格拉底、耶稣并列齐名，对世人的影响至为深远。当我们由文化传统的内部，省思孔子所抵达的成就时，可以进而就人生的横向与纵向，来说明孔子之所以成为圣哲的理由。

孔子的一生：指向无限而圆满的上升弧线

人生的“横向”，是指人生随着年龄而经历生老病死的过程。人生是由许多当下的刹那所组成的，能够活在眼前这一刹那而同时联系起过去与未来，其实正是人类理性的独特功能。无此功能，即不足以为人。西方主张“人是理性的动物”，意在于此。但是，大多数人一旦找到一条习惯性的生活轨道，就以不断重复的方式过日子。一方面重复祖先与前人的行程，另一方面重复自己所习以为常的生活方式，结果则是忽略或遗忘了每一个人内在的、具有丰富潜能的心灵世界。圣哲所立的表率，其实即是“尽其可能去开发与实现人的潜能”。

于是，孔子的一生有如一条上升的弧线，指向无限而圆满的境界。他说：“吾十有五而志于学，三十而立，四十而不惑，五十而知天命，六十而（耳）顺，七十而从心所欲不逾矩。”（《论语 · 为政》）

他的生命成长是阶梯式的。早期的一个“学”字，使他领悟在他之前一千多年的古人智慧结晶，经由“温故而知新”（《论语 · 为政》）的功夫，推陈出新，可以在一个危机时代中“承礼启仁”，为社会重新建立价值系统，让人人可以由真诚而自觉道德人格的可贵，借此建构一套可大可久的人文主义。他的人文主义是开放的，向着“天”开放，而这一点是我们稍后将会说明的“纵向”的一面。所谓“纵向”，是指生命可以摆脱时代与环境的局限，朝着信仰的对象（超越界）作无限的提升，即使为此而牺牲生命，亦在所不惜。孔子生命的上升弧线，就是横向与纵向搭配得宜的成果。

（一）三十而立

孔子从三十岁以后，每隔十年就上升一阶。其方向是由外而内，由人而天，最后则是天人合德。“立”是可以在人群社会中立足，有职业养家活口，也依礼仪而出处进退。

（二）四十而不惑

“不惑”是对于人间一切事理皆了然于心，明白因果关系，也知道痛苦与罪恶在人间难以避免，以及怎样才是合理的因应态度。当孔子在说“兴于诗，立于礼，成于乐”[①]（《论语·泰伯》）时，显然体认了诗可以让人“兴、观、群、怨”[②]（《论语·阳货》），以及完美的

---

① 这句话的意思是：“启发上进的意志，要靠读诗；具备处世的条件，要靠学礼；达成教化的目标，要靠习乐。”

② 整章原文是：子曰：“小子何莫学夫诗？诗，可以兴，可以观，可以群，可以怨；迩之事父，远之事君；多识于鸟兽草木之名。”意思是：同学们为什么不学诗呢？学诗时，可以引发真诚心意，可以观察个人志节，可以感通群众情感，可以纾解委屈怨恨。学了诗，以近的来说，懂得如何侍奉父母；以远的来说，懂得如何侍奉君主。此外，还会广泛认识草木鸟兽的名称。

乐曲可以让人“三月不知肉味”[①]（《论语·述而》）。换言之，“不惑”一词除了表示理性通明之外，还包括情绪上的调和，可以“发而皆中节”（《中庸》）（情绪适当地发之于外）。因此孔子感情丰富、时常真情流露，却又适可而止，或者以诗乐作适当的调和。

（三）五十而知天命

接着，“知天命”是一个转折点。他在此时理解了：人生的意义不可能脱离“天命”而得到肯定。所谓“天命”，是指天之所命，那么何以知道是天在下令？当人体察内心有一种使命感时，他必须辨明：此一使命来自何处？如果不是来自于社会人群，也不是来自于自己的一厢情愿，那么就有“可能”是天命了。譬如，国家有如一辆游览车，载着人民前往风景区游憩。车行途中，忽然司机（指天子）心脏病发倒下或者饮酒作乐不专心开车，以致此车险象环生。那么试问：谁有“使命”继续开车？此人不可由群众推举，因为受群众欢迎者未必懂得开车；也不可由自恃身强体壮、财富过人者来开车；合格的人只有那“真正懂得开车，并且知道目标何在的人”。孔子身为当时最卓越的知识分子，在五十岁时自认为“知天命”，就是相信自己的“命运”已经转化为“使命”，并且是天赋予他这种使命的。若非如此他又何必以“老者安之，朋友信之，少者怀之”为

① 整章的原文是：子在齐闻《韶》，三月不知肉味，曰：“不图为乐之至于斯也。”意思是：孔子在齐国聆听《韶》乐的演奏，有相当长的一段时间食肉而不知其味，于是他说：“想不到制作音乐可以达到这么完美的地步。”

毕生志向？这是古代天子的职责啊！后来孟子谈到孔子时，也说：处于乱世之中，“夫子惧，作《春秋》。春秋，天子之事也。”①（《孟子·滕文公下》）不仅如此，从“人性向善论”的立场看来，孔子其实肯定人人皆有“天命”，就是觉察内在的向善力量，再由择善固执而走向至善。这不是每一个人的天赋使命吗？在“知天命”之后，接着是“畏天命”（《孔子·季氏》），亦即以敬畏之心奉行天命。

（四）六十而（耳）顺

我特别对“耳”字存疑，相关说明详见本书第八章 251 页注①。孔子这时所顺者，正是五十所知的天命。孔子从五十一岁起，先是从政为官，后则周游列国，所作无非“顺天命”；他最后两度遭逢生命的危险时，毫不犹豫地宣示他的信念。他说：“天生德于予，桓魋其如予何？”又说：“天之未丧斯文也，匡人其如予何？”这种信念清楚显示他认定自己所作所为是“顺天命”。（相关说明详见第八章 253 页注①）

（五）七十而从心所欲不逾矩

进至最后一阶，则是“从心所欲不逾矩”。“矩”包括礼与法之类的规范，在古人眼中，其来源是“天”，如《左传·文公十五年》说：“礼以顺天，天之道也。”孔子在从心所欲时，皆不违背天所要求

---

① 这句话的意思是：孔子看到天下大乱而心中忧惧，就撰写《春秋》对历史事迹作明确的评论，称赞善人而批评恶人，使乱臣贼子感到害怕。像这种类似审判善恶的作为，原是天子的职责啊。

的规范，这是“天人合德”的具体表现。如果配合孔子的自述——“其为人也，发愤忘食，乐以忘忧，不知老之将至云尔”（《孔子·述而》）[①]——来看，我们可以断定孔子是“乐天”的。于是，在人生的纵向上，孔子所示范的是：知天、畏天、顺天、乐天。这是一套开放的人文主义，它在肯定人的尊严时，不忘提醒人无限开展其上升潜能，直到止于至善，亦即天人合德之境。

孔子双向合一的人生历程，值得我们认真学习。人生难免有些无可奈何的命定条件，但是只要立定志向就可以从自我认识，走向自我成长的路途，亦即随着岁月而登上人生的更高境界。外在的成就也许属于命运，但是人格的修养则是个人的使命所在。体认了人性向善之后，就能择善固执，以求止于至善。

在此一横向发展的过程中，不可忽略个人信念在纵向上的终极关怀，意即孔子对天（超越界）的深刻信仰。唯其如此，人可以化解穷达顺逆的困扰，并且无惧于死亡的威胁，然后怀着希望继续走在人生正途上。孔子的人文主义曾经启发了历代千千万万的读书人与平民百姓，今后也将一直对全体人类提供珍贵的启示。

---

① 本章的全文是：叶公问孔子于子路，子路不对。子曰：“女奚不曰：‘其为人也，发愤忘食，乐以忘忧，不知老之将至云尔。’”意思是：叶公问子路有关孔子的为人，子路没有回答。孔子说：“你为什么不这样说：‘他这个人发愤用功就忘记了吃饭，内心快乐就忘记了烦恼，连自己快要衰老了都不知道，如此而已。’”

第十章　道家的智慧

认识思想家

老子（约公元前571—前470）

又称老聃、李耳，春秋时期楚国苦县厉乡曲仁里人，是我国古代伟大的哲学家和思想家，道家学派创始人，存世有《道德经》(又称《老子》)。老子以“道”解释宇宙万物的起源与演变，“道”为客观自然规律，同时又具有“独立而不改，周行而不殆”的永恒意义。《老子》书中包括大量朴素辩证法观点，他的哲学思想和由他创立的道家学派，不但对我国古代思想文化的发展作出了重要贡献，而且对我国两千多年来思想文化的发展产生了深远的影响。

庄子（约公元前369—前286）

战国时哲学家，庄氏，名周（一说子沐）。宋国蒙（今河南商丘东北，一说今安徽蒙城县）人。做过蒙地方的漆园吏。庄子是我国先秦（战国）时期伟大的思想家、哲学家和文学家。原系楚国公族，楚庄王后裔，后因乱迁至宋国蒙，是道家学说的主要发展人。与道家始祖老子并称为“老庄”，他们的哲学思想体系，被思想学术界尊为“老庄哲学”，其文采更胜老子。代表作《庄子》，名篇有《逍遥游》《齐物论》等，庄子主张“天人合一”和“清静无为”。

儒家与道家的差异

在国际活动中与外国朋友来往时，常会发现他们喜欢道家胜过儒家，原因之一是他们认为儒家比较强调伦理学，重视道德修养，容易让人觉得有压力。每个人都清楚道德的重要，但这种要求却一辈子也做不完，因此谈到道德就会想到实践问题，随之引发个人的责任意识。

道家思想则是采取另外一个角度，强调智慧的觉悟与解脱。“智慧”一词听起来很美，意思则需要加以说明。传统上，当我们提到道家或老庄思想，一般人会认为是年长者（如老子），或失意的人（如庄子），学起来比较会有心得。如今应该打破这种观念，并且相信还有第三种可能，就是每个人都可以由之获得智慧的启发。

儒家承先启后，道家具革命性格

先就儒家与道家的区别来谈。

儒家的“儒”，是古代的一种行业，也就是说，古代有一群叫作“儒”的人。由此可知，儒家有其一定的传统，展现承先启后的立场。道家则具有革命性，因为它用“道”取代“天”，把“道”推到最高的位置。

任何一派哲学对于宇宙的真相或本体都必须有所论断，从这种对于本体的解说中，我们可以判定它是属于哪一种立场（如唯心论或唯物论、一元论或多元论，等等）。中国古代的传统思想是以“天”作为宇宙的最后根源，因此《诗经·大雅》中有所谓的“天生烝民，有物有则；民之秉彝，好是懿德”。然而，道家显然是把“道”当作宇宙的最后根源，就此而论，它是具有革命性的。

春秋时代许多人批评“天”，但是越批评，越反映出“天”原本具有的崇高地位，否则根本不值得批评。古人称帝王为“天子”，更是充分证明“天”在古人心目中是至高主宰。道家出现之后，以“道”代替“天”，而“天”则被降格为和“地”并称。“天地”并称指的主要是自然界，自然界本身保持一种均衡状态，问题也远比人类社会少。然而，自然界虽然自给自足，毕竟不是最后的根源，譬如老子一方面说：“天长地久”（《老子》七章）①，但同时也承认：“飘风不终朝，骤雨不终日”“天地尚不能久”（《老子》二十三章），意思是狂风不会吹一整个早上，暴雨也不会下一整天，即使天地的作为也未必持久。这说明自然界有它本身的限制，无法作为至高的存在。

在今日学习道家，正好可以对应现代人的心理需要。

人活在世界上，不能没有儒家作为指引，因为每一个人都是从家庭出发，然后进入社会，因而我们必须设法实践人与人之间适当的关系。如果离开儒家，可能会面临不知如何安顿自己，以及不知如何与人相处的问题。然而，如果只靠儒家，有时又会显得伸展不开。举例来说，我们有时觉得人与人之间的关系网络太过紧绷，好

① 有关老子的引文与注解，请参考《傅佩荣译解老子》（东方出版社出版）。

像无法摆脱这个时代的一般趋势。每天打开电视或报纸，不难发现这个时代并不可爱。对这个世界有所不满，一方面反映个人本身具有理想性，另一方面则印证了这个世界本来就是不完美的，因此有必要去启发与提升自己的心灵。

儒家是不分老少，每一个人都可以共同学习的，道家则有一个限制，就是它只适合成熟的心灵，并且需要自己亲身去体会，无法只靠别人的教导来觉悟。一个人如果能够体会道家的境界，就可以变得和老庄一样，一起品味他们的快乐。如果体会不到，也只能安于做一个平凡人了。

老子说："天下皆知美之为美，斯恶已；皆知善之为善，斯不善已。"（《老子》二章）他所持的是一种相对的价值观，认为世间所谓的美或善都是相对的。例如国际间选美比赛的第一名，往往不见得符合我们的审美观，这就说明美是相对的。当所有人都认为具备某种条件才算是"美"时，所谓的"不美"就出现了。如果没有选美活动，大家可能生活得比较愉快，因为每个人都会觉得自己总有一点值得欣赏的地方。一旦有了选美比赛，就开始人人自危，觉得自己好像不够标准。"善"也是如此，如果某人捐了一百万元给孤儿院，大家就说他是善人，那么似乎没有一百万元的人就无法成为善人了。如此一来，善岂不是与这些人隔绝了？老子的相对价值观，意在设法化解各种不必要的执着。

儒家以人为本位，道家超越人类本位

道家出现在春秋战国时代。当时是一个乱世，兵荒马乱，老百姓苦不堪言。当时的人必须思考的一个问题是："天下如此纷乱，如何才能化解？"儒家采取的路线是从政治上改革，但是道家认为这种方式，就像五十步笑百步[①]，未必有效。道家认为，在乱世里没有人可以幸免，想活下去，必须改变思维模式。

儒家的思考方式是以人类为中心，要从人的角度来设想，所以肯定我们要尊重及帮助别人，让人类社会可以永续发展。然而，以政治或教育的手段来改革人类社会，永远无法彻底成功，因为新一代不断出生，当旧的问题获得改善，又会有新的问题出现，永无止期。并且，由少数人努力去帮助多数人，效果必然有限。譬如，儒家强调教育必须普及，让每个人都接受适当与良好的教育，而这是很困难的事。因此，儒家思想推行到最后，常会让大家感到很沉重、很疲乏。就算把这一代改革好了，也不知道下一代会变成什么样子。

道家看透了这一点，他们认为以人为中心去思考人的问题，最后必定徒劳无功，不如换一个角度，那就是——超越人类本位。而要超越人类本位，首先必须顺其自然，尽量避免人为的造作，因为人为造作越多，麻烦也越多。所谓"法令滋张，盗贼多有"（《老子》

---

① 此句成语出自《孟子 · 梁惠王上》。某次两军交战，其中一方打败后，士兵落荒而逃。有人拼命跑，跑了一百步才停下来，有些人只跑了五十步就停下来。于是跑了五十步的人就笑跑了一百步的人说："你怎么那么没用？逃得那么远。"事实上，跑五十步和跑一百步的人都是在逃，远、近又有何差别呢？

五十七章），设计的法规越多，就有越多人会违法；相反，如果不订法令，自然没有所谓违法的问题，大家也可以过得更自在。这就好像前面所提到的，订出真、善、美的标准以后，就会有不真、不善、不美出现；反之，如果没有标准，每个人都可以开心自在，不用刻意做好事，因为没有所谓的好事可做；不用担心有没有面子，因为所要做的只是活着而已。

有些人以为庄子的主张是一种“植物人主义”，这其实是误解。道家的思想是要我们设法排除人类本位的想法，敞开眼界与心胸，从整个宇宙来看一切。只有当人不受时间与空间的拘束，心灵才可能自由逍遥。

道家是中国极为珍贵的精神资产，他们的思想带给人类不少启发。举例来说，现代人最关心的问题之一是环保，而因为老子所推崇的是一种顺其自然的态度，许多人就喜欢用他的思想来谈论环保。

关于这一点，我们认为：第一，只要环保对人类有益，那么借用老子的思想来鼓励环保，对老子而言应该也是何乐不为的事情。第二，老子本身所处的时代，问题不在环保，而在人间秩序瓦解，百姓无以为生，所以老子希望大家自我约束，学习简朴的生活。第三，老子主张不争、无为、顺其自然，让一切都保持“自己如此”的状态，而不用刻意去考虑任何人为的措施，连对环保也不例外。

在本书第四章探讨神话与悲剧时曾说过，上帝创造世界和人类，但是人类出现之后开始带来灾难。因为人类总是以自己为中心去改变自然界，改造到最后，自然界就开始反扑。老子看到了这一点，所以他认为，如果以人为本位，就会用人的聪明与能力去设法改造自然界，这就是人为的造作。一旦出现太多的造作，原本自然的会变成不自然，最后将出现灾难。因此，我们必须超越人类本位的想法，才能真正化解世间的问题。

老子的道

老子说："有物混成，先天地生。寂兮寥兮，独立而不改，周行而不殆，可以为天下母。吾不知其名，强字之曰道，强为之名曰大。"（《老子》二十五章）意思是说：有一种东西混沌一片（没有区分、看不清楚），它比天地更早存在。它的存在是独立的，从来不曾有任何改变，充满在宇宙万物之中，但却不会有任何损失。它可以作为一切的本源。我不知道这种东西的名字，只好称它为"道"，勉强形容的话，就说是"大"。换句话说，道只是一个勉强取的名字，很难解释它是什么。

《庄子·知北游》中有一段记载了庄子对道的看法：东郭子问庄子曰："所谓道，恶乎在？"庄子曰："无所不在。"东郭子曰："期而后可。"庄子曰："在蝼蚁。"曰："何其下邪？"曰："在稊稗。"曰："何其愈下邪？"曰："在瓦甓。"曰："何其愈甚邪？"曰："在屎溺。"这段话主要说明，庄子认为道无所不在，可能在蝼蚁里，可能在野草里，也可能在瓦片里，甚至可能在屎尿里。换言之，道无所不在；反之，如果整个宇宙没有了道，就无法存在了。

道是一切的起始（α）与归宿（ω）

想了解道家，首先要分辨“在”与“是”这两个字。试问道与万物之间是什么关系？道等于万物吗？如果我们说道等于万物，那就是认为道“是”万物。然而，在道家看来，道既是万物，却又不是万物，所以我们应该说道“在”万物，而不能说道“是”万物。如果道是万物，那么万物变化，道也必须跟着变化。而事实上，道是永恒不变的；反之，如果道在万物，那么就算万物变化，道仍然可以不受影响，维持不变。

道是一个名词，老子用它来形容宇宙万物的起始与终结。希腊文的第一个字母是 α，代表起始；最后一个字母是 ω，代表终结。西方有了这些字母，才能够构成文字；而有了文字，才能够发展思想。换言之，它代表了最根本的东西。所以我们可以说，道既是 α 也是 ω，它是宇宙万物的开始，也是宇宙万物的终结。也就是说，宇宙万物从道生出，最后回归于道。

人间问题来自“知”

宇宙万物原本应该保持平衡与和谐的关系，但是自从出现人类以后，开始产生各种战争和灾难。人间之所以会陷入混乱及痛苦，原因就在于人类的“知”出了问题。人类和其他动物的差别，在于人有卓越的认知能力，这种认知能力是自由的前提。如果我拥有自由，却无法认知，那么这个自由是虚幻的。相反，若现在无法认知、无法思考，那么根本就没有自由的问题，因为一切只能凭借本能。一旦能够认知，自由就可以运作，然后可以选择自己认为较好的事物。然而，我们认为好的，真是比较好吗？

为了说明这一点，必须先分辨什么是“知”。人类的知可以分为三个层次，由低至高是：以知为区分，以知为避难，以知为启明。以下分别加以解释。

（一）以知为区分：人对万物的关系

人对万物要加以区分，以此追求生活上的保障。譬如我们从小看书，书上会教人分辨：苹果与香蕉是水果，是可以吃的；老虎很危险，所以要避开。换言之，我们从小就开始学习区分，什么对自己有利，什么对自己有害，有利的要去争取，有害的要懂得逃避。这是很自然的，因为如果没有这种区分的话，人类的生命随时可能陷于危险。这样的区分是出于保护自己的本能。

然而，一旦区分就会产生问题，因为事物会开始出现贵贱的差别。举例来说：大家都知道黄金比石头好，所以路边的石头没有人会捡，但如果是黄金大家就抢着要；而钻石又比黄金更好，所以大家又更喜欢钻石。所谓物以稀为贵，越难得到的就越好。又好比说，总统的位置只有一个，所以有本事的人都想参选，但最终只有一个人会选上，而大多数人则会失望。如此分析之后可以发现，人一旦区分多了反而造成了心理上的错误期待，以为最贵重、最稀少的就是最好的，因此拼命去追求。过程中难免消耗生命的能量，而得到的结果却不见得是自己真正想要的，然后就会产生种种困扰。

英国作家王尔德（Oscar Wilde，1854—1900）曾说："人生只有两种悲剧，第一种悲剧是得不到我所要的，第二种悲剧是得到我所要的。"这句话可谓发人深省。譬如，我想考台大却失败了，这可以说是一种悲剧；但考上台大也是一种悲剧，因为我可能上了台大之后才发现，它并不如自己原先想象的那么美好，但已经耗费了中学六年的时间在追求这个目标。

（二）以知为避难：人与万物的关系

开始区分以后，人的世界就出现了问题，所以老子认为，第二步必须设法懂得避难之知，也就是要知道如何避开灾难。换言之，区分之时所要了解的是我"对"万物的关系，而现在则须了解我"与"万物的关系。"对"和"与"不一样，"对"是针对万物加以区分，让人可以活得下去，却也带来危机。"与"则是指区分清楚什么是危机之后，自己要懂得如何避开，这是第二步。

老子说过："知其雄，守其雌，为天下溪。为天下溪，常德不离，复归于婴儿。知其白，守其辱，为天下谷。为天下谷，常德乃足，复归于朴。"（《老子》二十八章）雄代表阳刚之气，也就是在社会上飞黄腾达；雌代表雌伏，也就是安静、退缩下来。整句话的意思是：知道雄强的好处，却守住雌柔的位置，这样可以作为天下的仆役（溪可做"奚"解释，古代指仆役）。作为天下的仆役，就不会离开恒久的德，再由此回归婴儿的状态。知道光明的好处，却守住暗昧的位置，这样可以作为天下的山谷。作为天下的山谷，才可以满足恒久的德，再由此回归真朴的状态。

我们可以看到，在今日社会中，人才往往比较短命，而且活得很辛苦；相反，那些自由自在如同闲云野鹤的人，则活得比较长久。这说明在社会上越是受到肯定，压力就越大。老子了解这一点，所以提醒大家，知道什么是光彩，就要守在屈辱的地方，避免和别人竞争。一旦和别人竞争，即使赢了，恐怕受到的伤害更大。换言之，人要懂得退让和保全，才能活得安稳。

其实就连孔子也认为说真话要看情况，他说："邦有道，危言危行；邦无道，危行言孙。"（《论语 · 宪问》）意思是说，国家上轨道时，说话和行为都要正直，好人不会被陷害；然而，当国家不上轨道时，行为可以正直，说话却不能直接，而要婉转谦虚，否则立刻会有灾难。如果一个人努力修养到某种程度，却因为挺身说话而粉身碎骨，有时候根本毫无意义。生命应该活得有意义，如果明知有一个陷阱，还要跳下去，这是连孔子都反对的。

春秋时代齐国内乱，两方争斗，当时管仲追随公子纠，最后公子纠失败，很多追随者都跟着自杀了。但是管仲不但没有自杀，还跑去投靠公子小白。公子小白就是齐桓公，而管仲后来还当了宰相。孔子的学生批评管仲这种行为，孔子却替管仲反驳："难道你们希望管仲和别人一样，在山沟里自杀，死了都没有人知道吗？"也就是说，难道要因为跟错了人就自杀吗？这不算道义。我们应该要忠于群体的福祉，而不是忠于个人，应该为国家和百姓服务，而不是盲目地忠君。

（三）以知为启明：由道来观看一切

“知”要从区分、避难，再到启明，这一步是最难的。启明就是“道我一致”，不再从自己，而是从道来看这个世界。道是宇宙万物的开始和结束，它也是无所不在的。人该如何与道结合？这需要下一些功夫。一般人都是从自己的角度和背景来看世界，如此难免造成各种纷乱。如果从道来看世界，那么就是无所不包，所看到的一切不再是以前所见的狭隘范围，心胸自然立刻开阔起来。

通过一般人耳熟能详的“塞翁失马，焉知非福”的成语典故，可以了解这个道理。

“塞”是指小山，小山上住了一个老翁，有一天他家里不见了一匹马，邻居跑来安慰他，老翁反而说：“我丢了一匹马，怎么知道不是一件好事？”邻居听了感到不可思议，怎么会有人认为马不见了是好事？自讨没趣之后就回去了。隔了几天，这匹马回来了，而且还带回一群野马，老翁发了财，邻居前来道贺。老翁说：“我得到了一群野马，怎么知道不是一件坏事呢？”邻居又觉得很难理解了。隔了几天，老翁的儿子在驯服野马时摔了下来，断了一条腿，邻居又跑来表示遗憾，老翁说：“我儿子断了一条腿，怎么知道不是好事？”邻居认为这种想法简直不可理喻。过了没多久，战争爆发，所有四肢健全的男子都被征召入伍，老翁的儿子却因为摔断腿而逃过一劫，父子两人过着快乐的日子。

看完这个故事，我们要进一步思考两个问题。第一，谁是那个邻居？我们每个人都好像那个邻居，一天到晚羡慕别人。殊不知当我们在羡慕别人得到好处时，危险可能正在靠近他。这就好像老子说的："祸兮，福之所倚；福兮，祸之所伏。"（《老子》五十八章）一个人有福气，他的灾祸可能也要来了。很多人如果没有当初获得的那个好处，也没有之后的灾难，这是一种人间常态。举例来说，一个人如果中了大奖，接下来可能必须赶快搬家，隐姓埋名，免得被别人发现。还没中奖以前，小孩满街跑都没关系，现在却要担心被绑架。

第二个问题则是那个老翁为什么这么厉害，看事情的角度和一般人不一样？一般人看事情只看到某一面，他却能看到另一面。这是因为他知道一切都是相对的，有善就有恶，有高就有低，有好就有坏，有得就有失。很多时候我们表面上得到了，但失去的恐怕更多。譬如，很多人都有这种经验，同学在校时感情很好，但是毕业几年再见面，就会开始互相比较，看看谁得意、谁失意。事实上，有时候失意反而好，因为可以让别人得意。但是想拥有这种风度，自己必须先有道家的修养，能在失意时看到别人比自己顺利而感到快乐。

表现好坏并不重要，重要的是，失意时能知道原因何在，如此才能化解心绪，自得其乐。如果一个人表现不好就怨天尤人，那么当新的机会来到时，反而容易错过。人不必有双重损失，假设我现在很穷，就不能再抱怨——既然已经很穷了，起码不能再失去风度。能够穷得很开心，至少还能得到别人的尊重，也就保存了获得快乐的条件。

所谓的“与道在一起”“从道看万物”，就是要学习塞翁的态度，看任何事情都要观察它的全面发展。因为只要有区别比较，就一定有高下之分，而一个人不可能永远处在前面。所以，看到一个人表现很好时，要为他高兴，就好像是自己表现得很好；反之，如果看到一个人表现不好，也要想象自己跟他一样。

观看运动比赛，有时候会觉得非常残酷，因为每个选手都只想争第一名，把第二名视为毫无价值！有一年奥运会举办过后，耐克球鞋推出一个广告，广告词尖锐而无情：“即使你得了第二名，还是一个失败者。”这句话饱受批评，但是它在逻辑上并没有错，因为第二名输给第一名，当然是失败者。然而，这样不断比较，除了第一名，其他人统统不快乐，这样的人生有什么意思？

道家的想法就不太一样。1997 年，我在荷兰的时候，有一次在电视上看到一个美国的谈话性节目，邀请华裔滑冰高手关颖珊接受访问。当时她再度得到冬季奥运会的第二名，主持人对她说：“你又得到第二名。”关颖珊回答：“我没有失去冠军，而是选择了亚军。”外国人听到这句话，全场鼓掌，因为在西方思想中没有这种智慧，只有中国才有，这即是来自道家的思想。一个人如果得失心太重，永远不会快乐。所谓“强中自有强中手”“长江后浪推前浪”，即使你现在得了冠军，不代表永远都会是冠军，因为将来一定有人超越你。世上的一切都是相对的，没有人是真正的世界第一。如果有人认为自己是世界第一，那反而变成井底之蛙了。

庄子说:“吾生也有涯，而知也无涯。以有涯随无涯，殆已。”(《庄子 · 养生主》)意思是说，我的生命有限，而知识是无限的。想要用有限的生命去追求无限的知识，一定疲累得很。人生态度有二:一是取得你所要的，二是珍惜你所有的。前者常在压力之中，后者则可自得其乐。我们在学习知识时，常需明白其目标在于:经由理解而体会生命的自由。因此，念书的目的不是为了念更多的书，而是为了借此明白事理，而摆脱烦恼与束缚。启明之知正是如此。

超越外在限制，向内探求

生命中最重要的是什么？以道家而言，它期许人的生命达到一种智慧的解脱，无论现实世界发生什么事，都不会对我们构成限制或障碍，因为精神的力量可以超越它们。以老子为例，他认为“知”要从区分到避难，最后再到启明。从“道”来看一切，才能得到解脱。换言之，老子的思想比较偏向于对人生许多事情都要“保持距离”，这样才能够保全自己。

学了道家之后，就像把握了最基本的防身之道，可以了解自己的限制，划定自己努力的范围，而不会随波逐流。

道家思想的重点最后会回归内在自我，强调减少受到外界的干扰，尤其是耳目的干扰。老子说:“五色令人目盲；五音令人耳聋；五味令人口爽；驰骋畋猎，令人心发狂；难得之货，令人行妨。是以圣人为腹不为目，故去彼取此。”（《老子》十二章）这句话的意思是，五种颜色让人眼花缭乱；五种音调让人听觉失灵；五种滋味让人口不辨味；纵情于狩猎作乐，让人内心狂乱；稀有的货品让人行为不轨。因此圣人只求饱腹而不求目眩，所以摒弃物欲的诱惑，重视内在的满足。老子就是要我们回到内心，抛弃外在的追逐，只取内在的满足。如果总是随着外物奔驰，到最后人心都会发狂！

现代的影视进步到“七彩综艺”，我每次看电视都会想到这四个字。五色已经令人目盲，更何况是七彩？有时候综艺节目开场试音的时候，实在让人受不了，耳朵一定要掩起来，否则会觉得好像快聋掉，眼睛也好像快瞎了一样。

这个时代正是人心发狂的时代，那些在节目上说话的人，好像快要发狂了，不知所云，完全丧失自我。电视是一种可怕的媒体，我对它一向缺少好感，因为它会把一个人最细微的表情都清楚展现出来，连肌肉细微的变化，也无所遁形。原本很多人物还可以保持距离欣赏，在电视的魔力下，就很困难了。

老子的三宝

老子的思想代表他个人悟道的心得，许多篇章显得精微奥妙，难以捉摸。幸好，他在人生的具体作为方面，提出了“三宝”之说，可供我们参考。

老子的三宝是："慈、俭、不敢为天下先"（《老子》六十七章）。

（一）慈

"慈"代表母性的特质，譬如母亲的爱称为慈爱。为什么把道比喻成母亲呢？因为万物皆来自于道。所谓"道生一，一生二，二生三，三生万物"（《老子》四十一章），道生出万物，所以是万物的母亲，能够包容关怀一切，所以用慈爱来表现。

想学习道，就要学习道的慈爱。道的慈爱是没有等差的，不分贵贱、好坏、美丑，就好像母亲对待自己的孩子，从来不会有所区别。如果一个母亲有三个小孩，她不会因为其中一个比较漂亮或比较聪明，就特别疼爱他，而任由另外两个孩子自生自灭。不仅如此，有时候在别人看来越没有出息的小孩，母亲反而越是疼爱，因为她觉得自己没有赋予他好的条件，所以更要给予特别的关怀。

老子有一句话说得非常好："善人者，不善人之师；不善人者，善人之资。不贵其师，不爱其资，虽智大迷，是谓要妙。"（《老子》二十七章）这句话的意思是：善人是不善人的老师，不善人是善人的借鉴（"资"代表借鉴或凭借）。不尊重老师，不珍惜借鉴，即使再聪明也免不了陷于困惑，这是个精微奥妙的道理。

我们现在常说的"师资"二字，就是出自此处——善人为"师"，不善人为"资"，两者合称"师资"，正有互相学习、期许、珍惜之意。在此为师者，在彼则为资，两者互相需要。如果我们了解这一点，大家就会互相帮助，并且互相尊重。这种强调相辅相成、相对相重的观念，就是老子思想的特色。

谈到“慈”，常令人联想到“一枝草一点露”这句俗语。意思是，就连一根小草也有一滴露水，有它生存的机会和条件，会受到照顾，何况是更大的生命？换言之，一个人既然活在世界上，就有存在的理由，并且应该也有继续存在的条件，这就是道对宇宙万物的关怀。从这个角度出发，我们对于道的学习，就是要用慈母的心对待天下所有人，不分善、恶、美、丑都要照顾和关怀，由此形成一种普遍的、一切平等的同情。

老子说：“慈故能勇。”（《老子》六十七章）只有真正的慈爱才能表现出勇敢。由此可知，老子所谓的勇敢，并不是逞凶斗狠。又说：“勇于敢则杀，勇于不敢则活。”（《老子》七十三章）一个人如果天不怕地不怕，勇敢去做很多事，结局可能非死不可；相反，一个人如果勇敢地不去做某些事，则可平安度日，这叫作“勇于拒绝”。拒绝也是需要勇气的，譬如，有一位官员现在要辞官，但是所有人都希望他继续留任。在这种情况下，如果他还能够坚持，就表示他有很大的勇气。

莎士比亚说：“女子虽弱，为母则强。”在美国，曾经有一位母亲带女儿到超级市场买东西，出来的时候，女儿跑在前面，忽然一辆卡车急驶而来，要把她轧在车轮下，正在千钧一发之际，妈妈立刻奔向前把卡车车头抬起来。如果是平常的情况，一个女人怎么可能抬起卡车车头呢？但这位母亲想不了那么多，她真的就做到了。看到女儿被旁人拉出来的那一刻，这位母亲就倒下去了，在医院躺了好几个月。这说明在那一刹那间，慈爱所带来的勇气，实在是难以想象的强大。

（二）俭

老子的第二宝是“俭”。“俭”是对待物质的一种态度。在二十世纪，人类对于物质已经过度浪费了，到了二十一世纪的现代，我们必须调整自己的价值观。

有一位朋友决心从事环保运动，原因是他有过一段终生难忘的经历。他的祖母过世十四年后，子孙依照习俗开棺捡骨。打开棺木以后发现，人已经变成一堆白骨，袜子却还完好如新，因为袜子是用尼龙做的，不会被分解。这位朋友深觉震撼，从此以后决定从事环保运动。我们有时候会觉得无所谓，认为自己多消耗一点资源无妨，环保工作让别人去做吧！但是，如果每个人都这样想，后果将不堪设想。

老子对于“俭”的观点，和他本身的哲学思想也是相互呼应的。“慈”从道而来，因为道是万物的母亲，所以“慈”是一种普遍的关怀和同情。“俭”则是我们对待世界的态度。人在消耗这个世界的能量和资源时要尽量节俭，才能使每个人都普遍地使用到世界的一切。

我们只有一个地球，若是不能以俭来对待，我们将渐渐剥夺子孙使用地球资源的权利。很多生物已经被人类消灭了，将来我们的子孙可能只能看图识物。我在美国念书时，去过美国康涅狄格州的动物园，发现它比木栅动物园还小，而且里面竟然有鸡、鸭、猪、鹅这些家禽家畜。我觉得难以想象，但是这几种动物的围篱前，挤满了美国小孩，因为他们从小只见过切块的猪肉和鸡肉，要到动物园看，才知道真正的猪、鸡长什么模样。将来我们的子孙可能连动物园都没得看了，只能看书上的照片。

如果懂得道家思想，不难理解环保其实是很自然的事情。更进一步来看，任何东西的存在，就是要被利用。我有时候看到地上有一张白纸，都会觉得不太忍心，因为一张纸一旦被制造成为纸，就不能再变成别的东西。如果不能充分使用就丢弃，岂不是一种浪费？同样，木头可以制造成桌子，任人摆放物品，也可以制造成庙里的龙柱，万人仰望；万一被制造成厕所的门，可能还会被踢来踢去。一块木头，可以做成不同的东西，但是一旦它被制造成某物品，就有该物品一定的用处与存在意义。如果它无法实现自己的用途，实在是一件令人遗憾的事。如果每个人都能这样想，就不会忍心浪费任何东西。

“俭”也代表节制欲望，如果一个人的欲望层出不穷，是不可能接近道家的。道家的基本原则是“少私寡欲”，一个人如果多私多欲，不可能快乐。因为欲望没有满足会痛苦，一旦满足之后，又生出更多欲望，然后更痛苦，这是很简单的逻辑。中国有一句祝贺词叫作“金玉满堂”，这四个字就是出自于老子。老子说：“金玉满堂，莫之能守。”（《老子》九章）“莫之能守”的意思是：没有人能守得住。一个人如果金玉满堂，所有的偷、抢、骗都会跟着来；相反，如果什么都没有，“藏天下于天下”，则天下一切都是你的。

道家对中国后来的思想发展，特别是对诗人、词客或文学作家，影响相当深远。举例来说，苏东坡的《前赤壁赋》中就写道："唯江上之清风与山间之明月，耳得之而为声，目遇之而成色，取之不尽，用之不竭。"江上的清风和山间的明月，是取之不尽、用之不竭的，因为它们是大自然的资源，任何人都可以分享，而且任何人都不能占有。人与人之间争夺太多，最后反而众生皆苦。

（三）不敢为天下先

老子的第三宝是"不敢为天下先"。为天下之先亦即要当领袖，"领袖"这两个字听起来固然很伟大，但我们也知道，一件衣服上的领子和袖子通常是最脏的部分，这也象征了作为领袖往往要面临更多的试炼。老子说不敢为天下先，绝不是怕事，而是因为生在乱世，如果一定要争夺天下第一，只能钩心斗角，《三国演义》就是最明显的例子。正因为有这段故事，所以让后世文人创想出一些优美的篇章流传千古。

譬如苏东坡的《念奴娇 · 赤壁怀古》中写道："大江东去，浪淘尽，千古风流人物。故垒西边，人道是，三国周郎赤壁。乱石穿空，惊涛拍岸，卷起千堆雪。江山如画，一时多少豪杰。遥想公瑾当年，小乔初嫁了，雄姿英发，羽扇纶巾，谈笑间，樯橹灰飞烟灭。故国神游，多情应笑我，早生华发。人生如梦，一樽还酹江月。"这段文章的内容与气势，真让人低回再三。事实上，豪杰也有无奈与可怜之处，因为争来争去也不过这么大一个地方，美好人生就在钩心斗角中度过，最后剩下的还是空。

所以，就个人而言，应当觉悟在乱世中不争第一，因为做第一特别危险。特别要注意的是“不敢为天下先”的“不敢”这两个字，不敢就是不敢，不必多作解释，就算被人嘲笑也无所谓。很多敢的人，不都死了吗？甚至连被称赞的机会也没有。

老子这种思想又称为“正言若反”，正面的话说得好像反面的话。但他的用意并不在劝服世人，而是希望我们全身保真，活尽天年，因为在尚未领悟“道”的美妙境界之前，谁能肯定自己真正活过了？

庄子的逍遥

庄子与老子不同之处在于，庄子所处的时代比老子的更乱，所以他没有“保持距离，以策安全”的机会。他的想法是：投身到变化之中，随顺变化，使自己不受到伤害。这种思想展现出来，又比老子的思想更为生动精彩。庄子的智慧充满灵活运用的趣味，只是一般人念《庄子》时，如果没有先了解他的精神，会认为很多描写都与现实生活脱节。

二十多年前我开始教书时，在课堂上提到庄子，第二周就有学生带了《庄子》的原著，翻开第一篇《逍遥游》里写道：“北冥有鱼，其名为鲲。鲲之大，不知其几千里也。化而为鸟，其名为鹏。鹏之背，不知其几千里也。”当时我们不太理解：怎么可能有鱼长几千里？而且这条鱼竟然可以变成鸟，背部也是宽几千里，还可以“抟扶摇而上者九万里[①]，去以六月息者也”。当时我还没有坐过飞机，读到这一段的时候，希望有一天能乘飞机看看九万里高空是什么样子。后来坐了飞机才发现，飞机最高也不过飞三万多尺而已，三万多里已经到外层空间了，更何况是九万里！由此可知，庄子所讲的其实是一种寓言，用这种超越现实的方式来突破我们一些平日习以为常的观念。

另外，我还发现一个有趣的现象：十年前我教这门课的时候，同学带来的是白话文《庄子》，第一页写着：“北海有一条鱼，它的名字叫作鲲。这条鱼非常大，不知有几千里。它忽然变成一只鸟，这只鸟的背部非常大，不知有几千里。”这样一经过白话文翻译，已经失去了原文所有的韵味了。

最近几年再谈到庄子，有些同学带来的是漫画版的《庄子》，打开第一页，画了好大一条鱼，旁边站了一个像蚂蚁一样大的人。现在，上课谈到庄子，同学们甚至连漫画书都不带了。真是每下愈况，十分可惜。

超越的智慧

庄子思想是道家的进一步发展，所以也是不以人类为中心，表

① 古代的“里”不是今日的公里，但庄子似乎不太在乎，我们也不必计较如何以今日的计量单位去换算，模糊亦有其趣味。

现出超越的性格，所超越的是空间、时间、义与利、生与死等相对的观念。

（一）超越空间

空间代表大小，一般人都会希望有很大的地方可以活动。《庄子·秋水》中有一段记载："秋水时至，百川灌河，泾流之大，两涘渚崖之间，不辨牛马。于是焉，河伯欣然自喜，以天下之美为尽在己。"意思是说，秋天时下了很多雨，大雨使河水暴涨。河有两岸，在平常的日子里，两岸对看时，可以很清楚地辨识出对岸上的牛马，但是河水暴涨之后河流变得很宽，牛马都分不清楚了。河伯就是河神，他非常得意，认为天下最杰出、最伟大的就是自己。

这条河继续往东流入大海，当河神看到海的一望无际之后，很难过地说："海神啊，你才是最了不起的！我这个河神一点都不如。"海神听了以后，很有远见地回答："我算不上什么，整个中国在大海中，也不过像是谷仓中的一粒米而已！"能够将中国看作是谷仓中上亿、上兆米粒中的其中一粒，这是需要相当大的气魄和远见的。这种比喻等于是已经离开了太阳星系，从外层空间来看中国了。

我的老师方东美先生常开玩笑说，道家思想是让一个人成为"spaceman"，也就是航天员。我们不一定要成为真的航天员，但是要有航天员的心灵，也就是不受空间的局限。一个人如果了解庄子思想，就不可能为了争一座城而厮杀，也不会为了争一块地而打官司。

俄国小说曾有类似的描述：有一个贵族拥有众多奴隶，其中一个奴隶工作特别认真，于是贵族问他："你有什么愿望吗？"奴隶说："我是一个奴隶，希望能够分得一点土地。"贵族听了以后回答："没问题！明天早上太阳一出来，你就开始跑，直到太阳下山为止，凡是你跑过的土地，全部都给你。"

第二天，这个奴隶从曙光乍现就开始跑，到了中午，别人提醒他："休息一下，喝点水吧！"他回答："不行！这么好的机会，当然要多跑几步。"太阳下山时，他终于跑回来了，但是却在那一刻倒下来累死了。他所得到的土地总共只是三尺宽、六尺长。这就是一种无谓的执着。

庄子也有类似说法："鹪鹩巢于深林，不过一枝；偃鼠饮河，不过满腹。"（《庄子·逍遥游》）鹪鹩是一种鸟，它说："整片森林都是我的，其他鸟不能在这里筑巢！"但是即使整片森林都给它，它也只能在一根枝头上筑巢！一只土拨鼠占据了整条河，它说："这条河是我的，别的动物不准来这边喝水！"但是就算它喝再多的水，也只不过装满肚子罢了！

庄子只用几句简单的比喻，就把人类的执着全部点了出来。

（二）超越时间

时间上的执着与空间上的执着也是一样，人往往希望自己活得越久越好。但是庄子告诉我们，如果和乌龟或树木相比，一个人即使活到八十岁都算短命，因为任何一只乌龟都可以活一百年以上，任何一棵树都可以活二三百年以上。如果了解这一点，又何必计较谁活得高寿呢？换言之，时间上的比较也是相对的。

（三）超越利与义

“利”比较容易了解，当我们得到很多利益的时候，相对的也会失去很多原本值得珍惜的东西。至于“义”，则是指我们自以为该做的及正当的事，如果我们一天到晚都在想自己该做什么事，不但辛苦而且无谓，因为这个世界上该做的事情太多了，永远也做不完。尤其在我们进入社会以后，更能深刻体会这一点。

为什么我们会觉得有些事非做不可？许多人是为了名，也可以说是配合个人的理想。但是不要忘了，名对于人的伤害，有时候不亚于利的伤害。个人理想所造成的幻觉，和追求利益所造成的幻觉非常相近。在庄子所处的时代，很多人以为要成为圣人，就是自己要为天下人牺牲，庄子认为这种想法其实不对，因为当你想帮助天下人的时候，就会积极造作一些德行，也就是用各种方法完成一些事情，希望达到某种好的结果。然而，有时候造作太多，对别人不见得有帮助。因为对他人照顾过多，可能扼杀他的生机，使他失去自由发展与成长的机会。

庄子谈到义与利时，往往反映了世俗的判断。举例来说，一般人常会认为念某些学科比较有用，将来毕业很容易找到工作。所以每个人都应该朝这个方向追求，追求到的人就比较有本事。庄子对于这一点并不认同，《山木》中有一个例子：“庄子行于山中，见大木，枝叶盛茂，伐木者止其旁而不取也。问其故，曰：‘无所可用。’庄子曰：‘此木以不材得终其天年。’”大树之所以没被砍伐，全是因为“不成材”，没有可用之处，才得以过完它自然的寿命。歪斜的树也许不如挺直的树好看，但是挺直的树被木匠相中而砍伐。这说明真正的人才会为人所用，而被用之后当然提早报销。如果能够多了解一点庄子的比喻，就会觉得人生轻松许多，因为他擅长化解世间价值观所带来的压力。

（四）超越生与死

最后，谈到庄子的生死观。《至乐》有一段谈到：庄子在妻子死后，居然鼓盆而歌，朋友惠施去探望时责备他，他讲出一番道理："当我妻子刚死的时候，我怎么会不难过？可是我省思之后，觉察她起初本来是没有生命的；不但没有生命，而且没有形体；不但没有形体，也没有气。然后在恍恍惚惚的情况下，变出了气，气再变化而出现形体，形体再变化而出现生命，现在又变化而回到死亡，这就好像春夏秋冬四季的运行一样。这个人已经安静地睡在天地的大屋里，而我还跟在一旁哭哭啼啼。我以为这样是不明白生命的道理，所以停止哭泣啊！"①

① 此段的原文是：庄子妻死，惠子吊之，庄子则方箕踞鼓盆而歌。惠子曰："与人居，长子老身，死不哭亦足矣，又鼓盆而歌，不亦甚乎！"庄子曰："不然。是其始死也，我独何能无慨然！察其始而本无生，非徒无生也，而本无形；非徒无形也，而本无气。杂乎芒忽之间，变而有气，气变而有形，形变而有生，今又变而之死，是相与为春秋冬夏四时行也。人且偃然寝于巨室，而我噭噭然随而哭之，自以为不通乎命，故止也。"

死亡其实是回家，是回归人类生命的来源，也就是回到道的怀抱，这应该是一件愉快的事。我们能够如此思考生、死，就不会害怕死亡了。《列御寇》还有一段也谈到庄子的生死观：庄子临死之际，学生们计划厚葬他，因为他们担心乌鸦与老鹰会把老师的身体吃掉。庄子提醒学生："在地上会被乌鸦与老鹰吃掉，在地下会被蝼蚁吃掉，从那边抢过来，送给这边吃，真是偏心啊！"[①] 能够用这么潇洒的态度看待自己的死亡，把生死看得如此透彻，就连苏格拉底也要佩服啊！

庄子与惠施的交往

庄子是宋国人，生活非常简朴。他住在山上，每天采芦苇编草鞋，第二天再拿到街上去卖，然后换些米回家，勉强维持生活。这种日子非常辛苦，因而也磨炼出他内心过人的想象力与创造力。

庄子才华卓越，他唯一有名有姓的朋友是惠施。惠施死了以后，有一天庄子经过他的坟墓，与随从的人说了一个故事："郢地有个人把石灰抹在鼻尖上，薄得像苍蝇翅膀，再请石匠替他削去，石匠运起斧来轮转生风，顺手砍下，把石灰完全削去，而鼻子毫无损伤。郢地这个人站在那里面不改色。宋元君听说这件事，就召石匠来说：

① 此段的原文是：庄子将死，弟子欲厚葬之。庄子曰："吾以天地为棺椁，以日月为连璧，星辰为珠玑，万物为赍送。吾葬具岂不备邪？何以加此！"弟子曰："吾恐乌鸢之食夫子也。"庄子曰："在上为乌鸢食，在下为蝼蚁食，夺彼与此，何其偏也！"

‘请你做给寡人看看。’石匠说：‘我还是能用斧头削去石灰，不过，我的对手已经死去很久了。’”他又叹息道：“惠施啊，你死了，现在天下连跟我讲话的人都没有了。”[①] 庄子的故事里正是把自己比喻成那位技艺高超的石匠，而那个鼻上抹灰的对手则是惠施了。

我们在本书第二章“思想方法”中谈到语言的使用时，提过庄子和惠施对于“庄子是否能够知道鱼的感觉”的对话。庄子认为自己能感觉鱼的快乐，而语言只是一种工具，重要的是，他和鱼都是生命体，因此可以通过一种同情和感应的作用，去体会对方的快乐。

惠施重视的是语言，专注于“鱼怎么传达讯息给人”这个问题，而忽略了人的心灵能力未必要靠言语才能抵达真实。当庄子说，他一看就知道鱼快乐时，代表他和鱼之间的沟通是靠直觉，不需要任何概念或语言，这当然超过了惠施的境界，代表人的心灵能够和宇宙万物相通。这种思想影响了后世很多作家，如南宋词人辛弃疾就写了：“我见青山多妩媚，料青山见我应如是。”当人心情好的时候，看到世间万物皆有情；相反，情绪低落时，则会觉得草木同悲，这是无法否认的事实。

---

① 此段出于《庄子 · 徐无鬼》，原文是：庄子送葬，过惠子之墓，顾谓从者曰：“郢人垩慢其鼻端若蝇翼，使匠石斫之。匠石运斤成风，听而斫之，尽垩而鼻不伤，郢人立不失容。宋元君闻之，召匠石曰：‘尝试为寡人为之。’匠石曰：‘臣则尝能斫之。虽然，臣之质死久矣。’自夫子之死也，吾无以为质矣，吾无与言之矣！”

气化一元论

庄子在描写道时，强调“气”。气分为阴阳二气。所谓“阴阳于人，不翅于父母”(《庄子 · 大宗师》)，即是说明阴阳二气对人而言，就像是父母亲一样。宇宙万物的存在都是靠这两种气的活动，气聚则生，气散则死，一切都是气的变化，这称作“气化一元论”。人的生命由此能够与宇宙万物相通。

但是我们要留意，道家不单单只讲气化一元论。“天地与我并生，而万物与我为一。”(《庄子 · 齐物论》) 所以一切都不用计较，这只是一部分的理解。庄子认为，在领悟气化一元之后，要让人的精神层次有机会向上提升。换言之，虽然人的生命、身体，甚至是一生际遇，都和宇宙的大气融合，但是人还有本身的精神力量，也就是所谓的“灵明”。灵明是一种能量，这种能量开发出来之后，所见的一切就不再是人间的相对世界了。

庄子说:“水静犹明，而况精神！圣人之心静乎！天地之鉴也，万物之镜也。”(《庄子 · 天道》) 意思是: 水面静止时还会显得明亮，更何况是人的精神呢！圣人的心是清静的，可以作为天地的明鉴，万物的明镜。他又说:“天地有大美而不言，四时有明法而不议，万物有成理而不说。圣人者，原天地之美而达万物之理。”(《庄子 · 知北游》) 意思是: 天地有全然的美妙，却不发一言; 四时有明显的规律，却不必商议; 万物有既定的道理，却不加说明。圣人，就是要存想天地的美妙，而通达万物的道理。而庄子说得出这番话，是因为他能通过气化一元论，让人的精神往上提升到审美的境界。

《庄子·天下》中描述庄子的作风为："上与造物者游，而下与外死生、无终始者为友。"也就是说庄子的思想充实而难以穷究，在上与造物者同游，在下与超脱生死、忘怀始终的人做朋友。由此可知，庄子在世间是孤单的，朋友很少，即使惠施也只能勉强和他说说话而已。也正因为如此，庄子在书中塑造了许多朋友，这些朋友有一个特色，就是见面时"相视而笑，莫逆于心"。由此可知，庄子其实不愿与人辩论，他认为人与人交往，心领神会是最高境界。

处世态度：外化而内不化

人的精神解脱之后，就能往上与道一起逍遥，而在世间也不会排斥别人，可以进入到"外化而内不化"的境界：表面上同别人一样，但是内在则与道结合。

"外化"是外表的言行与别人同化。真正的道家是无法从外表判断出来的，因为他们和一般人一样，和外界的一切有来有往，自由互动，并不会因为学习了道家思想，行为举止就稀奇古怪。"内不化"的"内"代表精神，精神上要和道结合，内心持守不变。由此可知，道家的境界是一般人难以想象的，他们表面上和别人一样，但是内心却和道来往，因此能够享受快乐而圆满的境界。

我们可以学习应用这种思想：活在世界上，一方面要尽量外化，因为不随世界变化，就会成为别人眼中的障碍，让别人感到有压力，甚至因而处处受到打击。最怕的是在外化的同时也内化，那样就会变得“随俗浮沉”。要想不随俗浮沉，必须坚持自己的生活原则，享有自己的快乐。这种快乐和一般的快乐不同，它是来自于与道的亲切互动。

结论：以儒道思想作为生活准则

中国古代有儒家和道家两种思想。儒家的入世思想加上道家的超脱智慧，使人能够应对各种人生的处境。但是，儒家和道家并非互补的关系，二者是各自独立的。以孔子来说，他自己的内在修养已经圆满，并不需要道家互补。而一般人在境界和能力上都有限，仅仅学习儒家或道家之中的一种，不易学得彻底。若能将儒道二者配合起来，各取重点作为生活的原则，倒是可行的方式。

儒家所说的是人与人之间适当关系的实现，因此可以为我们所用；但如果整天都专注于人与人之间的相处，也会耗尽心神，因此必须有自己的心灵世界，而此时就可以参考道家思想。庄子教导我们投入变化之流，同它一起变化，但是内在的精神世界则必须与道相通。

与道相通要通过“转化”的方式。譬如，当你觉得这个世界丑恶时，何不学习大鹏鸟，飞到高空以后再往下看？庄子说：“天之苍苍，其正色邪？其远而无所至极邪？其视下也，亦若是则已矣。”（《庄子 · 逍遥游》）这句话是说，我们现在仰头看天，觉得苍茫一片，真是好美，但那是天空真正的颜色吗？还是因为遥远得看不到尽头的结果？但是如果能够从天上回看地面，也不过是像这样的情况，也会觉得地面是一样的美吧！这正是告诉我们，人活在世界上，如果能用超越的心灵看这个世界，也就是从道的眼光来欣赏一切，就会觉得万物无一不美。

从这种“超脱”的概念出发，道家开发出一种艺术的灵感和审美的世界。一个人的生命如果不能超脱，只局限在有形的世界，汲汲于名利、权位以及各种享受的话，就无法感受美。美感是要让心灵能够超越，不求任何现实中功名利禄的满足，而是纯粹感受到生命的创造力源源不绝地表现出来。这就是庄子的境界。

道家和儒家在思想上有相当大的差异，认识这两派思想之后，应该设法从其中掌握到一些材料，与自己的生活经验互相对照。如果想深刻体悟儒道两家的精神，阅读经典更是必经之途。

第十一章 艺术与审美

认识艺术家

莫扎特（Wolfgang A. Mozart，1756—1791）

奥地利作曲家，有“音乐神童”之称。六岁时写出钢琴与小提琴的演奏曲，八岁写出第一首交响曲。十四岁开始，所写的歌剧大受欢迎。后因失去亲情的打击，深刻体验了人生的悲欢离合，尤其在婚姻上并不顺遂，工作又无着落，必须夜以继日地努力作曲才可维生。

代表作有《魔笛》《费加罗婚礼》《布拉格交响曲》等。

塞尚（Paul Cézanne，1839—1906）

法国画家。后期印象画派的代表，有“现代绘画之父”的称号。塞尚家境富裕，可以专心学画。1874 年参加第一届印象派画展，反映不佳，但已受人注意。随后十年，追求画布上形象与色彩的完美统一，在风景画与肖像画方面皆有过人成就。他擅长在自己的想象中创造一个整体，构成异于自然世界的艺术世界，开辟了美术史上的新纪元。

凡·高（Vincent van Gogh，1853—1890）

荷兰画家。年轻时立志成为牧师，并在煤矿区传教，体验了矿工的贫困。1880年失去教职，生活困窘，开始专心作画。后赴巴黎，靠开画廊的弟弟支持生活，并接触许多印象派画家的作品。1888年与高更（Paul Gauguin，1848—1903）交往密切，后罹患精神病症，于1890年举枪自杀。

他的画作色彩鲜明，阴郁而如火焰般的笔法，充分显露他深受折磨的精神状态。生前只售出一幅作品，死后作品动辄以千万美元计。

萧伯纳（George Bernard Shaw，1856—1950）

出生于爱尔兰的作家，作品风格幽默，有“幽默大师”之称。热心于社会批判，主张素食主义，他说：“动物是我的朋友，我不会去吃我的朋友。”生平发表四十七部剧本，深受大众喜爱，于1925年获得诺贝尔文学奖。

代表作有《伦敦的音乐》《素描与回顾》《我们在九十年代的剧场》等。

毕加索（Pablo Picasso，1881—1973）

西班牙画家。在巴塞罗那艺术学校即有“神童”之称，十九岁至巴黎学画，在马蒂斯（Henri Matisse，1869—1954）、高更、塞尚等人的作品中深获启发，开创了立体主义的画风。立体主义所关心的是：如何在平面的画布上画出具有三度甚至四度空间的立体的自然形态。他自九岁开始作画，画作在质与量方面都十分惊人。

海菲兹（Jascha Heifetz，1901—1987）

美籍立陶宛小提琴家，犹太人后裔。五岁即公开演奏，十岁在圣彼得堡举行演奏会，大为轰动。1917 年第一次世界大战期间，海菲兹应邀到美国卡内基音乐厅登台，轻易征服了美国乐坛，此后四十年以旅行演奏为生。他的演奏要求完美，被称为“现代小提琴技术之父”。

认识作家

海明威（Ernest Hemingway，1899—1961）

美国小说家。从小爱好钓鱼、打猎、音乐与绘画。第一次世界大战时，曾担任红十字车队司机，以后长期担任驻欧记者，经历了第二次世界大战与西班牙内战。1954 年获得诺贝尔文学奖。代表作有《太阳依旧升起》《战地钟声》《老人与海》等。1961 年因久病不愈而自杀。

川端康成（1899—1972）

日本作家。从小父母双亡，与祖父相依为命；十六岁时预感祖父不久于人世，写出了《十六岁的日记》。他对《源氏物语》爱好无比，立志成为作家。

由于早期生活的影响，他的作品总有感伤悲哀的调子，他说："这种孤儿的悲哀成为我的处女作的潜流，说不定还是我全部作品、全部生涯的潜流吧！"

1968 年获得诺贝尔文学奖，代表作有《雪国》《古都》《千羽鹤》等。1972 年自杀，没有留下遗书。他曾经说："自杀而无遗书，是最好不过的了，无言的死，就是无限的活。"

三島由纪夫（1925—1970）

日本作家。出生于官僚家庭，毕业于东京大学法学系，曾在银行任职，后专心写作。二十四岁出版《假面的告白》，奠定他在文坛的地位。

他对日本的天皇制度与军队都有自己的特殊观点，于1970年率领学生冲入军事基地，号召政变。失败后剖腹自杀。

代表作有《金阁寺》《火宅》《丰饶之海》等。

谈到“艺术与审美”，除了专门研究艺术的人，一般人不会认为这个主题与自己的生命有什么直接关联，他们最多只是欣赏艺术而已。然而，真正研究艺术的人又因为很早就进入某个领域（如音乐、绘画等），往往局限在狭隘的范围内。这种专业训练虽然可以使人成为某方面的专家，却不一定能够充分掌握艺术的精神，以及它与人类生命内在的关联。正因为如此，这一章所介绍的内容也就显得特别重要。

艺术家的界定

没有艺术家就没有艺术，而艺术家是一些具有某些特色的人，我们可以从以下几个角度来了解这些特色。

以直接的途径，展现新形式与新象征

“直接”是指“感性可及”的部分，凡是能用眼睛看到的美术作品，能够用耳朵听到的音乐，以及一些具象的雕塑、建筑等，都包含有美的成分。

艺术家相当少见，他们能够使用感性所及的途径（如声音、颜色、具体的物像、影像等），展现出新形式与新象征。

什么是新形式？形式与内容是相对的，人类生活的内容自古以

来相差无几，然而我们不能因此就过着日复一日、不断重复的生活。

人的心中总有一种创造的冲动，希望通过不同的方式、通过人类心灵所得到的某种启发或灵感，重新品味生命中永恒不变的素材。由此可知，尽管内容相似，但表达的形式和象征却可以不同，而艺术家就是能在这些地方表现出创造性才华的人。他们能以新形式（譬如唐朝的诗、宋朝的词、元朝的曲等），来表达恒久的情感，使人能够体验到生命的新意。

那么，什么是新的象征？举例来说，一般人常说“母亲像月亮一样”，第一个提出这种比喻的就是艺术家，后来重复使用的则是模仿者。一个象征被不断重复使用，就会丧失它的敏感程度，变成陈腔滥调，使人觉得乏味，这时候就需要改取一个新的象征了。

谈到象征和形式，可能衍生几个问题：首先，这将造成艺术作品与人生的距离。如果一种艺术形式需要先了解它丰富的背景才能欣赏，就代表它与当前的人生有些距离。举例来说，绘画有所谓的古典派、野兽派、抽象派等，这些术语各有专门的背景。而一般人看画时不见得了解，可能会觉得自己没有欣赏的能力。如此反而使得大多数人没有机缘接触艺术。

此外，艺术家有时候很容易与外界隔绝，形成自己独有的内在世界。加上一般人常常误认“你是艺术家，所以你所创作的一切都是艺术作品”，而不是“因为你创作了艺术作品，才成为艺术家”，往往让艺术创作与真实人生的距离更加遥远。

其次，一个作品并非放在街上就可以成为艺术作品，但是任何东西只要进了美术馆都会成为艺术作品。在纽约发生过一件类似的事：有位艺术家把一棵白菜用塑料袋装起来，下面写着“某人于某年的创作”。有个农夫看到后心想：“这个我也会啊！”于是拿了很多白菜放在塑料袋里，在街上宣称是艺术品大甩卖。别人却不这么认为，因为在他们看来，艺术家的创作是无价的，而街上卖的白菜不过值几块钱而已。

相同的东西，一旦签上艺术家的名字就变成了艺术品。这是现代社会分工之后用标签来决定内容的一种现象。

事实上，要表达出创造性（新形式与新象征）非常困难。我在荷兰教书时，见识了这个国家对艺术创作的重视程度。

荷兰在欧洲虽然是小国，但是却出了凡·高这位大画家。荷兰政府以此为傲，大力提倡艺术创作，设立许多基金让有心从事艺术创作的人申请。有个心理学家需要钱用，于是假借艺术创作的名义申请补助。

政府拨款之后，要求一年后验收他的创作成果。结果，这个心理学家什么都没做，到了视察那一天，他在路边搭了一个台子，自己站上去，旁边写着：“我就是艺术品，因为我是独一无二的。”

的确，每个人都是独一无二的艺术品，但重要的是，他第一个想到用这种方式来表现。以后的人不能再以相同的方式来申请补助，因为模仿就没有创造性可言了。

表达某种集体潜意识，使个人可以过渡到人类

人类的生命自古至今都类似，必须经历生老病死、喜怒哀乐、恩怨情仇、悲欢离合等过程。这种集体的共同感受会造成人类心灵上的复杂情结：有时候觉得孤单，有时候又希望自己独处不被打扰；有时候关怀整个社会，有时候又感叹命运无奈。这种属于集体的潜意识，必须靠艺术家来表达。

当艺术家展现出这种集体潜意识时，会引起大家“共鸣”。以音乐为例，尚未听到某首乐曲之前，并不会感觉自己有任何不足，但是当这首乐曲一出现，我们会开始觉得自己有所失落，好像遗忘了某些重要的东西。一旦有了这种感觉，就说明我们准备要恢复完整的生命了。由艺术创作感受人类有一种共同的记忆，而这个记忆几乎可以说是保存在人类的基因里面的。

这种基因与文化有关，所以中国人有中国人的集体潜意识，西方人有西方人的集体潜意识。西方有许多乐曲都非常悦耳、非常优雅，但是对中国人而言，这些乐曲无论再怎么动听，都不如中国乐曲容易让人感动。这是因为音乐的创作不能摆脱特定的时空背景，当我们听到中国乐曲时，会勾起潜藏于心中共同的情感内容。换言之，这首音乐就是一种唤醒心中共同记忆的形式或象征。相反，外国人听到中国乐曲比较不易被感动，因为他们缺少这样的历史和地理背景。不过，人类还是有共同的潜意识，而真正伟大的艺术作品是可以回应此一需求的。

艺术家有很多类型，诗人就是其中一种。诗人用文字唤醒集体潜意识，因此他们的作品可以一代一代传颂下去，而人们阅读的时候也会发现“于我心有戚戚焉”，自己好像回到了整体[①]一般。

有如雷达观测站，对人类文化的病征提出预警

文化是会生病的，每一种文化在发展过程中都会产生一些问题。尼采说过：“哲学家是文化的医生。”文化之所以需要医生，就是因为它可能会生病。文化为什么会生病呢？因为文化是人类生活、表现、发展之所在，人类的问题层出不穷，文化当然也就可能出现问题。

我们介绍中国文化时曾经提到过，文化会经历兴、盛、衰、亡四个阶段。那么，谁能够观察出文化何时会衰亡呢？尼采认为哲学家可以，我个人则认为应该先找艺术家来诊断，因为艺术家有能力点出时代的趋势。

以毕加索为例，他于1957年在纽约展出生平画作，将他的作品分成数个阶段，以下就几个比较重要的阶段分别介绍。

（一）1924年以前（古典时期）

毕加索最初创作的作品完成于二十世纪二十年代早期，这时期

① 人从离开母体之后就开始一个人独自生活奋斗，孤单而辛苦，这时候我们可以经由艺术回到整体。我们在欣赏艺术作品的时候，可以体验到自己是一个“人”，和他人有共同的命运、共同的愿望，以及共同的苦乐。

的作品很多都相当唯美，是一种希腊人物的反射，内容多呈现为俊秀、美丽的青年男女在海滩上嬉戏追逐。这反映出欧洲在第一次世界大战前后的情景。由于第一次世界大战所造成的伤害还不算太严重，所以整个情势还算是缓和。

（二）1925年至1936年（蜕变时期）

渐渐发展到第二次世界大战前期，也就是二十世纪三十年代左右。这时候整个欧洲的气氛变得非常诡谲而复杂，德国希特勒的势力也开始兴起了。这时期毕加索的画充满了人间存在的不确定性。

（三）1937年至1953年（二战前后）

在二十世纪三十年代后期，接近第二次世界大战的时候，毕加索的作品以灰色为主色调。灰色当时是坦克车和枪的颜色，这种暗色系会让人感受到一种压力。到了1937年西班牙内战之后，也就是在创作了《格尔尼卡》（*Guernica*）这幅作品之后，这种画风更为明显，这幅作品中的人物全部是扭曲的，整个割裂后重新拼凑。

而在第二次世界大战以后，大约是二十世纪四十年代到五十年代后，整个世界呈现出一种撕裂的局势，因此毕加索的作品在此时大都没有主题，画作不再有“名称”，只留下“编号”。

毕加索的作品是他敏锐心智的表现，反映出当时人类的处境。一般人因为看得不全面，无法表达得这么清楚，艺术家则可以体察真正的脉动，就像雷达观测站一样，在敌机即将来袭之时，侦察到那股氛围；而一般人只看到晴空万里，以为一切平静安详，无法预测危险即将来临。

在人神之间挣扎，以创造力反叛死亡

艺术家比一般人敏感，而如此敏感的心灵是要付出代价的。要成为艺术家并不容易，因为他们必须在人神之间挣扎。人代表有限的、会死的生命，神则代表不朽的、永恒的生命。艺术家从天上偷了一些永恒的东西给人类，所以西方用希腊神话中的普罗米修斯来象征艺术家[①]。

人终究会死，但是艺术家却用创作表现出永恒之美，这些创作也能够在他们的生命结束后继续存在。这些永恒之美需要后代人欣赏才能展现出来，否则即使是千古名画，藏在地窖中，也没有用。由此可知，艺术家面临的压力相当大，他们心灵上的挣扎、冲突不是一般人所能想象的，而这种真正的紧张和痛苦也只有伟大的心灵才能承受。

有一段关于小提琴家海菲兹的故事。海菲兹是当代第一流的小提琴家，某次英国著名的幽默文学家萧伯纳听了他的演奏会之后，深受感动，整晚睡不着，因此写了一封信给他。内容如下：

“海菲兹先生雅鉴：

---

① 普罗米修斯在偷了火之后，付出了极大的代价。从这种象征中我们可以知道，艺术家同样也需要付出极大的代价。相关讨论请参见本书第四章。

内子与我对阁下的演奏会赞叹备至。如果你继续演奏得如此美妙，将难免于早夭。没有人可以演奏得如此完美，而不致激起诸神的嫉妒。我诚心奉劝阁下，每晚临睡前胡乱演奏一些曲子……”

这个例子是要说明，海菲兹的演奏完美不凡，然而人间并不容许完美之物存在。越是美的东西，越容易让人因为随后的幻灭而心碎。

体验美好之物时，会感受到刹那的可贵。我在美国耶鲁大学念书时，有时候也会出现类似的感触。耶鲁位于美国康涅狄格州的纽黑文市（New Haven），这是美国东北角的一个小城，附近有几座小山丘。每当秋天来临，满山遍野的树长满了茂密的叶子，没有任何叶片的颜色是完全相同的。那种繁华热闹、多彩多姿，美到令人觉得好像无法思考了。然而，越是美丽的事物就越容易消逝，树叶在一两个星期之后就枯黄、飘落，只剩下干枯的树枝，紧接着就下雪了。

每当看到生命年复一年随着春、夏、秋、冬循环变化，我就会觉得人的生命确实很短暂。这也可以联想为艺术之中的审美意境。

艺术家的困境

既然艺术家把永恒带到变幻的人世间，让平凡人品尝到永恒之美，那么他们会受到什么样的惩罚？

艺术家常常会有罪恶感、精神失衡、自杀倾向三种由压力而来的行为，以下分别说明。

（一）罪恶感

第一流的艺术家在创作时往往会产生罪恶感，因为他们觉得自己好像泄露了神明的秘密，把不该展示的真相表达出来。但是，这种真相一旦被呈现出来，又难免陷入世间的限制与变迁之中。杜甫说："文章本天成，妙手偶得之。"有些人文章写得很好，但最多只能说是上天要形成这篇文章，亦即这文章原本就存在，只是借着作者的妙手偶然写下来而已。作家写成了好文章，把美好带进世间，但是，他也开始担心它会不会受到珍惜，或自己是否反而糟蹋了美好。

（二）精神失衡

艺术家容易精神失衡，亦即容易患有精神官能症。他们与世间的流行事物好像格格不入，常被认为特立独行，譬如，披头散发、不修边幅，说话不太在乎别人的感受。一般人遇到这种情形通常也会谅解："这也难怪，因为他是艺术家！"似乎艺术家就有豁免权，言行举止可以任性随意，再邋遢也没有关系。

事实上，这并不代表真正的艺术家都如此，许多艺术家会表现出这种行为，是因为他们的内外自我有时候不能平衡。艺术家的精神向往永恒，身体却活在这个世界上，所以需要通过某种刺激来麻痹自己，甚至使自己沉醉。有些艺术家会酗酒、吸毒，即是基于类似的原因。饮酒之后人处于一种半清醒的状态，这时候意识会松懈下来，潜意识将能发挥作用，让造化的力量通过自己的心灵表现出来。当然，长期处于这种身心状态，很容易造成精神失衡[①]。

（三）自杀倾向

除了罪恶感、精神失衡之外，艺术家也容易有自杀的倾向，譬如著名的作家海明威、川端康成、三岛由纪夫等，最后都以自杀结束自己的生命。艺术家的创作力量有时候与年龄及身体状况有关，当生命力旺盛的时候，创造力可以充分施展；相反，年纪越来越大之后，想要不断超越自己就很困难了。我们可以看到，很少人得到诺贝尔奖之后还能创作出第一流的作品，这是因为得奖之后作家成为世俗的英雄，就很难再全心创作了。而有些艺术家因为觉得自己无法再有新的创作，最后常常选择结束生命。

艺术家是人类的瑰宝

许多人以为艺术家的创作很容易，事实上他们在背后所下的功夫以及面临的挑战，都不是一般人所能想象的。如果真的了解艺术家的整个生命，可能会很庆幸自己不是他们。有一部电影《阿玛迪

---

① 柏拉图的“疯狂”理论在此可供参考：他认为疯狂有四种：（一）预言，来自阿波罗（Apollo）；（二）神秘仪式，来自狄奥尼索斯（Dionysus）；（三）诗的疯狂，来自缪斯（Muse）；（四）爱的疯狂，来自厄洛斯（Eros）与阿佛洛狄忒（Aphrodite）。由此可见，艺术家属于来自缪斯的疯狂，是一种神明所赐的幸福状态。但是，从平凡人的眼光看来，艺术家可能真的是疯狂了。

斯》(*Amadeus*)，叙述的是著名音乐家莫扎特的故事。像莫扎特这样的天才，同样也会遭逢困境，例如有人要对付他，他也变得疑神疑鬼。每个人的内心都难免经历一些挣扎，不过这种情况在艺术家身上表现得特别明显。

了解艺术家的特色之后，就能够理解他们为什么可称为人类的瑰宝了，听到一首好的曲子、看到一部好的电影时，都应该感谢这些创作者。此外，我们要懂得欣赏艺术作品，因为欣赏也是一种创作，通过欣赏的方式能够让艺术家的心灵不再孤单。关于这一点，在稍后讨论“艺术的审美效果”时，会作详细说明。

创造力与潜意识

这个时代大家都喜欢谈创造力，究竟怎样才能拥有创造力？在此针对艺术的创作过程与潜意识的关系，提供几点分析。

遭遇实在界：主客融合的忘我之境

一般人常说的“遭遇”，是指碰巧遇到某件事情或某种状况，譬如，“我今天的遭遇真是不幸”。而此处所谓的“遭遇”则是指整个人的生命全部投入而产生碰撞，在英文中称为 encounter，指的正是艺术家和“实在界”(reality)的碰撞。而实在界是指真实存在的领域，不再只是一些表面的现象。

一个人要成为艺术家，就必须遭遇实在界。公园里有时候会有一些人拿个画板为人画肖像，不到一个小时就完成了，不仅画得快，而且画得像，但是这种画不能称为艺术。那么如何才能称为艺术呢？

法国著名的画家塞尚，曾花了一年的时间画一棵树。有人问他为什么一棵树要画一年，他回答：树在春天、夏天、秋天、冬天，都有不一样的姿态、不一样的神采。如果不先观察一年，怎么知道它真实的生命是什么样子？因此，塞尚花了整整一年的时间观察这棵树，之后才下笔画出来。

塞尚画的树的确和一般树不一样，这棵树有神经、有血管，以及各种生命的结构，甚至连根都可以看到。虽然看起来树干不像树干、树叶不像树叶，但是却能让人感觉到这棵树的活泼生命——在春天欣赏这幅画，会觉得它就像春天的树木，充满新鲜朝气；在夏天观看，则会觉得这棵树在盛夏中，恣意伸展；秋天和冬天亦各有风采。换言之，这幅画把树的整个生命完全展现出来。这样的画才能称为真正的艺术作品。

艺术家之所以有这种创意，是因为他真的“遭遇”了树木的本身。树木本身不只是一个由人所定义的概念，而是指树木的生命。在艺术家的眼中，宇宙万物都有生命，只是一般人不容易察觉。

我曾经在德国南部一个小镇 Schwaebischhall 住过四个月，那个小镇只有三万人，但是基本的文化设施一应俱全，不但有图书馆、美术馆，还有演奏厅和一座大教堂。有一次美术馆推出一项展览，主题是“树木”。我好奇进去参观。按照指示，一进门我就戴上耳机，然后按照箭头，环绕展场中央的树走一圈。结果我发现，随着我走在不同地方，跟树木形成不同角度，耳中就会传来各种不同的声音。绕完一圈回到原点，我感觉到树木好像会说话、会用声音来表达自己的情感。

从此以后，无论在何处，我看到任何树木，都会觉得它有感情，会与人沟通。换言之，通过一次欣赏艺术的过程，我打开了眼界，对树木的了解深入许多。植物尚且如此，何况其他动物？这就是艺术家伟大的地方，他们视一切万物都充满生命。

在欣赏艺术的时候，很容易发现艺术家的“遭遇”是多么彻底。遭遇本来只是碰到某样事物，但艺术家却碰触到实在界的真实，最终能够达到物我融合、彼此相忘的境界，并且通过艺术创作将此境界展现出来。

洞见闯入意识领域

“洞见”的英文是insight，意味着潜意识闯入意识的领域。意识的领域就好比冰山，冰山有六分之一在海平面上，六分之五在海平面下。人类的意识也是一样，我们能清楚认识的部分只有六分之一，而占较多比例的六分之五则隐藏在意识之下。既然在意识之下，我们为什么会知道它存在？因为人会做梦。

提出潜意识理论的心理学家弗洛伊德，在二十世纪初写了一本

《梦的解析》，提到人之所以会做梦，是因为有潜意识。夜晚入睡时，意识的防卫系统松懈下来，潜意识就会跑出来活动，所以人会做许多梦，但醒来之后却几乎完全遗忘。

潜意识的分量之大、内容之复杂，还有待更深入地研究。没有人知道潜意识本身如何运作，但它确实有一种完型（Gestalt）作用。“完型作用”是心理学的专有名词，举例来说，大部分人小时候都看过许多童话故事，而这些故事不知不觉会在我们心中组合成一个整体。一般人不会知觉这种潜意识的运作，但有一天当你到了瑞士，却会感觉自己好像曾经来过。会出现这种“似曾相识”的感觉，是因为很多童话故事都以欧洲为背景，所以潜意识会让自己感觉到对这个地方十分熟悉。

潜意识的发现是人类精神成长的重要历程，因为它可以解决大多数灵异方面的问题。虽然人类对于潜意识还无法充分理解，但是在研究方面已经有了相当的成绩。譬如，荣格认为理性和非理性不见得一分为二，而是可以连贯的（传统的西方思想习惯把理性和非理性截然二分），这种思想就是从弗洛伊德发展出来的。

不只在艺术世界，有时候，科学研究也需要“洞见”。例如，美国纽约有一位化学家，领导一个重要的实验。这个实验进行了好几个月，但其中一直少了某个步骤，因此始终无法完成整个化学公式。有个晚上，这位化学家沉沉入睡，突然梦见了完整的公式，惊醒后，立刻拿了床边的面纸随手记录下来，再继续睡觉。可是第二天早上他清醒以后，却看不懂自己写下的一串符号。他非常懊恼，从此以后每天晚上都在床边放一本笔记本，希望再做一次相同的梦。隔了几天，他终于又梦到了那个公式，这次醒来后，他马上把公式记在笔记本上，后来也因此得到诺贝尔化学奖。

这是一个真实的故事，正好可以说明潜意识的功能。化学公式之所以会在化学家的梦中出现，是因为潜意识本身会运作及组合，可以超越清醒时自己忽略的一些盲点，最后组织成一个完型。

美国心理学家詹姆斯（William James，1842—1910），说过许多深刻而有趣的话，其中一句是这样的："我们在夏天学习溜冰，在冬天学习游泳。"一般人听到这句话会以为他讲反了，事实上他是对的。许多人都有过这种经验，在某年夏天学会了游泳之后，来年夏天再游，忽然之间就游得很好。这是因为冬天时，虽然没有真的下水，潜意识却在运作，由此组合及协调身体与四肢的活动。游泳主要是靠身体与四肢的搭配，这种搭配不是一朝一夕可以熟练的。一个夏天或许无法提升泳技，但经过一个冬天，情况就不同了。溜冰也是相同的道理。

人的身体本身也有记忆，譬如一个开车经验非常丰富的人，坐上驾驶座，根本不需要思考如何操作，自然就有本能的反应；相反，一个不会开车的人就缺乏这种本能反应，因此即使辛苦得满头大汗，还是无法掌控一部车。这就说明潜意识的运作能够让一个人的某种能力充分发挥，使整体得以协调。

一旦洞见出现，周围的一切就会再显生机，活跃起来。举例而言，当我的研究还没完成的时候，触目所及，任何事物都死气沉沉；

一旦我的研究得到好结果，走出研究室时就觉得天地一片光彩，充满了活力，好像所有人都在对我微笑。“洞见”的出现也是如此。

整个存在界本来是充满活力的，只是因为人习惯把它定位在一个明确的概念范围之内，以至于忽略了整个宇宙活泼的生机。如果总是等灵感出现之后，才感觉得到活泼的生命力，那么这辈子将会错失许多审美的机会。

创意往往在意识转换之刹那展现

想要让潜意识展现，有一些方法可供参考。譬如，有些人建议一件事情不要做太久，每隔五十分钟就改换处理另一件事情。许多学生在准备考试的时候都会发现，如果同一科目连续阅读三小时，效率就会越来越差。相反，如果国文读五十分钟之后改做数学，五十分钟之后再改读历史，那么效果会好很多。所以做任何事情都要懂得转换。

爱因斯坦曾经说：“为什么我最好的灵感都在刮胡子的时候出现？”这是因为刮胡子往往是在每日开始工作之前，这时候内心没有任何紧张、压力、障碍。当脑中一片空白，潜意识里精彩的心得就能表现出来。他平常很少有灵感，就是因为大脑平常总是不断地思考，被意识塞得满满的，当然不可能觉察灵感和创意。换言之，有时候，一个人需要先回到空无的阶段，重新出发，才会开始灵光浮现。

美国有一位作家，他在家中特别设计了一个没有窗户的房间，门一关起来立刻一片漆黑。每隔两三个月他就会把自己关在里面，有时候半天，有时候一天，让自己完全与世隔绝，这就是他保持创意的方法。由此可知，转换的刹那非常重要，在转换的过程中让自己的心思一片空白，或者，试着从新的眼光、新的角度来欣赏这个世界，之后才可能产生新的创意。

所谓“习惯是第二天性”，人很容易养成固定的习惯，因为这是一种让人觉得稳定、安全的轨迹。但是，习惯也可能让人封闭在一个范围里，不敢离开。事实上，有时候另辟蹊径，试着在别的领域尝试一下，反而能看到不一样的风光。

艺术的审美效果

大多数人并不具备作为艺术家的条件，也不打算成为艺术家。换句话说，大部分人都属于欣赏者，因此以下便讨论如何欣赏艺术。艺术的审美效果大致可以分为以下几点。

表现感情甚于模仿自然

“艺术究竟是模仿还是表现？”这个问题直到现在还引起不少讨论。事实上，艺术当然是一种表现，模仿本身并不能成为艺术。一幅画即使画得和实物一模一样，都只是模仿而已，还不如拍照来得精准。

模仿只是成为艺术家所需的基本功夫，譬如，成为画家之前，必须先临摹许多静物、人像等。模仿是一种技术，庄子认为“道”是“进乎技矣”[①]。从技术进步到艺术，才能称为艺术家。技术需要经过锤炼，到最后能够出神入化，就会提升为艺术。

创造性的表现，目的性的结构

艺术的表现需要有计划，因为它是一种创造性的表现，而不只是任意表现。要有创造性的表现就必须具备目的性的结构。例如，作曲时，首先要设计一定的曲长，然后把它分成数节，思考每一节需要哪些旋律来表现情感，这就是结构。一首曲子一定要有结构，就像写文章要有“起承转合”一样。结构本身要显示出一种目的，譬如它可以用来表达某种情感，而这种情感在这样长度的曲子中，正好可以彰显得淋漓尽致。

换言之，艺术要想表达某种情感，需要有一个经过设计的、目的性的结构。

所谓目的性的结构，以作曲为例来说明，结构中强调的某些重点、精华，当我们聆听歌曲时也很容易注意到，因为这些部分往往

---

① 此语出自《庄子 · 养生主》，描写“庖丁解牛”的故事，意思是：道“已经超过技术的层次了”。关键在于庖丁（厨师）所谓的“以神遇而不以目视”，就是在解牛的时候，以心神去接触牛，而不是用眼睛去看牛。请参看《傅佩荣译解庄子》，东方出版社出版。

会不断地回旋往复。至于前奏和结尾，都只是让听者准备及调适心情而已。

孔子谈到音乐时说："乐其可知也。始作，翕如也；从之，纯如也，皦如也，绎如也，以成。"（《论语·八佾》）

这句话的意思是：音乐是可以了解的。开始演奏时，众音陆续出现，显得活泼而热烈；由此接下去，众音和谐而单纯，节奏清晰而明亮，旋律连绵而往复，然后一曲告终。由此亦可看出"目的性的结构"在其中运作。

不只是情感的宣泄或净化，而是升华

艺术能够使人对生命内容深入体会，从宣泄及净化感情，进而创造主动的活力。

人活在世界上常会触景伤情，人与人相处久了也会产生感情，有了情，难免造成各种正面或负面的后果，进而产生复杂的恩恩怨怨。譬如，《论语》中经常出现"怨"这个字。事实上，在《论语》这样一本薄薄的书中，"怨"这个字就出现了二十次。由此可知，在孔子和弟子的对话中，也常用这个字来描述情感。

人生不可能没有遗憾，有时候是别人抱怨我，有时候则是我抱怨别人，这时候就应该通过欣赏艺术作品来宣泄和净化感情。

举例来说，我最近跟别人处得不好，心情非常郁闷，那么我可以试着听音乐。在聆听音乐的这段时间，很容易忘记自身的遭遇，而把自己在此一时空所受到的压力纾解开来，进入艺术的世界。艺术世界本身是超越时空的，能够化解人们心里的当下困境，当融入一首曲子的艺术境界时，就能忘怀其他繁琐的事务。

一般人都知道艺术可以让感情得到宣泄和净化，却忽略了它也能使人的生命产生主动的活力。欣赏艺术看似被动，因为一个人在听与看时，是以感官去接受别人提供的作品；其实它也可以产生一种主动的活力，使我们由被动变成主动，重新凝聚生命力。亦即可以通过艺术的接引，使生命产生一种新的动力。

第一流的艺术家，必然对生命有非常深刻的体会。因此，如果观赏的人年轻而经验有限，当然不易与艺术家呼应，而难免产生落差，唯有当生命有了实质经验及内涵，才可能与艺术家的心灵接合。由此可知，年轻的时候听音乐、读小说、看电影，都只是让生活增加趣味而已。只有到了某个年纪，经历了人世的沧桑、累积了足够的经验，才能真正体会某些艺术作品的内涵。

我且以自己的经历，来说明审美经验。我在美国攻读博士学位的时候，每天读书十二个小时以上，非常辛苦，压力极大。其中最明显的压力就是一种不确定、不安全感，因为不知道自己究竟能不能顺利取得学位，而我纾解压力的一个方法就是听音乐。我每天晚上睡觉前都会听音乐，有一晚听到芭芭拉·史翠珊（Barbara Streisand）所唱的《回忆》（*Memory*）时，忽然很感动。这种感动不带任何激动的情绪，反倒多了几分宁静的力量，让我感觉到一种特殊的安慰，心中满溢着淡淡的喜悦。

我于是思考这是一种什么样的感觉。这种感觉用一句话来形容，就是“只要让我听到这么美的曲子，再怎么苦也值得”。对于未曾经历过真正苦难的人来说，是无法体会这种感受的。诗人纪伯伦（Kahlil Gibran，1883—1931）说：“美——就是你见到它，甘愿为之献身，甘愿不向它索取。”因为美的本身就是最好的回报，有了美，人生尚有何求？接着我又想：“为什么我以前从来不曾觉得这首曲子这么美？”事实上，这首曲子我听过很多次，却唯独在那个晚上的那个时刻，忽然受到感动，觉得它美得足以让自己的一切辛劳都得到回报，让我又有斗志可以继续下去。这就是一种生命的力量，化被动为主动的活力。

在人生某一时刻出现这种感动时，可以把这首特定的曲子记在脑海里。如此一来，不管日后遇到什么困境，或是受人误会，只要再度聆听这首曲子，就会浮现“就算天下人都不了解我也没关系，至少还有这首曲子”的开朗心情，这就是美的力量。

如果你现在觉得这种说法很奇怪，代表你十分幸福，还未经历过苦难，所以无法感受到这股力量。然而，每个人终究会了解这种感受，因为苦难是人生必然经历的过程。没有人能够避免经历生、老、病、死以及喜、怒、哀、乐的情绪，至于事与愿违更是随处可见。

一个人年纪较大之后，还能受到美的感动，应该怀着感恩之心。相对的，这也代表此人的生命历程可能比一般人辛苦，因为一帆风顺的人不大可能欣赏到美，顶多只能欣赏到表面而已，譬如有些富人喜欢搜集世界名画挂在家里，但他们关心的往往只是那些画值多少钱，而不是画本身的美。

通往自由之路，恢复完整生命

曾经看过《肖申克的救赎》(*The Shawshank Redemption*)这部电影的人都知道，片中男主角曾为了听莫扎特的《费加罗的婚礼》，而闯入控音室，尽管警卫一再叫嚣要他出来，他也不为所动，最后被抓到黑牢中关了两个星期。事后问他，为什么为了听一首曲子愿意付出这么大的代价，他回答："监狱能关住我的身体，却不能关住我的心灵。因为有音乐，我的心灵得以翱翔。"

人间是一座大监狱，每个人活在世界上就好像被关在监狱中的犯人一样。我们以为自己是自由的，事实上每个人都以各种方式为自己设定行走的范围。人有身体，不可能有真正的自由，需要靠艺术的审美才能通往自由之路。

一个人如果能体验到审美的愉悦，那么艺术家的一切作品都可以任你取用，无论是音乐、舞蹈、绘画、小说、戏剧、诗，还是电影。例如，有时候看到一部浪漫的电影，会觉得爱情真是伟大，这种感觉是现实生活中所无法体会的。由此可知，人活在这个世界上，如果能够审美，是一件多么幸福的事。

自由就是可以"做我自己"，亦即减少自己被其他因素干扰及限制的机会。艺术审美就能够让人不受任何干扰，摆脱任何限制。以多年前的我为例，每当假期来临，只要抱着一套金庸小说，即使全世界的人都不理我，我也不在乎。

同样，许多人对最喜爱的电影会百看不厌，有时候对内容熟悉到连什么时候会出现什么人、说出什么台词都了如指掌，并且在看过以后觉得“就算人生再苦也值得”。换句话说，电影的剧情已经跟你实际的人生打成一片了。

许多生活经验是我们不可能亲自去接触或遭遇的，而通过观赏艺术，将使心灵好像遭遇这些经验一般。由此可知，一个人看电影或小说，如果能看得更深刻、更投入，内心就会产生更丰富的生命内涵。

生命有无限的可能性，人却只能过一种生活。以职业来说，每个人只能选择一种主要的职业。然而，每个行业有不同的生命境界，因此只好通过欣赏电影、小说，或其他的艺术形式，来充实自己对这些境界的向往，才不至于感到遗憾。

结论：通过艺术了解生命

从古至今，多少伟大的艺术家，他们拥有某种特殊的才能，经过辛苦的基础训练，将涌现的灵感化为动人的创作。这些人的潜意识比一般人更容易进入意识的领域，因此，他们的洞见得以展现，再加上他们的心灵与真实世界有直接的接触，所以可以为真实世界揭露出内在的意义。

而作为欣赏者也是不错的，因为如果没有欣赏者，艺术家的生命一旦结束，就没有人能够重现他们作品的活力。通过与艺术家心灵的契合，欣赏者也能让自己提升到一种属于全人类的更高层次。最重要的是，通过艺术领悟一种自由，让生命获得解脱，恢复人原有的完整性。

哲学强调理性思维的能力，但是不会忽略审美经验的调节功能。在审美时，一个人可以体会短暂的忘我状态，化解世间的压力与烦恼，感觉人生一切劳苦原来是为了放下担子时的那种惬意与自在。审美经验犹如生命乐章的间奏，虽然平淡却富含生机。

第十二章　宗教与永恒

对“宗教与永恒”这类题材的探讨，在人的一生之中迟早会出现。早遇上的人表面上看起来好像比较不幸，因为他可能提早经历生命中的各种忧患，而有探究人生一些终极问题的需要。然而，如果一直忽略此一题材，人生很可能会走上岔路、歧路，甚至是迷途，直到最后蓦然回首，这种迟来的领悟有时候未必是一件好事。譬如，人在面对痛苦时，要思索这是因果报应，还是合适的磨炼；陷入罪恶的旋涡时，会自问责任归属以及希望何在；等到面临死亡的关卡时，更希望能理解是否有死后的世界。因此，随着年龄增长，最好能够在这方面有更深入的了解，以界定一幅周全的人生蓝图。

对宗教之批判

近代以来科学发达，人们推崇理性至上。自然科学与社会科学对宗教都有一些批判。在这些评论中，有一部分值得参考，但是大体来看，难免带着学术上的偏见，因为某些宗教题材超越了理性所能判断的范围。

自然科学主义：无对象可言

以中世纪的西方来说，宗教原本是弥漫在人的整个生活之中的，直到 1500 年前后，即使是文艺复兴已蓬勃开展、科学革命逐步出现的年代，宗教仍旧压制着知识的发展。最早主张地球不是宇宙中心的人，大都受到宗教迫害，甚至被烧死，如布鲁诺（Giordano Bruno，1548—1600）。当时很多人因为害怕受到折磨，尽管发现宗教与科学有所冲突，也不敢明白说出来，如伽利略（Galileo Galilei，1564—1642）于1616年被宗教裁判勒令放弃“地动说”。

其实科学与宗教本身并没有这么大的冲突，往往因为既得利益者受制于私心与欲望，才会产生复杂的问题。举例来说，宗教界害怕科学界说了太多真话，使他们的权威受到挑战，因此想尽办法打压新的言论。事实上，宗教的权威本来就不应该用在有关自然世界的解释上，因为宗教对自然界的看法，只是固守着一千多年以来所谓的托勒密（Ptolemy）天文学。托勒密天文学主张“地球中心说”（或“日动说”），而近代以来科学所主张的是“太阳中心说”（或“地动说”），其中的转变简直是天翻地覆的。

自然科学在近代以来的发展令人赞叹，相形之下，宗教只能慢慢退守，最后退到一个很小的领域，像是灵异、个人迷信这种范围。反观自然科学，则显示一个特色，就是非常客观，也相当谦虚——无论是天文学、地质学、生物学、物理学、化学等，都有各自的领域，而分门别类的专家很少会在自己的领域之外任意发表言论。我们可以询问：“有哪一种自然科学有权利对宗教的本质提出意见？”事实上，没有任何一种自然科学拥有这种权利，因为自然科学探讨的是自然界，与宗教信仰并没有必然的关系。换言之，无论这个地球如何变化、是不是宇宙的中心，都不会直接挑战对人类生命的起源与归宿之信仰。

目前自然科学对宇宙的来源有两种解释："黑洞说"与"爆炸说"。这两种说法都还在观察研究的阶段，尚未获得定论，因为人无法回到过去，重新经历整个过程。然而，无论是哪一种说法，都有一个明确的前提，亦即"宇宙是有开始的"。有开始之物必然有结束，因为它本身并未拥有"使自己存在"的力量。所以，在自然科学的观点下，宇宙到最后必然会以某种方式结束。既然自然科学承认宇宙是有开始的，那么我们可以思考："在宇宙开始之前是什么情况？为什么要有开始？"这其中就产生了信仰的空间。

有些人认为因为我们看不到上帝在哪里，所以不能证明上帝的存在。一位香港的教授曾经在研讨会中提到，他女儿七岁的时候第一次坐飞机，当飞机升上空中后，小女孩忽然说："我现在才知道上帝不存在。"他女儿原本以为到了空中以后，可以在窗外看到上帝，结果发现并非如此。事实上，如果你认为上帝应该在某一个地方，就代表你相信上帝是一个实物，因为实物才需要具有方位。换言之，如果上帝不是物质性的，就没有"在何处"的问题。然而，如果上帝不是物质，那又是什么？上帝是属于精神性的，这一点稍后再作进一步讨论。

总而言之，自然科学家在原则上应该客观、严谨而谦虚。若一个人以科学家的名义批判宗教，那么他显然已经跨越了本身的范围。也有很多科学家是以个人身份支持宗教的。例如，爱因斯坦曾说："一个人对于宇宙和人生，一定要存有敬畏的心，因为其中充满了许多奥秘，而这些奥秘永远不能被解释清楚。”就连科学家也应该以一种敬畏的心面对奥秘，如此一来才有可能不断发现更多真相。

如果科学家认为上帝不存在，找不到研究的对象，那么就应该保持缄默，因为对一个没有把握或没有对象的东西，不能说它“是”或者“不是”，否则将会变成一种“自然科学主义”，亦即认为唯有能够经由科学方法或客观经验加以检证的，才能称为存在。如此一来，世界上存在的东西未免太有限了，连人也只能被分析为一堆化合物了。

社会学主义：社会之工具

社会学家对宗教的批判，要比自然科学家更为有力，因为社会学所研究的是人类的群体现象。在此以涂尔干（Émile Durkheim，1858—1917）为例来说明这一点。涂尔干是法国社会学家，代表作是《自杀论》（*Suicide*）。他曾经说过一句掷地有声的话：“宗教是社会的工具。”这种说法的根据是：每个人都有自私自利的倾向，而社会是群体生活的领域，所以个人可能会破坏群体。为了避免整个社会被许多自私自利的个人所破坏，因此必须发明宗教和上帝来约束个人。

有些人不怕别人，却害怕鬼神，因此宗教对人确实有一定的约束力。政治领袖也常常希望宗教人士能够帮忙维护社会的善良风气，因为宗教可以稳定社会，避免个人以私心侵害整体利益。然而，宗教真的只是社会的工具吗？其实并不尽然，在此可以提出三点批评来反驳这种论点。

首先，宗教所揭示的人生戒律，必然是超越法律的。法律毫无疑问是社会的工具，但是宗教的戒律，却往往比法律更严格，更深入人心；宗教所宣扬的博爱情操，也高于一般的道德理想。

其次，宗教的诉求是针对普遍的人，而不是社会中某些特定的人。很少有一种宗教是局限在某个地方，而外人无法接触的。尤其是大型宗教，往往能够跨越不同的民族及不同的时代。

有一本书《僧侣与哲学家》(*Le moine et le philosophe*)①，内容记载的是一对法国父子的对话，父亲是有名的政治哲学家，儿子则是信仰藏传佛教的喇嘛。这个家庭非常杰出，除了爸爸是哲学家之外，妈妈是艺术家，还有一个舅舅是航海家，所以他们经常与当时法国杰出的人物来往。他自己则是法国巴黎大学生物学博士，老师是诺贝尔奖得主。他在准备念博士之前，看到了一些幻灯片，介绍西藏喇嘛的生活，觉得很不可思议，因为这些人虽然生活得很穷困，身上却散发着一种稳定的力量。他很好奇，就到喜马拉雅山去了解及学习喇嘛的生活。

他说："我在喜马拉雅山的时候，很快就忘记了巴黎；但是回到巴黎，却忘不了喜马拉雅山。"因此他拿到博士学位之后，告诉父母："我已经满足你们的要求了，从现在开始我要做我自己。"然后

---

① 本书由尚·方斯华·何维尔(Jean-Francois Revel)与马修·李卡德(Matthieu Ricard)合著。

就到喜马拉雅山修行，二十年后他与父亲在出版社的安排之下对谈，内容结集为这本《僧侣与哲学家》。

我介绍这个故事，是要肯定宗教的普世性。许多人以为佛教只是东方的宗教，但它可以传到法国，影响一个法国人的一生。在美国也有很多佛教徒，甚至照样出家当和尚。既然如此，怎么能说宗教是社会的工具？若我们认为宗教是社会的工具，就必须指出是哪一个社会。更何况到目前为止，社会都是个别的，没有一个普世性的社会。由此可知，这句话是有问题的。

最后一点，如果宗教是社会的工具，那么为什么很多宗教在被社会压迫时，反而越挫越勇？例如，罗马帝国初期，基督宗教刚创立时，受到政府相当严重的压迫，被抓到的基督徒只有两种选择，其一是放弃信仰，其二则是被火烧死或抓到斗兽场喂狮子。奇怪的是，这些人被抓到斗兽场后，不但没有痛哭求饶，反而拥抱及感谢狮子。这是因为他们有信仰，并且相信在这一生中无论犯了多少罪，只要能为了信仰而牺牲生命，就可以直接进入天堂。

当宗教与社会发生冲突时，宗教并没有妥协。相反，宗教与社会结合得太好，反而会使宗教腐化。马丁·路德推行宗教改革，就是因为当时的天主教相当腐化，不但发行赦罪券（当时教廷当局对赦罪券的宣传是：只要花钱买赦罪券，死后可以赦免一定期限的惩罚。所以，有钱人无论犯多少罪都可以抵免。这种想法太迁就世俗，把死后的心灵状态，用现世的观念，如物质交换及买卖来考虑，相当荒谬），少数教宗甚至有私生子女。这就说明宗教如果与社会结合得太密切，取得了太多资源，结果反而会腐化。

由以上几点说明可知，宗教并不是社会的工具：首先，宗教的诉求比法律更高，要求的是更完美的人格表现；其次，宗教所传布的对象并不是个别社会中的人，而是全体人类；最后，宗教与社会之间有时并非相辅相成，反而会产生一种紧张关系，督促社会追求正义。

心理学主义：心理上的拐杖

心理学家的批判又比社会学家更深刻，因为心理学研究的是个人的心灵状态。西方心理学发展的历史很短，是 1879 年冯特（Wilhelm M. Wundt，1832—1920）在莱比锡大学设立心理实验室后，才成为一门独立的学科。它一开始发展就势如破竹，影响力日增，很快就成为所有学科中的显学。正由于心理学受到了高度的重视，我们在此先稍作分析。

心理学与哲学的差别在于：心理学的研究方式是出自于假言命题，哲学则是属于定言命题。假言命题就是假设命题，例如，“假如你要去美国，就要学好英文”。在这个命题下，如果不去美国，就不一定要学英文。由此可知，假言命题是可以谈条件的。

哲学基本上属于定言命题，例如，我们活在世界上首先要知道“人是什么”，给“人”下定义，就是一个定言命题。当你知道“人是什么”，接着就要思考“人应该如何”，这种定言命题和假言命题不同，是不能谈条件的。我们不会说：“假如我是人，那么我应该怎么做。”因为我们不可能不是人。

心理学上常用各种不同的动物做实验（设定某种刺激看动物如何反应），然后从它们反应的模式来思考人会有什么反应。但是人和其他动物毕竟不同。

哲学常讨论人的问题，譬如，人性是善的还是恶的？人是否有原罪？这些问题看起来好像没有定论，但是不能因为没有定论就被忽略，因为这些问题如果没有解决，则“人生应该如何”在根本上就无法说得清楚。尼采说：“如果你弄清楚自己为了什么而活，你就能够忍受任何一种生活。”——一个人最怕的就是不知道自己为何而活，那么即使有再好的享受也会觉得无聊。

关于心理学对宗教的批评，在这里以弗洛伊德的学说为例。弗洛伊德的心理学又称作深度心理学，或是心理分析学。在他之前的心理学，主要是从外在行为的观察（人在什么样的情况下有什么样的反应模式）去猜测内心，把人看得太浅显了。弗洛伊德认为，观察一个人不能看表面的行为，而要从深度来看。所谓的深度就是指人的潜意识（或称无意识），潜意识在意识的层面之下，无法被我们知觉，而能够知道人有潜意识，是因为我们会做梦。

弗洛伊德认为宗教是人类心理上的拐杖。每个人心理都有一些创伤，这些创伤一般来说是幼时的遭遇种下了因，造成我们年长之后，常会觉得活在世界上不易快乐。有些人外表看起来很健康，但是内心却很脆弱，容易恐惧不安，这时候心理就好像是脚受伤了需要拐杖撑扶一般，如果有了信仰，心理就好似有了依靠，生活就能够过得比较愉快。

弗洛伊德的理论并非完全错误，因为事实上的确有这种情况存在，但这还不足以解释宗教，因为并非所有人都是内心有问题才信仰宗教。很多心理非常健康的人信仰宗教，纯粹是想真诚面对自己的生命。更何况，如果弗洛伊德的说法成立，就是肯定不信宗教的人心理上都很健康，但这种说法根本背离事实。

元朝时，有位意大利人马可·波罗（Marco Polo，1254—1324）到中国旅行，回去之后写了《马可·波罗游记》。这本游记是欧洲人认识中国的重要媒介，他把中国描写得既完美又富裕。我们知道这么美好的中国并不存在，但是这不代表真正的中国也不存在。宗教中的神也是一样，我们心里面所想象的神太完美了，这么完美的神可能不存在，但是这不代表真正的神也不存在，因为神对人而言永远是一个奥秘。

因此，心理学家的说法的确解释了宗教的一部分，亦即人的心理需求、主观的意愿及情感，与宗教信仰有密切的关系。譬如，每个人选择的宗教信仰有所不同，是与个人的性格及命运有关。但是光靠心理学仍然不足以解释宗教的所有现象。

语言学：无意义的空话

关于语言学对宗教的批判，我以英国哲学家艾耶尔（Alfred Ayer，1910—1989）的看法作为参考。他认为宗教语言是无意义的空话。举例来说，很多电线杆上贴着“神爱世人”的标语，究竟“神爱世人”是什么意思？这看起来只不过是人们一厢情愿、无意义的空话而已。又如，有些地方会贴着“常念南无阿弥陀佛”，但是念了之后又如何？其他如佛家常说的“万法皆空”“诸恶莫作，众善奉行”这些话，听起来都很有道理，却没有清楚说明什么是善、什么是恶、判断的标准何在，一切岂不是成了自由心证？那么，宗教语言真的毫无意义吗？对艾耶尔而言，所谓的“意义”，是指可以用感觉经验或数学及逻辑来验证的。但是，在此之外，人还有审美经验、道德经验、信仰经验等，难道与这些经验相关的语言都是无意义的吗？语言的意义应该就其使用的范围与效应来判断。譬如，宗教语言对信徒而言显然是有意义的，不但有明确的指涉，也会产生具体的效果。既然如此，何必唯科学语言或感觉语言马首是瞻？

总结以上所说，对于宗教的批判可以从各种不同的角度出发，但这些都不足以使宗教消失，也不足以因此认定宗教完全是迷信，因为人的生命本来就有很多层面，其中某些触及根本的问题，并不在提出批判的学说所探讨的领域内。就自然科学而言，它对宗教完全没有发言的权利，因为自然科学和宗教所面对的是完全不同的领域；社会学研究的是社会现象，想要以此解释人的宗教信仰，难免不够周全；心理学虽然可以深入人的心理结构，但是一谈到信仰还是有很多奥秘超出了它的范围。语言学质疑宗教信徒说的话没有意义，但是这种能够产生重大作用的语言，又岂是“没有意义”一语所能否定的？

从信仰出发

宗教与信仰密不可分，因此首先要思考：“信仰到底是什么？”信仰至少包括三种类型：人生信仰、政治信仰、宗教信仰。

（一）人生信仰

人生信仰是最广泛的，一个人的人生信仰就是他所认定人生中最重要的事。举例来说，孙中山说：“人生以服务为目的。”这就是一种人生信仰的表现。我们交朋友的时候，往往要先看彼此的人生信仰是否契合，由此可以判断彼此是否可以继续交往。

（二）政治信仰

政治信仰是指某种对政治的理想，并且希望通过一群人的组织，得到政权实现这个理想。政治信仰表面上看起来很伟大，譬如很多人为了自己的政治信仰而坐牢。这种人称为“政治犯”，他们往往会受到大家的尊重，参与选举也能无往不利。这就说明政治信仰的确有它的崇高性。但是政治信仰最终的目的还是要得到政权，因而在手段上可能会产生比较大的问题。

（三）宗教信仰

宗教信仰是三者之中最纯粹的，因为它基本上牵涉到的是所谓的“超越力量”。“超越力量”是一个重要的关键词，也是宗教信仰的内涵所在，至于教堂、寺庙，或者是做礼拜、望弥撒、祭神拜佛这些仪式，都只是宗教的外显活动而已。

信仰是人与超越力量之间的关系

信仰是人与超越力量之间的“关系”。所谓的超越力量是指：人间之苦、恶、死的最后诉求，万物存在之充足理由，以及使个人产生绝对依赖感的对象。

（一）人间之苦、恶、死的最后诉求

人活在世界上难免承受许多痛苦，在追问这些痛苦的最终理由时，答案就会指向超越力量。若人所受的苦难毫无理由，死后一切化为虚无，那么谁愿意受苦？大家都会想尽办法、不择手段地逃避一切苦难。许多人愿意受苦并且依然坚持原则，就是因为这肯定了他与神明之间有互动的关系。同样，人到最后都要离开这个世界，之后会去哪里？这也是超越力量领域中必须回答的问题。苦、恶、死都是人类生命的界限，这些是人的理性所无法理解的，因此，必须依靠超越力量给我们一个解释。

（二）万物存在之充足理由

万物的存在必须要有理由。万物在生灭变化中，有开始也有结束。那么，是什么因素或力量，造成了这一切？如果没有答案，则

万物的本质无异于虚无，我们也只能困陷于茫然之中，感叹人生之荒谬了。

（三）使个人产生绝对依赖感的对象

在体察了人生的变幻与无常之后，我们会领悟到有生有灭的生命靠不住，除非它能找到一个绝对的依赖对象。人间的各种依赖（如依赖父母、家人、朋友、社会、国家等）都是相对的，没有真正的可靠性。因此必须有一个绝对的力量可以提供支撑，人生才有意义。

综上所述，谈到信仰，首先要肯定它是人与超越力量之间的关系。当一个人面临生命的界限时，会发现有一扇窗打开了，让人体察到一种超越的力量。这种力量和自我之间有一种关系，彼此可以互动，并且使我的生命从根本上改变了。此一关系一旦出现，个人的信仰才可能站稳脚跟。

孔子曾说自己“五十而知天命”（《论语·为政》），“知天命”表示孔子知道天命与自己有一种关系，并且知道这种关系的重要性。一个人如果要谈论信仰，首先必须知道自己与神明有没有关系。接着，我们要问：“究竟我和神明之间有什么关系？”

我们会说自己来自于父母亲，那么父母亲又来自于谁？祖父母又来自于谁？我们身体的存在当然来自于祖先，但是“我们为什么会存在”就与神明的意愿有关了。所以，“我的生命来自于神明”，这就是一种人与神明之间的关系，亦即我的生命不是突然的、无奈的、莫名其妙的，而是有理由的，这个理由来自于神明的力量。神明如果是我们生命的来源，那么他也须负责作为生命的归宿，这就像道家所说的“道”：万物从道而生，最后亦复归于道。

超越力量的表现：超越者、超越界

超越力量表现为“超越者”和“超越界”两种形态。当我们讲到超越者的时候，比较有明显的位格性（personality）。许多人都会思考一个问题：“神到底有没有位格性（人格性）？”基本上，我们可以说“神是有位格的”（God is personal），但不能说“神是一个人”（God is a person）。如果我们说“神是一个人”，那么他就不能作为宇宙万物的主宰，因为宇宙万物里面有很多东西与“位格”（person）无关。相反，如果说“神是有位格的”，并不否认“神亦是超位格且非位格的”（God is also super-personal and impersonal）。换言之，神的“personal”是对人开显出来的部分，除此之外，他还有超越人的理性所能理解的部分，亦即超位格的部分；也有非位格的部分，譬如他造了高山、大海，这些就是非位格之物。

有神论者并不是因为真的看到了神具有某种位格的性质，因此相信神有位格性，而是因为我们人类是位格的，所以神自然是位格的，否则人与神之间将无法沟通、无法建立关系。

但这绝对不表示“神是一个人”，否则神就变成和我们一样是一个具体的位格，也就不可能创造超位格的和非位格的东西，也无从与这两个部分建立关系了。这里要特别指出，神的全面性与丰富性，对人而言必然是一个奥秘，不可能让人以言语说清楚的。

譬如，孔子所谓的“天”即具有超越者的特色，所以他说：“知我者其天乎。”(《论语 · 宪问》) 又说自己“五十而知天命”，天能够对人有所命，当然是超越者。道家的说法则偏向超越界，也就是所谓的“道”。

超越界是由超越力量所显示出来的领域或境界。像超越力量，或超越者与超越界，这些名称，所指的都是同一层次的究竟真实或存在本身，亦即宗教信仰的对象。不过，在不同的宗教系统中，会以不同的特定名称来称呼之。

宗教是信仰的体现

宗教是信仰的体现（具体实现），亦即人与超越力量的关系之体现。因此，自然会受到时空的影响，它必须在一个特定的时间、特定的地方展现出来，譬如耶稣在非洲信徒眼中就变成黑人，到了亚洲信徒眼中就变成黄种人，在美国、欧洲则是白人。这就说明宗教在不同的环境与时代，都会有所调整，因为它既然是具体实现，就一定会和当地的文化特色结合在一起。

随此而来的是，宗教呈现出多元并存的现象。在不同的文化区域，一派宗教会配合当地的特色，演变成特定的形态，并且，世间也会有多种宗教同时存在。这种现象显示出，人们是以自己的方式表现出神的面貌的。我们常说“条条大路通罗马”，神的千万种风貌，其实只是人类给他的不同名称与描述而已。神明之所以能用不同的名称来表达，是因为他本来就不是人类认知的一个对象。

信仰是内心的超越力量

当我们知道了神的名称之后，接着就要超越这个名称。亦即，我们首先要认识“神是什么名字”，接着要了解“他不等于这个名字”。这就像禅宗说的“随说随扫”，把人所说的名相扫掉，否则执着在某个名相就会变成偶像崇拜。

人类之所以要设立偶像，是因为人的生命是有形的、具体的，因此需要一个有形的、具体的表现（偶像）来对照，否则就会觉得生命好像落空了。然而，找到偶像之后，必须进一步打破偶像，而不能执着。如果一定要执着于有形可见的对象，反而会错失宗教真正的内涵。

有些宗教强调一个人往生后烧出了几颗舍利子，好像舍利子越多表示修行越高。事实上，从医学的角度看来，舍利子有时候是结石，与一个人的修行并无必然的关系。当然，我们无意反对宗教上的说法，只是要说明，神迹的显示并不是宗教的内涵所在。宗教的意义在于，把信仰中人与超越力量的关系以合理的方式表现出来，所以我们对于表现出来之后的多元化现象，要学习去尊重和容忍，甚至是欣赏。

一般说来，我们比较容易了解一个有信仰的人在想什么。一个人有了信仰，内心会有一个对照的力量（超越力量），并且他也必须对这个力量负责，因此显得比较内省与内敛。信仰往往展现为人内在对自我要求的定力。有过信仰经验的人都知道，信仰要求信徒反省思考自己的过错，认真忏悔，然后重新做人。人生就是一个行路的过程，而信仰中有各种仪式可以帮助一个人随时随地重新出发。

宗教的条件

哲学思考的运作，首先要界说一个概念的定义。因此当我们以哲学的方法讨论宗教时，首先要把宗教的条件列出来，符合这些条件的就是宗教，不符合的则不能称为宗教。先界说其定义，然后再进一步探讨，哪些宗教比较高级，哪些宗教比较低级，还有哪些是迷信。认清这些以后，遇到宗教的问题就不会有太大的困惑了。

宗教的条件有五：教义、仪式、戒律、传教团体、学理。以下分别介绍。

教义

“教义”的英文是 dogma，形容词变成 dogmatic，一般翻译为

"独断的"。由此可知，教义是不谈条件的，而是直接宣布真理[①]（如直接定义何谓超越力量，它与人类有何关系，人生的意义与目的是什么等）。每个宗教都有教义，所谈的内容不是一般知识或学说所能讨论的范畴，譬如在科学家尚未研究清楚世界如何生成之前，宗教家早在几千年前就已经宣称是上帝创造世界，至于怎么创造，则是一个奥秘，我们无法得知，所以才需信仰。

以佛教的教义为例，有人请教释迦牟尼关于世界生成的问题，他举了一个例子说明自己的看法：一个人被毒箭所伤，别人想要治疗他，他却说："先不要治疗我，我要先了解这是什么毒、是谁射的箭、他为什么要射我？"这个人想把所有疑惑都弄清楚之后再治病，但恐怕在来得及治疗之前就已经没命了。

释迦牟尼这个比喻是要说明，人生苦短，想以此生的时间去探求人生问题的根源，恐怕在还没得到答案之前，生命就已经结束了。因此，一个人不要执着于宇宙怎么来、人怎么来，以及一些抽象的、形而上的人生问题，而要设法解决当下的苦恼。

正因为如此，佛教的教义常讲"缘起性空"，所有东西的本性都是空的，其出现是由于因缘的结合，一旦因缘消解，这些东西也就不见了。这种说法确实有它的道理，因为人类所见的一切的确都需要各种条件的配合才能看到。譬如，一朵花出现在面前，我们可以

---

① 宗教与哲学常常被人一起谈论，是因为哲学意在追求真理，而宗教则是宣布真理，两者的目标是一样的。其不同点则在于：哲学比较开放，始终都处于追求的状态。此乃因为哲学认为智慧是属灵的，我们最多只能追求而不能够拥有智慧。宗教则由于是宣布真理，所以宗教徒讲话往往具有权威性。

看到花的颜色、闻到花的香味，但是我们还是无从了解花的本身是什么。如果我们处在黑暗之中，并且把鼻子捂起来，那不仅看不到花的颜色，也闻不到花的香味，这朵花跟不存在是一样的。人的自我也是如此。自我是由一系列的卷标组合而成的，当人想到自我的时候，就会想到身份证、过去做过的事、现在的角色、各种复杂的人际关系、自己的七情六欲等，这些结合起来就是自己。一旦把这些拿掉，就没有所谓自我的存在了。

总而言之，宗教的教义是直接宣布真理，没有任何商量或妥协的余地，至于要不要相信，则是每个人自己的选择。如果选择不相信，就会觉得这些教义一点意义都没有；相反，如果选择相信，就会认为这些教义非常有道理，人生也不会再有任何疑惑了。一个人信仰宗教之后，人生就没有迷惑，因为教义都是理性所无法判定的真理。

仪式

仪式包括一切有形可见的礼仪，譬如天主教的告解、佛教的法会等，甚至连教堂与庙宇，都是一种仪式的表现。与仪式相对应的是“神话”，神话是把其中的道理说出来，而仪式则是把神话演出来。仪式可以助人回归原点，活出新的生命，举例来说，每年圣诞节的时候，教会总是会重演一遍耶稣诞生的过程，让你参与仪式之后可以回到出发点，感觉生命有一股新的力量展现。

仪式对宗教而言是不可或缺的，有一种仪式叫作“忏悔”，是基督宗教里面相当具有特色的部分。所谓“人非圣贤，孰能无过”，无论是有心或无心，一个人活在世界上难免犯下许多过失，当然也会希望得到谅解。在《教父Ⅲ》(*Godfather Ⅲ*)中，有一幕描写饰演老教父的艾尔·帕西诺(Al Pacino)去找主教告解，将告解的细节就拍得很生动。告解的时候，主教或神父就代表神，他会告诉你，只要勇敢承认罪过，立刻可以得到无限仁慈的神的宽恕。信仰的特色就在于，一个人只要能够鼓起勇气、诚心地把自己做过的坏事说出来，那么在这一刹那，所有的过错都可以得到赦免。

对宗教而言，诚心是最重要的，只要有诚心，当下就可以得到赦免，因为人本来就是软弱的，难免会犯错。一个人如果能在临死之前真诚忏悔，那么他的心灵就回到初生婴儿一般的纯洁。这个出发点基本上是很好的，也就是给人改过的机会。在上帝眼中，一个人即使在法律上从来没有犯过罪，并不表示无罪。因为在神的面前，谁能自视为义人？谁不曾有过偏邪的意念？相反，一个人如果在法律上犯了罪，比起道德上的不义，恐怕更容易承认自己犯错！这两种对照的情况非常值得省思，也提醒我们，宗教其实更能够反映出人生的真实状态与根本愿望。

我们且举一个耶稣的例子来说明宗教情操的特质。

有一次，一群犹太人抓到了一个犯罪的女人，按照犹太人的法律将用石头砸死这个女人。这些人为了考验宣讲博爱的耶稣，于是问耶稣该怎么办。这时候耶稣有两个选择，其一是把这个女人砸死，另一个是原谅她。然而，若耶稣主张把这个女人砸死，那么似乎他平常讲的慈悲博爱都是骗人的了；相反，若原谅这个女人，则又公然违背犹太法律。于是耶稣说："你们之间谁从来没有做过错事的，就拿石头砸她吧！"最后这些群众从老的到小的，一个个纷纷离开。

耶稣看到大家都走了，就问这个女子："没有人定你的罪吗？"这个女子回答："主啊！没有人定我的罪。"于是耶稣告诉她："你回去吧，以后不要再犯罪了。"这个例子告诉我们，人活在世界上不可能没有过失，但是借着信仰，可以得到重新出发的机会。这就是宗教让人深深向往的地方。

戒律

宗教的戒律非常严格，远远超过法律。法律只能判断一个人的外在行为，若是一种想法没有执行，则只能说是有所"意图"；执行之后没有成功，则被称为"未遂"，可以减轻刑罚。宗教则不一样，它所重视的是"动机"，只要心念有问题，就是有罪，譬如耶稣说过："凡注视妇女，有意贪恋她的，他已在心里奸淫了她。"

这种要求如此严格，也可能造成一些后遗症。因为信徒随时都要正心诚意，丝毫不能有一点偏差的念头。然而，如果一个人不慎有了这种念头，那么他可能会想："反正已经犯罪了，不做白不做。"这时候就会出现后遗症。这种情形的确不断在发生，弗洛伊德说过一句名言："很多人因为有罪恶感而去犯罪。"常理认为人犯了罪才有罪恶感，但是事实上，罪恶感是觉得自己有所亏欠，体会了自己的不堪，因此觉得自己不完美，在神的面前已经犯了罪。这种情况下，人可能自暴自弃，真的去犯罪，让这个罪恶感实现。这是让人遗憾的事情，值得我们多加警惕。

宗教要求一个人的动机要保持纯粹的善，不能有任何杂念，这就是佛教会讲“起心动念”的原因。所有可怕的罪恶都是从起心动念开始，由于动念者没有加以防范，以至于越演越烈，终于不可收拾。佛教有一个故事，就是在说明心念的重要：

有一个老和尚和一个小和尚要过河，在河边遇到了一位漂亮的小姐，这位小姐说：“我不敢过河，你们有谁可以背我吗？”小和尚听到立刻跑开，心想：“我们怎么能背你过河呢？”老和尚却说：“我来背你吧。”于是背起这位小姐过了河。回到庙里，晚上小和尚忍不住质问老和尚：“今天你怎么可以背那位小姐过河？”老和尚回答：“过河以后我就把她放下了，你怎么到现在还没放下？”

背谁过河并不重要，重要的是意念。在老和尚的眼中，人就是人，无论男人或女人、年轻或年老，都没有差别，他只是在帮助一个需要帮助的人而已。这个例子说明了佛教的一种智慧，他们能够用这种智慧来化解人生的执着。

戒律本身固然重要，但是它也需要实际的修行配合，有些宗教徒致力于守斋、禁欲、苦修等，就是为了这个缘故。有人说，“酒肉穿肠过，佛在心中坐”，事实上这根本是借口，因为一旦放纵身体的欲望，自然就会影响到意念。宗教一定要从身体的修行出发，否则只是光说不练，空信一场。

传教团体

传教团体，亦即宗教中的僧侣阶层，所负责的是：研究及宣传教义、执行仪式，督导各种戒律让信徒奉行及忏悔。他们是宗教中的主干。传教团体的成员需要经过严谨的训练，至少必须在成年之后，另外接受五年至七年的基础教育。宗教随着历史的演进，累积了丰富的传统与深刻的内涵，还配合时代与社会的需求而改进，所以传教者倘若没有本身的实际修行加上阅读经典、了解教义、学习仪式，是不可能胜任传教工作的。

学理

宗教还需要具备合乎理性解释的部分，否则无法传扬与推广，也无法与不同文化背景的人沟通。这一部分称为学理，譬如佛教中的佛学，以及基督宗教中的神学等。既然加上“学”这个字，就代表是一种合乎逻辑的表达方式。

小结

我们在此列举了宗教的五项条件，其中又以前四项特别重要，

第五项条件（学理）则是有些宗教比较精密，有些宗教比较粗糙。

接着，我们可以思考一个问题："儒家是不是宗教？"这是许多人一直在争论的问题。一般而言，儒家缺少仪式的部分，并且也没有明确的传教团体，所以不能算是一种宗教。不过，儒家虽然不是宗教，却具有宗教情操，就是它的学理总能提醒人向上努力，追求天人合德的境界。这种宗教情操不但不会阻碍人信仰其他宗教，甚至能够与其他宗教互相配合，因为一般宗教谈论的是生前死后的真理，儒家则是充分发挥人生的道理。

值得注意的是，两千多年以来，儒家常被政治所利用，而形成一种政教合一的情况。于是读书人构成了一个传教团体，天子则扮演团体中的领袖，他们也讲教义（如忠孝、仁爱、信义、和平），仪式则是祭天、祭祖之类。由此可知，儒家在中国的历史上也有一种宗教的作用[①]。外国学者讨论"中国宗教"这个题材时，就直接以"儒、道、佛"为三教，并且称呼儒家为"国家宗教"。

宗教之高级与低级

宗教中有的比较高级，有的比较低级。历史上有很多宗教被称为邪教，这其中牵涉了一些复杂的问题。那么，如何判断一个

① 儒家真正演变成宗教其实是在印度尼西亚，其名称为"孔教"。印度尼西亚在第一任总统苏加诺（Sukarno，1901—1970）执政时，曾经明订"孔教"为该国的正式宗教之一。后来因为此教信徒几乎全为华裔，种族特性鲜明，加上政局变动，于是又被取消正式宗教的资格。

宗教？

英国历史学家汤恩比（Arnold Toynbee，1889—1975），曾经研究历史上的宗教，指出宗教之高级与低级，有三个判断标准，就是：人性不完美、对罪恶的反抗、对痛苦的态度，这三个标准都是针对高级宗教而言，其反面即是所谓的低级宗教。

以下即分别加以介绍。

人性不完美

高级宗教承认人性不完美、人生有缺陷。正是因为如此，人们才需要信仰宗教。人性的不完美可以从身、心、灵三方面来看。

首先，在身体方面，没有人能够永远健康，或多或少都会有病痛，最后难免死亡。其次，在心理方面，人的内心容易恐惧、彷徨，或是觉得无奈、痛苦、烦恼。有时候尽管处在熟悉的环境，或者和熟悉的朋友在一起，仍然会觉得孤单，这是心理上很明显的缺陷。

最后，人在灵的方面也是不完美的，所以往往会觉得不知生命的意义何在。灵是一个人为自己生命赋予意义的能力，如果他在灵的方面不努力，就有可能身体健康、心理正常，却不快乐。反之，在灵修方面下功夫，人才可能找到生命的意义。

人有身、心、灵三个部分，身体可以看得到，内心却看不到，所以一个人可能心里非常痛苦，脸上却装出微笑。同样，一个人也可以表面上哭得很难过，其实心里很开心。灵又比身、心更深一层，完全无形、无相，却可以使两个在身、心方面相似的人，表现得千差万别。这就是灵所造成的效应。

孔子在《论语》中谈到人的时候，首先说到人有血气（身），其次是人有心，这个心经常会有偏差。此外，人还有“仁”[①]的部分。事实上，孔子所谓的“仁”，就是对灵的具体描述。

自古以来，所有第一流的哲学家都会谈到灵，因为不谈灵就无法抵达圆满而完美的境地。人生有很多问题不是身心配合就能解决的，特别是关于生命的意义，因为这已属于灵的范畴。

人在身、心、灵三方面都有缺陷，所以高级宗教相信人性是不完美的。

反之，低级宗教则乐于指出人性是完美的，人的一切潜能都要发挥出来。因此会鼓励我们满足本能的欲望，尽量争取现实的机会。低级宗教固然能认同人的实际情况，却忽略了人在根本上是不完美的。

对罪恶的反抗

高级宗教都会向罪恶宣战。罪恶代表社会中的不义（不公正），因为有各种不同阶级、不同利益的团体在互相角力，自古以来任何

① 有关孔子对人性的看法，请参看本书第九章。有关孔子的“仁”，清末民初精通中西思想的文化怪杰辜鸿铭（1857—1928）认为，那是上天给人的“神秘礼物”，也就是人生命中的神秘成分。辜氏对儒家是否为一种宗教的看法，请参看黄兴涛编的《辜鸿铭文集》。

一个社会都难免有不义之处，某些人得意、发财，相对的就一定会有失意及失败的人；同理，有强势团体，就一定有弱势团体。宗教必须起而反抗这些不义所造成的罪恶，这也是宗教不能与社会妥协或结合的原因。

社会一定存在着问题。以政治来说，我们不可能要求一个政治人物和宗教徒一样清高。从儒家的观点来看，在群体生活中，必定有各种复杂的情况，因此必须有人处理公众的事务，而政治人物就是为了服务大众的。当然，服务过程中，迁就于社会本身的结构和其内在的困难，这些政治人物很难保持完美。

对于宗教徒，尤其是传教团体，必须要求完美，因为他们代表的是超越界。如果连宗教都被世俗污染，人们还能相信谁？宗教和政治是两个不同层次的范畴，不能以相同的标准来要求。所谓："天之道，损有余而补不足。"（《老子》七十七章）宗教既然代表超越界，那么它就必须代替神明主持公道，让富足的人拨出一部分钱财来帮助贫乏的人。换言之，宗教在精神上是劫富济贫的。

对痛苦的态度

高级宗教对痛苦可以有两种态度：第一种是像基督宗教一样，如同耶稣背十字架一般承受痛苦（十字架代表重担，背十字架就是承受痛苦），将它当作救赎的一个重要过程和条件；第二种则是像佛教一样，靠智慧解脱痛苦。解脱痛苦并不是逃避痛苦，而是要面对它，找到原因，从苦到集到灭，最后发现人生解脱的路，也就是道（集就是指把苦的原因找出来，再把它消除。苦、集、灭、道是佛教的四圣谛，此乃佛教解脱痛苦的方法）。总之，基督宗教面对痛苦的方法是由正面承担，佛教则是以智慧化解。

低级宗教除了告诉我们人生很完美、很幸福之外，亦不反抗罪恶，有时候甚至和罪恶同流合污。此外，低级宗教还会想尽办法避苦求乐。这就是高低宗教的分别。

迷信的特色

了解迷信的几个判断标准，对于自己或别人，都可以提供一个参考。迷信大致而言具备四点特色：出于恐惧、崇拜个人、增强欲望、迎合世俗价值，以下即将这四点稍作介绍。

出于恐惧

恐惧心理会削弱一个人的正面力量。一个人如果心存恐惧，就很难发挥爱心了。爱心是积极的，真正的信仰必满溢着爱，是生命能量的发挥，而非患得患失。它会让人拥有积极的力量，展现创造力，使生命日新又新。

以 2003 年夏初所发生的 SARS 病症为例，大家由于未知而恐惧，以致在公众场所听到有人咳嗽就白眼相加，并因猜忌而逃避，最后使整个社会死气沉沉，这就是一种缺乏爱的表现。

所谓迷信，正是出于恐惧心理，譬如，我因为害怕生病，所以相信某位气功师父，他可以帮我打通任督二脉，如果真的成功了，我可能奉他为神明。这就是一种出于恐惧的信仰——担心自己失去健康。

此外，也有些恐惧是“担心得不到自己所要的”，举例来说，很多人到处求神拜佛，希望能够升官发财，这种迷信就是出于恐惧得不到自己所要的。

崇拜个人

崇拜个人是一件冒险的事，因为个人可能会改变。一个人只要活着就可能堕落，即使是宗教界的领袖也不例外。既然有这种可能性，我们就不应该崇拜特定的人，因为人获得的崇拜越多，加在他身上的压力也越大。

有些人由于机缘凑巧，会选择崇拜某位师父，认为他最完美，此生只愿意追随他。然而，佛教有一句话说得好：“依法不依人。”人有生老病死，教义则是永恒的。传教者的角色是桥梁，怎能自己变成神明？

增强欲望

迷信会使一个人的欲望越来越强，因为它可以让你在世界上的各种需求获得满足。真正的信仰应该是帮助人消解欲望的，至少会使“自我中心”的欲望转化提升为“非自我中心”的欲望。所以，真正宗教徒的表现会比较超然，不被世俗的有形物质困住。

迎合世俗价值

世俗的人总是嫌贫爱富的，而真正的信仰不会受到这种价值观的干扰。

我小时候曾经看过一部电影，其中一幕我到现在还印象深刻：

在某个印度乡下有一座庙，当时尚未发明电灯，信徒晚上到庙里从事宗教仪式时必须携带蜡烛。蜡烛在当时是相当贵重的东西，所以一个人所带的蜡烛大小往往与他的财富成正比。有一个穷寡妇带了一支很细的蜡烛，细得几乎看不见。在所有人都点上蜡烛祷告时，恶魔化成了一阵狂风吹过来，蜡烛一支支地熄灭，只剩下寡妇那支蜡烛还发出一点点光明。而在一片漆黑之中，那一点点光明也就变得非常明亮了。

这与耶稣所讲的一个故事有异曲同工之妙：

犹太人要进教堂做礼拜时，耶稣带着门徒站在会堂门口。当时做礼拜必须捐钱才能进去，许多富人投了不少钱，有一个寡妇悄悄捐了两毛钱，生怕被发现。耶稣看到了这种情形，就告诉门徒，这个寡妇所捐的两毛钱，在天父的眼中，比那些富人捐的钱还要多。因为别人都是将有余的部分拿出来捐，而寡妇却是捐出自己所有的钱。她表现了对神毫无保留的信心。

这两个例子都在说明，宗教超越世俗价值，甚至与它背道而驰。人活在世界上，宗教是最后的依靠，当你一贫如洗、受尽委屈、被所有人唾弃的时候，只有宗教能够提供慰藉。如果连宗教都被有钱、有权的人所把持，那么人间根本毫无希望可言。

结论：观想永恒的奥秘

从某一种意义来说，每个人的心灵都难免是贫乏而脆弱的，在面对超越界的时候，人间所有的一切都不过是虚幻的假象而已。人的生命既然处于变化之中，当然希望找到一个真正的定点，因此宗教是一个永恒的题材。

从哲学的角度来看，思想所及的范围可以肯定地告诉我们：原来世间所有的一切都在变化生灭之中，亦即在根本上都是虚无的。西方哲学家所质疑的“为什么是有而不是无？”正是出于类似的考虑。庄子也认为人间最高的智慧是发现“未始有物”（不曾有过任何东西存在）。但是，这一切毕竟不是空幻的，我们此刻确实“存在”，不是吗？那么，万物难道不需要一个所谓的“存在”本身来保障吗？答案是肯定的，否则一切皆为荒谬。宗教于此展现其无可比拟的力量。因为“存在”与人必有关系，人若体认此一关系，即是孕生了信仰。至于信仰何种宗教，则是机缘的问题了。人的生命必有此一“宗教向度”，由此可以观想永恒的奥秘。

第十三章　教育与自我

认识思想家

王阳明（1472—1529）

明朝哲学家，早年于学无所不窥，后归本于儒家思想，标举“心即理”“致良知”“知行合一”之说，与宋朝的陆象山合称“陆王”，代表儒家的“心学”系统。广为人知的作品为《传习录》。

大多数人在受教育的过程中，并没有体会到太多的快乐，反而感受了不少压力，并且认为教育只是一个人进入社会之前必要的训练过程。

到底什么是教育呢？西方学者以三种职业，就是农夫、医生、教师，来说明教育的特性，亦即教育是一种“需要合作才能产生效果”的工作。农夫再怎么努力耕田，也不一定有收成，除非有上天的合作，让气候风调雨顺；医生的医术再怎么高明，也需要病人的身体有复原的能力来配合，否则即使华佗再世，对病入膏肓的人也无可奈何；教师则需要学生的合作，无论老师再怎么费心教导，如果学生不愿认真学习，那么教育怎么会有效果呢？

这种模拟值得我们省思。我们常说教育是“自我教育”，就是因为它需要受教者的配合。每个人在学习的过程中都会有下述经验：在同一个班级中，被同一位老师教导的一群学生，每个人都会有自己的心得，将来的发展也都会不一样。因此，教育是一个需要靠自己去承担的责任。

教育是风格的培养

教育的三阶段

英国哲学家怀特海认为：教育是“风格之培养”。他进而指出，一个人从小学到大学的教育可以分为三个阶段：浪漫期、精密期、展望期，以下分别就这三个阶段加以说明。

（一）浪漫期

小学阶段称为浪漫期，此期的心态充满想象力与好奇心，并且要求对任何事件都有比较完整的叙述，借此对无法理解的现实世界保持距离。

对这个阶段的孩子而言，现实世界发生的一切都是片断的，每天都会出现一些不完整的讯息，最后甚至让人觉得这个世界好像四分五裂。小孩子能够把握的，是比较完整、有开头也有结局的故事，譬如漫画、童话、卡通等。小孩子在尚未准备好接受现实世界之前，必须先以这些浪漫题材所提供的故事情节作为他所相信的世界，然后再慢慢成长，接受真实的挑战。若是忽略此一阶段的需求，幼小的心灵将会受到伤害。

（二）精密期

初中、高中的六年称作精密期，在这个阶段要奠下知识的基础。每一门学科都有基本知识，如果这个基础没有打好，可能从此一生都讨厌某一门学科，甚至从此不喜欢学习，结果损失最大的是自己。由此可知，这个时期是相当重要的，丝毫不能松懈，必须像装配机械零件一样，严格要求精确。

对这个阶段的中学生而言，感觉辛苦是应该的。我们不能因此就给他们松懈的理由，而要设法让他们知道这种辛苦到最后是值得的，会有丰富的回馈和收获。如果在中学阶段没有好好努力，那么这一生在知识的领域中，恐怕必须放弃许多权利了。

（三）展望期

上了大学以后则进入展望期，这个阶段要开始学习高瞻远瞩，去发现自己同社会、群体、整个人类、历史，甚至宇宙之间的关系。换言之，展望是要敞开自己的心灵，培养独立思考的能力，找到自己生命的定位与意义。

一般而言，一个人在上大学以前不会想到这么多问题，即使想到也很难得到满意的答案。因此，中学生应该专心学习，努力把考试的科目念好，准备升大学。他们的人际关系也相当单纯，所面对的不过就是家人、同学、朋友而已。不过，如果上了大学之后还保持中学生的心态，满脑子只有考试、得高分、毕业之后顺利就业等目标，那是不够的。大学生之所以被称作知识分子，就是因为他们懂得展望，可以高瞻远瞩，让自己的生命与其他所有的重要领域连上线。

教育就是自我的要求

教育就是风格的培养，在此“风格”的意思是指一个人对自己的思想及行为有一定的要求，因此表现出来就有一定的水平。一个人受过教育之后，最大的特色是：对于许多事情不是不能做，也不是不敢做，而是不屑于做。“不屑于做”就是一种风格，是人受教育以后首先应该有的自我要求。

孔子说过，交朋友的时候，首先要选择“中行”，若中行不可得，则要选择“狂者”或是“狷者”[①]。狷者就是“有所不为”，一个人受过教育之后就应该表现出如此的风格。一个人能够有所不为，然后才能有所为。换言之，因为有所放弃，才能有所坚持。狂者则是志向比较高远的人，就算是一般人认为做不到的事情，他还是同样全力以赴。

最理想的则是中行，亦即言行适中、恰到好处。基本上，任何一种想法都可以用适当的言语表达出来。一个人如果能把握“适当”这两个字，就能确切地传达自己的想法，并且不会有后遗症。相反，

---

① 子曰：“不得中行而与之，必也狂狷乎！狂者进取，狷者有所不为也。”（《论语·子路》）意思是：“找不到行为适中的人来交往，就一定要找到志向高远或洁身自好的人。志向高远的人奋发上进，洁身自好的人有所不为。”请参看《傅佩荣译解论语》，东方出版社出版。

若一开始没有掌握到适当的言辞，那么往往就会造成误会，还可能与别人产生各种复杂、麻烦的关系，进而必须承担许多后遗症。

当然，人的表达不是只有言语的问题，还包括态度，也就是肢体语言。如果我们对于这些都能掌握，那么接下来的就是进一步的行动，也就是我们和别人相处时的应对之道。事实上，“中行”这两个字有点像“中庸之道”，中庸之道指的并不是温温吞吞，而是做任何事都能秉持原则，也就是所谓的“当狂则狂，当狷则狷”。

教育培养风格，要从狷开始，我们交朋友也是一样的。交朋友时首先要问：“什么事情是你不屑于做的？”如果对方没有任何事情不屑于做，那么就不必深交，因为这种人可以无所不为。其次，我们要看对方是不是狂者。狂者的志向很高，虽然有时候无法达成目标，但依然努力奋斗，因此会显示出一种非常高昂的斗志，亦即所谓的“天行健，君子以自强不息”。这种人会让人觉得生命是难得的机缘，应该好好珍惜，不断努力向上。

中行则代表一个人在各方面的修养都达到很高的水平，在此举王阳明的例子来说明这种境界。有一次，王阳明的一个学生告诉他：“我每次提到老师的意见，都会有人和我辩论，让我有些生气。”王阳明听了回答说：“我听到别人批评我，一点都不会生气，反而还要感谢他给我指导。”这番话说起来好像很容易，要做到却非常困难，真正的修养就是要抵达这种境界。

与别人相处的时候，如果发现别人的意见和我们不同，不但不要生气，反而应该要借这个机会自我反省。《孟子 · 公孙丑上》提到："子路，人告之以有过，则喜；禹闻善言则拜。"如果有一天，你对别人的批评不但不生气，反而很高兴，那就证明教育在你的身上已经展现成果。反之，如果你听到别人的批评就不高兴，那代表还有很长的一段修行路要走。事实上，教育可以说是一生的功课。

人生四大领域

人活在世界上，首先要明白，人生究竟有哪些重要的范围。如果没有全盘了解这些领域，很容易执着于某一部分，而忽略了其他可能更重要的部分。

人生有四大领域，就是：群体、自我、自然界、超越界。进入社会以后的教育，应该根据这四个领域来思考，以下分别加以介绍。

群体

人不能离开群体而生活，从家庭到社会到一生，我们在群体中可以取得成就，同时也有随之而来的责任。我们在群体中生活，相对的，群体也会带来各种压力。现代人容易患有精神官能症，往往就是由于群体的压力，如人际关系失调所造成的。

群体有优点也有缺点，一般人常常注意到它的缺点，但是此处则要谈到群体的优点。群体的优点是，储存了长期以来人类社会所生产的文化成果与资源，譬如好的音乐、电影、小说及诗词等。这些资源提供人类自由使用，如果不懂得如何享用，无异于自己放弃了这个可贵的权利。

如果对生活感到厌烦，觉得电视和报纸充斥着无聊的内容，那是因为我们自己不懂得去调适，不必怨怪别人。社会风气固然有它负面的压力，但同时也提供了各种艺术文化产品，如果懂得去欣赏、去享用，人生其实可以变得更美好。例如，台湾的“故宫博物院”中保存了许多国宝，就算我们花四五十年的时间都欣赏不完，但是大多数人不见得有兴趣参观，即使看了也可能不懂其中的奥妙。这说明我们在学习进入文化领域上所花的时间太少了，而花太多精力在准备如何接触现实的世界——而现实世界原本就充满生存竞争的压力[①]，也难怪大部分人总是看到群体的缺点。

一旦对社会群体有了基本了解，就可以尽量避开它的缺点而利用它的资源。我们必须约束自己每天看电视、看报纸的时间。自我约束成了习惯之后，多出来的时间与力量将可以用来欣赏人类文化的资源。这些资源取之不尽、用之不竭，如果多接触它们，会比较容易在纷扰的世界中保持自己对人生的信心与希望。

人要活得快乐，才会觉得生命有价值。一个人活在世界上，总是要忍受一些缺憾、困难、不便，如果不了解自己“为了什么”而活，那么这种忍受就显得毫无意义。很多人顺利考上大学，是因为他们在中学时代已经知道自己是为了什么而活，因此再怎么苦都愿

---

① 达尔文主义之后开始有人提出社会达尔文主义，亦即把社会当作丛林，大家在其中求生存。在这种生存竞争中，人们往往是借着别人的失败来取得自己的成功。

意承受。相反，有些人并不觉得考大学有什么意义和乐趣，因此在准备的过程中就会感到痛苦不堪，以至于在心理上造成很大的压力。

自我

自我对人而言是非常重要的核心概念。人的一生无论主动或被动、清醒或模糊，都是在自我实现的过程之中。一般而言，我们都希望自己与社会之间能保持平衡关系——一方面保有属于自己的内涵及观念，不要完全被社会同化；另一方面也不能完全排斥社会，否则人生会很寂寞。人必须设法开发自我的潜能，因为潜能得以开展，自己内在的条件就会越来越充实，人生也会因此更丰富。

自我的潜能有三：知、情、意。

（一）知

知就是求知，人的求知过程非常辛苦，所以我们要肯定所谓的“三受主义”：忍受、接受、享受。

首先念书时必须放弃许多娱乐，这就是忍受。其次，通过文字的理解，获得观念之后，你才会愿意接受书本里的道理。人活在世界上只能看到事实，而事实不一定有道理。书本能够提供道理来解释事实，所以一个人越能了解书本上的道理，就越能接受生活中遭遇的一切。一旦能够接受，心态也会跟着调整。

第三步是享受，也就是享受知识的趣味。许多人常问：“念书快不快乐？”这个问题的答案不是一语可以道尽的，因为念书的快乐在于结果，而不是开头，很少有人一开始念书就感到喜悦。有些人不喜欢孔子，觉得他在《论语》中的第一句话就有问题。孔子说：“学而时习之，不亦说乎？”一般人都忽略了，这个“说”（悦）是指学了之后“在适当的时候印证练习”的心得而言，而不是一开始念书就能满心欢喜。

我有个朋友很注重小孩的教育，儿子一上初中，他就把电视卖掉，全家三年不看电视。这是因为他了解初中生的课业相当繁重，放学回到家一定要念书，这时若客厅传来阵阵欢笑声，对儿子而言一定是一件很痛苦的事情。如果一个人在初中就觉得念书很痛苦，那么他可能一辈子都不会喜欢念书了。由此可知，求知确实有它辛苦的过程。

想开发出“知”的潜能，秘诀在于每天学习新事物，并持之以恒。人生的道理其实很简单，能立定志向，生命就会转变；能持之以恒，生命就会脱胎换骨，最后终能赢得美好的结果。许多值得羡慕与崇拜的人，大都在认知上掌握了正确的方向，然后持之以恒，生命就完全改观了。

（二）情

自我的第二种潜能是“情”。人的情感有两方面，其一是人与人之间的亲情、友情与爱情；另一方面是审美的情操。亲情、友情与爱情听起来相当温暖，但是世间许多困难也是从这些情感而来，因为这一类情感有一个特色，就是不能谈条件，也不能要求公平。譬如，父母对子女照顾有加，并不保证子女会孝顺；你对朋友讲道义，也不代表朋友会像你待他一样的待你；爱情更是如此，当你爱上一个人时，往往无怨无悔地付出，丝毫谈不上公平的回应。

此外，“爱”这个字听起来很美，却很难长期维系。在张爱玲的《红玫瑰与白玫瑰》这篇小说中提到，每个男人的一生中都会有两个女人，一个是红玫瑰，一个是白玫瑰，红玫瑰代表热情如火，白玫瑰代表纯洁无瑕。如果他娶了红玫瑰，久而久之，红玫瑰就会变成墙壁上的一抹蚊子血，而白玫瑰则如同“床前明月光”，永远那么皎洁亮丽；如果他娶的是白玫瑰，久而久之，白玫瑰就会变成衣服上的一粒饭粘子，而红玫瑰则是心口上的一颗朱砂痣。由此可以想见人生之无奈。在男生是如此，在女生也有类似的情况。爱情往往在成功的那一刹那，就变质或消失了。

由此可知，情感一方面带给人无穷的活力，产生多彩多姿、充满戏剧性的情节，另一方面也带来了挣扎、痛苦与烦恼。

遇上这些困境时，可以转到情感的另外一面——培养审美的情操。因为受到美的感动，就会觉得自己无论再怎么苦都值得[①]，随之化解生命中的困境。然而，我们不可因而耽溺在眼前的欢娱中，因为耽溺只会让人逃避，带来更大的痛苦。换言之，审美可以作为一种调解，但不能用来替代现实生活。

---

① 关于此部分请参考第十一章《艺术与审美》。

（三）意

自我的第三种潜能是“意”。在谈到教育是自我的要求时，说过人要立志，意思是，在意志上我们要觉悟自己具有主动权，才能化被动为主动，把自己的生命掌握在手上，塑造成自己喜欢的人格类型。

教育是风格的培养，而培养风格的关键就在于“如何立志”。现代人听到“志向”这两个字，通常会联想到具体的、外在的、社会化的成就，譬如要赚多少钱、从事什么行业等。在此所谓的志向应该要回到内在特质的培养，譬如，我欣赏勇敢，就应该设法培养自己成为一个勇敢的人；我欣赏正直，就应该培养自己成为正直的人。有些性格特质尽管你现在还做不到，但是只要立定志向，将来就有可能达成。

本书第六章介绍过“存在主义”，所谓“存在”就是“选择成为自己的可能性”，由此可知，我们要先对人生有基本的认识，然后作选择。在年轻的时候及早思考、选择，这一生才不至于后悔。人的身体会自行成长，同时也有成长的极限；心灵却不会自动发展，需要靠自己立志，然而一旦发展起来却是无所限制。

自我培养及充实知、情、意潜能的内涵，就可以与群体分庭抗礼。当然，最理想的状况是从对抗转变为相辅相成，亦即处身于群体中，却不受群体局限，无论动静出处都可以自在从容。有一个很好的例子可以说明这种风范：舜年轻时在田里耕作，丝毫不觉得有任何遗憾，后来尧把两个女儿嫁给他，让他当上帝王，他也不认为自己有什么了不起，好像天下原本即属于他。这就是人生的高明境界——一个人无论处在任何情境之中，都不会感到卑微或骄傲。舜可以表现这种风范，正是因为他的内在自我保持了动态的和谐。

如果只注意群体，自我将缺乏自信，甚至随俗浮沉，一旦遇到挫折立刻觉得活着没有意义。反之，如果在群体和自我的关系上能够维持均衡，那么基本上，你的人生已取得稳固的出发点。

自然界

如果有人觉得活着很辛苦，面对自己又感觉无聊乏味，那么他应该多接触自然界。我有个朋友曾经养了九条狗，因为他认为看狗的脸比看人的脸舒服多了——的确，社会上很多人都是以貌取人，或见面先询问身家背景。譬如，我们下雨天走在街上，被一辆疾驶而过的车溅湿了衣服，如果看到那是一辆福特，通常会气愤难平，如果是一辆奔驰，可能反而会后退一步，好像自己理屈。这就是群体造成的荒谬，使大家从外在价值来判断行为的是非。自古以来，人间岂有真正的公平？

自然界不会有这个问题，因为自然界的特色就是公平，耶稣说过："（上天）降雨给义人，也给不义的人。"无论你是好人或坏人，下雨的时候都会淋到，绝对不可能因为你是好人就不会淋湿，坏人就变成落汤鸡。又如，任何人到海边都能听到一样的浪涛声，绝不会因人而异。自然界是公平的，当你觉得在群体和自我两方面面临很大的压力时，不妨和大自然多接触，譬如养宠物、种盆栽，假日到山上、公园走走，甚至街边的大树与小草都有值得观赏的地方。苏东坡说：“凡物皆有可观。苟有可观，皆有可乐，非必怪奇伟丽者也。”即使路边的一株小草、一朵小花，都有美妙迷人之处，并非只有风景名胜才值得造访。

我们对自然界要采取四种态度：竞争、利用、保护、欣赏。

（一）竞争

面对自然界，首先要有基本的戒心，因为人类和大自然之间仍然有一种最原始的“物竞天择，适者生存”的“竞争”关系。大至整个地球的变化（如地震、风灾），小至在野地上遇到虎头蜂、眼镜蛇，都需要小心对待。譬如，在野外碰到虎头蜂时，要赶紧逃命，不能以为虎头蜂属于大自然，就应该与它和睦相处。

（二）利用

人类利用大自然来取得生存的条件，譬如食物。原本专家预测人类的食物早已不敷使用，但是生物科技的发展解决了这个危机。生物科技让人类知道什么样的土地应该种植什么样的食物，所以全球土地的开发及利用效率提高，生产量大增，人类也有了足够的维生食物。由此可知，人类在利用大自然这方面的确有重大的成就。

（三）保护

利用大自然的同时，也要注意对大自然的“保护”，否则将会造成大自然的反扑。举例来说，每当出现狂风与暴雨，山坡地常会因为水土保持太差而造成泥石流，这就是因为我们平常只知道利用土地发展经济效益，而忽略了环保的必要性。

（四）欣赏

欣赏是我们与大自然之间取得一种和谐。事实上，这种和谐本来就存在，因为人类是大自然的子女。古代神话中常将大地视为母亲，意味着我们在大自然中可以放松紧张的压力，好像回到母亲的怀抱一样。西方许多诗人所描写的大自然都充满情感，尤其是一些田园派、浪漫派的诗人，包括泰戈尔、纪伯伦等，都擅长以大自然作比喻（如云、风、树、雨等）。这些作品值得我们欣赏品味，因为它一方面描写人类生命的自然状态，另一方面也道出了自然界取之不尽、用之不竭的资源。

苏东坡说：“唯江上之清风与山间之明月，耳得之而为声，目遇之而成色，取之不尽，用之不竭，乃造物者之无尽藏也。”人类社会的资源也许有用尽的一天，自然界的资源则不然，因为我们并不是真的去利用它，而是去欣赏，所以它是永无止境的，只要春天一到，所有的生物就开始欣欣向荣。自然界有它的周期，而人的生命也处在这个周期之中，如果一个人可以和自然界保持良好的互动，随着自然界的周期而发展，生命会比较顺畅而自在。

如果我们领悟与自然界的相处之道，就已经把握了三个领域——在社会中奋斗、有个人的内在修养，还有大自然可以调节。然而，人最后还是要离开这个世界，所以必须对死亡有一个交代，对命运及善恶报应有一个解答。若要回答这些问题，就必须谈到超越界。

超越界

人活在世界上，有许多东西是经验所不能接触、理性所不能回答，但又必须面对的，那就是有关超越界的问题。譬如我问："人从哪里来？要往哪里去？"这即是一个涉及超越界的问题。你可以回答："人从道而来，最后要回到道之中。"然而什么是道？你回答的时候或许不太清楚答案，但是这代表了至少你知道有某样东西或某个境界是自己所不了解的。

因为真正的道或超越界，本来就无法用语言文字形容。当人们用语言文字描述道的时候，会碰到一个限制，亦即说了之后必须立刻补充说明，表示并非字面上的意思。譬如我说："道像母亲一样。"紧接着马上要强调："但是，道不是母亲。"因为母亲怎么能够容忍自己的子女受到迫害（譬如地震使得无辜的人死亡）？

我们想对超越界有所认识，是因为人的生命是有极限的，这个极限需要一个终极答案，而超越界就是作为最后的、充分的理由，来说明人间的一切现象。如果不谈超越界，那么人活在世界上将陷入一个封闭的系统，这个系统最后只能到生命结束为止。假如真是如此，人生的意义就不值得一谈了，在此以无神论与唯物论为例说明。

无神论与唯物论并不是“对或错”的问题，而是无法说明人之所以存在的意义。这样的理论发展下去，人生只是“一团漆黑”四个字，只有吃饭、生孩子、交朋友这些事可做，谈不上更深一层的价值。当然，我们不能否认这些事情都是必要的，但是人生仅仅如此，显然不够。

基本上，人的理性总是希望理解最后的原因，既然这种希望存在，代表这个最后的原因也有“可能”是存在的，否则人的生命结构难免沦于荒谬——若人类有理性可以探讨宇宙万物最后的原因，但是宇宙万物居然没有最后的原因，那么人类等于一出生就上当，而到离开世界时还不见得知道自己如何上当，这岂不是一个很大的荒谬吗[①]？

当然，有些人认为人生本来就是荒谬的，但这只能算是一个出发点，而不是结论。如果以荒谬作为出发点，必须在荒谬之上建立不同的人生观，像加缪早期所做的一样。然而，如果以荒谬作为结

① 美国心理学家、哲学家威廉·詹姆斯（William James，1842—1910）主张实效主义（Pragmatism）。他在有关宗教的议题上，认为：第一，有神论与唯物论（在此可包括无神论），这两者所见的世界及其历史是相同的，但是前者加入“上帝”假设，而后者纯以“物质”来解释。第二，如果不从各自对未来的经验或行为所造成的影响来看，就无法判定两者孰是孰非。亦即，唯物论使人发现：人类的理想、成就以及思想成果，这一切都将变得“有如从未存在一般”。而有神论则使人发现：人类理想中的秩序将会永远保存下去。换言之，有神论更可以合理解释大多数人目前的行为。

论，那么请问人究竟为什么还要活下去？心理学家弗兰克（Viktor Frankl，1905—1997）是犹太人，他在第二次世界大战时被关进集中营，所有亲戚朋友都被纳粹杀害，他却侥幸存活下来。他在集中营时开始思考："为什么许多人在等死的时候还坚持活下去？"他在恶劣的环境中体会了精神力量的可贵，以及生命意义对人的影响，因此发展出"意义心理学"。

弗兰克的"意义治疗法"帮助了很多人。很多人不快乐，就是因为找不到人生的意义。然而，人生的意义又是什么？一个人在念中学的时候，人生的意义是要考大学；念大学的时候，人生的意义则是要顺利毕业或继续深造。这样的意义一直往后推衍，最后总是会碰到结束，而在这个关卡上，不能再以一个具体的东西作为意义了（如赚到多少钱、当到什么官等）。这个意义是一个人在生命过程中无法达成的，因此不能向外探求，只能向内寻找，也就是一种对自己的要求，要求自己达成一种最高的、圆满的境界。

弗兰克所说的寻求意义的过程，与超越界可以互相配合。我们在本书第十二章"宗教与永恒"中曾经说过，信仰就是我与超越界之间的关系，而宗教则是这种信仰的具体实现，因此会受到时空环境影响。

然而，我们怎么知道自己与超越界有关系？人都会碰到极限。有时候一个人表面上好像十分不幸、可怜，譬如遭遇失学、失业、失意、失恋等，一无所有，但事实上，这可能正是他生命转弯的关键。人在这时候蓦然回首，才会发现原来自己的生命有一个最后的、稳固的基础；反之，如果一个人总是一帆风顺，也许就缺少了这种回首沉思的机会，一辈子在权力、财富、名声中打转，转到最后，仍然对生命感到迷惑。

一个人如果认真看待生命，自然会思考自己的一生是如何来去。但是，即使请教父母，也得不到答案，因为他们与我们一样，对人生也会感到茫然。如此不断地询问，最后自然会碰到超越界的问题。这也就是为什么自有人类以来，宗教可以一直存在。

人的生命是由身、心、灵三个部分所构成，一般人往往只注意到身与心的部分，这是不够的，真正伟大的哲学与宗教，一定会谈到灵。身代表身体（如身体是否健康、事业是否有成等），心代表心智（如是否能够正常与别人沟通，以及学习、思考、反应的情形等）。有些人身体健康、心智正常，却不快乐，由此可知，快不快乐决定于第三个因素，这个因素我们称作灵。

灵的题材不必然和宗教有关，它是一种赋予自己生命意义的能力。换言之，灵是一种力量，使人进行从自觉到赋予意义的整个过程。这种能力是每个人都具备的，但是如果不加以开发，那么生命就好像踩在薄冰上，基底薄弱不易站稳；反之，如果能逐步开发灵的力量，他就可以承受身心的各种考验。这也是为什么有些人虽然身体受伤、心智也失常，但是却能因为灵的力量而安定；相反，有些人虽然身体健康、心智也正常，却不想活了，这代表他的灵陷于困境，漂浮无依。

此外，灵也是一种整合的能力，能够把人的分裂状况统合起来，让自己肯定自己是“一个人”、是一个整体。要做“一个人”是很困难的，因为每个人都有多重角色，这种多元化会使得一个人的生命分散、内心挣扎，因此特别需要统合。如果无法做到这一步，内在就会有一种撕裂的痛苦。

既然统合的力量是灵，那么如何让灵发挥作用？第一步要定期沉思冥想，定期回归内心、回归原点。自古以来，许多哲学家都强调静思和反省，因为如此才能稳定心情，让生命恢复完整。人如果没有定期回到原点，很容易感到疲倦与乏味，需要借由各种外在刺激让自己继续奋斗，最后恐怕将忘记自己原本的面貌。

许多宗教规定信徒定期（每周或每半月）回到教堂（会堂、祈祷所、寺庙等），就是一种回到原点的方式。如此一来，信徒的生命密度将会提高，也能有更深的自我了解。许多人推崇犹太人这个民族，就是因为他们具有很强的宗教性格。许多中东地区信仰伊斯兰教的人民能活得很有自信，勇敢对抗所谓的美帝强权，也是基于相同的原因。由此可知，让自己定期离开群众、离开世间的联系，回归超越界的向往，是人生中不可或缺的安排。

教育与自我生命的发展

自我在一生之中，有四项任务需要设法达成，就是：自我认识、自我定位、自我成长、自我超越。以下分别说明。

自我认识

“认识自我”是一件难事，却非常重要，因此希腊人会在德尔斐神殿刻上“认识你自己”这几个字。“自我”本身不断在变化，譬如我今天看了一部电影，获得很大的启发，那么看完电影之后的我就和看电影之前的我不一样了。

自我认识可以从心理测验、性向测验，或者星座、八字着手，不论使用何种方法，关键在于：要把生命看作一个动态的过程。想了解自己，可以留意三个问题：“什么事情使我感动？”“什么人的作为使我羡慕？”“我对自己满意吗？”当看到一件事情而觉得感动时，立刻把它记下来，因为这是内心的召唤，代表内心希望自己也能做到同样的事。同理，如果羡慕某个人，代表这个人的作为与成就引发自己内心向他学习的愿望。

然后问：“我对自己满意吗？”一般而言，人对自己都不太满意，如果试着了解不满意的理由是什么，就能由此找到奋斗的方向[①]。

人在年轻的时候，应该开始尝试自我认识，譬如通过自由想象法[②]，用各种价值观来测试自己，看看自己对哪些价值最为珍惜。一个人的生命内涵由他所选择的价值所构成，如果无法回答：“人生中

① 孔子说：“德之不修，学之不讲，闻义不能徙，不善不能改，是吾忧也。”（《论语 · 述而》）意思是：“德行不好好修养，学问不好好讲习，听到该做的事却不能跟着去做，自己有缺失却不能立刻改正，这些都是我的忧虑啊。”忧虑，意思是最为关切者。这就是孔子表达他对自己不满意，因而保持奋发上进的动力。

② 请参看本书第二章中的“胡塞尔的现象学”一节。

什么最重要？”代表你根本不了解自己。这种认识自我的方式是最妥当的，其中涵盖了生命的动态开展，因为了解自己的志向何在，就知道未来应该往哪里发展。

根据柏拉图的说法，每个人的内心都有一个精灵（Daimon），他像是上天为人注定的一种天命，让人知道自己该往哪个方向发展，最后达成一个目的，完成生命的拼图。我们每作一个抉择，就好像是加上一片拼图，而在尚未完成之前，是无法看到全貌的。一个人如果想将人生拼成美好的图案，一定要有愿景（vision）。如果没有愿景，拿到什么拼什么，最后的成果可能令人难以辨认，有的地方灿烂，有的地方晦涩，整体看来不成一个构图。

现代人强调生涯规划，正是因为人生需要一个构想或蓝图。不过，一般人往往将生涯规划局限于事业规划。但是，不论经营任何事业，最后仍然要退休交棒，又怎么算是全部的生涯？有些人的生涯规划则是在规划子女的生涯，自己的生命却没有任何发展，这也会造成各种问题。真正的生涯规划，要由开发自己的潜能着手。

自我定位

“定位”的英文是“orientation”，指涉“位置”和“方向”的双重意思。我们必须知道自己在哪里，以及未来往哪里走，因为生命是动态而不是静止的，不可能停留在某一个定点。孔子曾在河边，望着流水感叹：“逝者如斯夫，不舍昼夜”（《论语 · 子罕》），时间是不等人的，每天都不停地变化。所以我们要养成一个习惯，亦即发生任何事情的时候都要想一想："我是如何走到这一步的？现在位于什么处境？"

有一部电影《势不两立》(*The Edge*)，剧情描写一群登山客迷路了，当所有人惊慌失措时，有个人说了一句发人深省的话："大多数登山迷路的人，都是因为自责而死的。"的确，若我们登山迷了路首先应该设法求生，但是通常我们都在为自己先前的大意行为而懊恼、悔恨，在还没有分辨清楚自己身在何处之前，就先责怪自己，可能因此而丧失斗志，甚至放弃求生的意愿。

人生难免遭逢困境，困境之中，不应该一味抱怨或自责，而要问自己："我在哪里？"我在美国念书时，偶尔会出现这种状况，有时候半夜惊醒，便问自己："我在哪里？接着应该往哪里走？"厘清思绪之后，总会发现还有些微希望，于是又能继续奋斗下去。人生很多时候，不能由别人给你希望，只要自己还怀抱一丝希望，就应该继续奋斗，即使无法感动别人，你的斗志也会赢得敬畏。孔子说过："后生可畏。"(《论语 · 子罕》) 年轻人之所以值得敬畏，就是因为他们斗志昂扬，你永远不知道他们什么时候才会放弃。

通常人在进入社会、找到工作，并且安定下来之后，会开始思考"自我定位"的问题。自我定位需要定期作反省，尤其是遇到困境的时候，一定要认清自己的位置与方向。

自我成长

一个人的自我成长，往往从中年以后才真正开始。年轻时的自我成长是具体明确、可以被测量的，譬如每天念书，知识就会增加。至于从事其他方面的修行，年轻人的生活经验恐怕还不足以配合。换言之，年轻时所面对的世界比较单纯，自我成长还无法全面展开。

有一部电影《城市乡巴佬》(*City Slickers*)，描写几个四十岁左右的美国中年男子的故事。这些人从小遵循父母所教导的方式生活，好好读书、成家立业，到了四十岁却面临中年危机。于是他们利用假期到西部去放牛，因为对许多美国人来说，牛仔生活充满浪漫的情怀，好像可以模仿祖先的生活而回归根源。

城市人到了乡下，难免显得非常笨拙。他们要负责把一群牛赶到德州，在这途中发生了不少趣事。有一天晚上大家聚在一起聊天，话题聊到人生如何才会快乐。这些人颇有成就，才四十岁已经一一实现了童年梦想，但是他们并不快乐。大家讨论了很久仍然没有答案，这时，同行中赶了一辈子牛的老牛仔宣称他知道快乐的秘密。他举起一根指头说："人生快乐的秘密就在于'一'，只要能够设定一个目标，专心奋斗，就会快乐。"

这个例子提醒我们，自我成长主要是从中年开始的。我认识很多中年以上并且相当好学的朋友，他们的上进精神也是我继续努力教书的动力之一。我在学校教书的对象是大学生，而大学生在学习方面有一个缺点，就是总觉得念书是被迫的，是为了考试、为了学分，学习的心态也就比较被动。学生一旦被动，会给老师造成压力，使共同求知的兴趣大为消减。相反，许多中年朋友，他们在社会上已经贡献了心力，却能够保持求知的渴望，主动来上课学习。看到他们时我就会想到，他们的生命经验已经相当丰富了，而这正是走向自我成长的最好机会。

许多人强调全方位的教育，因为人生的经验原本是全方位的，如果没有考虑这一点，那么一个人的教育可能离开学校后就停止了，只接受了部分的教育。事实上，进入社会之后，人生许多问题才刚开始。很多人听过孔子说“四十而不惑”，都觉得很难理解，因为对一般人而言，通常是四十而大惑，人生各种问题四十岁之后才会一一涌现。

台湾现在很多人提倡建立书香社会，并且有各种读书会的组织，让很多成年人可以重新学习。这是一种良好的风气，因为真正的成长从中年开始。真正的成长不是被动的、被安排的，或无意识发生的，这些只是“灌输”而已，真正的成长一定出于自己的意愿，并且知道自己在哪些方面应该再进修、再充实。

自我超越

这部分与前面所谈的超越界，有相似及相通之处。之前提过超越界不是一般生命经验能够轻易掌握的，而自我超越则是要化解自我的执着。一个人如果刻意追求快乐，往往得不到快乐，就算得到了也很容易失去，因为他永远都会有新的追求。

相反，当一个人化解自我的执着之后，就不再刻意追求快乐了，结果当他不去追求快乐，快乐反而自己降临，换言之，真正的快乐往往是在无意之中来到的。

有一个生动的比喻可以描写这种境界：快乐就像一只蝴蝶，你拿着网去捕它，它会飞得更快；如果你不理它，它反而会飞来停在你的肩膀上。

努力追求快乐，本身就是一件不快乐的事情，因为追求本身就代表欲望尚未实现，内心当然会觉得痛苦。如果不去理会快乐是什么，专心做好自己该做的事，沉浸其中，快乐自然来临，因为快乐是一种由内而发的感受，不是向外探求所能获得的。

一个人若是提升到一种无私无我的境界，就是自我超越。通常老年人比较可能达到这种境界，因为他们经过人生的历练，拥有比较丰富的见识，对任何事都观察得比较透彻。

譬如，老年人常说"吃亏就是占便宜"，年轻人通常很难明白这一点，但是年纪越来越大，就会发现这些话的确有它的道理，可以帮助人把自我慢慢消解到群体中、自然界中，甚至整个宇宙中。宗教信仰对人的期许，也与"自我超越"的目标相符。

自我发展的四个阶段，也多多少少与年龄有关：年轻的时候开始自我认识，学校毕业之后要寻找自我定位，中年之后追求自我成长，年老的时候则努力自我超越。达到自我超越的境界，人生才算是真正完成了目标。

结论：活在当下，珍惜高峰经验

生命是丰富的，但是对每个人而言，都只能活在当下，过去种种美妙的经验永远只能留在回忆之中。即使舍不得过去努力奋斗的成果，但那些都已经成为过去，在现今这一刹那，只能看到当前的要求。未来或许美好，但古人有句话说得好："富贵而不还乡，如衣锦夜行。"一个人奋斗有成，得到了名利权位，如果没有回到故乡，也不过像在夜晚穿着漂亮衣服，没有人欣赏。很多人功成名就之后还乡，就是为了拥有一种成就感。但如果一味追求这种快乐，未来必须付出很大的代价。这种代价是否值得，是一个需要思考的问题。如果你打拼一生所等待的只是别人的掌声，那么人生未免太不值得了，更何况最后为你鼓掌的人，不见得是你原先预期的那些人。

人活在世界上，如何把当下这一刹那的压力变成快乐，是一个制胜的关键。人本心理学家马斯洛（Abraham Maslow，1908—1970）所描述的"高峰体验"（Peak Experience），是一种能够让人在一刹那之间觉得无所缺憾、一切美好圆满的感觉。我们有很多时候会有这种感觉，例如你晚上在家听收音机，忽然听到一首老歌，那一刻心里非常愉悦，即使眼前还有不理想的地方，也正好构成一个背景，反映出当下的圆满；有时候你和家人在一起聊天，聊着聊着忽然感觉好像有一刹那时空停止不动，看到父母、兄弟俱在，觉得人生实在开心、别无所求，外面世界的成败得失根本不值得一谈；有时候你辛苦地替朋友奔走，最后终于解决了问题，那一刹那内心充实而欢喜；有时候你一个人到郊外，看到山上各种树叶、云彩的变化，那一刹那忽然觉得内心敞开，好像自己和大自然之间没有任何隔阂，天地间的一切任你享用，你甚至也不想占有这一切，因为彼此已经合而为一了。

这些都属于高峰体验，当这种经验出现的时候，要加倍珍惜，因为它不会随时出现，也无法事先安排。假设有一天我和几个朋友聊得相当愉快，一刹那之间出现了高峰体验，觉得一切非常美好。因为念念不忘这种经验，于是又约了一个时间跟同一群人见面，希望再体验一次当时的感觉，但不见得有相同的效果，就算真的出现了类似的体验，也会因为心里早有预期，而觉得似乎没有原先感觉的那般美好。

生命是一个奥秘，希腊悲剧作家索福克勒斯曾说："宇宙万物之中，没有比人的存在更值得惊讶的。"人类的生命本身就是一个惊奇，我们身处这个充满惊奇的世界之中，有时候可能会觉得自己没有任何特别之处。但是如果回头看看过去，就会发现自己的生命从出生到现在，历经各种精彩的转变，以至于现在的自我可以思考，可以作合理的推论，与别人有情感交流，对整个宇宙有个人欣赏的角度，对人生有自己的品味，这不是一件值得惊讶的事吗？

更重要的是，在未来的日子里，我们还可以选择一个目标去奋斗，选择一种理想去坚持，然后以有限的生命展现出无穷的力量！

第十四章　文化的视野

认识艺术家

贝多芬（Ludwig van Beethoven，1770—1827）

德国作曲家，有“乐圣”之称。祖父与父亲皆曾担任宫廷乐师，他于八岁时举行演奏会，十岁即担任宫廷乐师，后来得缘向莫扎特与海顿请教。三十岁完成第一首交响曲，后因耳聋而更致力于创作，一生在恋爱方面有花无果。所作名曲有《英雄》《命运》《田园》等。

1812年，他与歌德会面，歌德形容他是“精力充沛、无与伦比的男性”，并且说:“虽然有很多人，却没有一个伟大的……不，不，只有一个……”

人类社会的主要特色就是有文化传统，到底什么是文化？文化与人生有何关系？思考这些问题时，必须走出个人狭隘的世界，思考自己与社会、人类、历史，甚至宇宙的关系。

文化之界定

一般人常说文化是人类生活的全部表现，但是这个定义太过空泛，无法说明为什么有些文化会兴盛，有些则会衰退，甚至灭亡。

文化的兴盛与衰亡就像人的生命一样，具有周期性。英国历史学家汤恩比在《历史研究》一书中，曾分析全球自古以来的各种文化，结果发现每一种文化都是历经兴、盛、衰、亡，最后成为遗迹。在他看来，能够长期存在，历经两个周期，亦即经过兴、盛、衰、亡，又重新兴、盛、衰，而至今将亡未亡的，只有中华文化。为什么中华文化如此特别？这是因为中国人有一套独特的文化理念。

历史上长期存在的文化最后往往变成考古的对象，譬如埃及文化。台湾地区文化界在 2003 年的大事之一，就是岛内科学博物馆向海外收藏家购买一具木乃伊，进行深入研究，木乃伊就是文化的遗迹。然而，现在的埃及人也已经与他们的祖先脱节了。

能够自古至今延续发展，并且在血源与语言上没有脱节的文化，只有三种：犹太文化、印度文化、中国文化。维持文化活力的方式要看一个文化的“理念”，因为那是文化的生命力所在。

如何理解文化，即是本章要谈的第一个主题。以下先对文化稍作界定。

异于自然

文化的第一个特色就是异于自然。自然界有花草树木、鸟兽虫鱼、山河大地、日月星辰；但是，像森林公园内的水池花圃、林荫步道，就不是单纯的自然现象，因为自然界的树木是自由生长的，不会如此整齐地排列。举例来说，南美洲的热带雨林是自然生长的，一旦深入其中很容易迷路；反之，在公园里则不易迷路，因为树木、步道都规划得很整齐。这说明文化和自然是不同的，自然界经过人手改造以后，就变得人文化了。

有人类才有文化，如果没有人类存在，这个世界上就没有文化的问题。以前恐龙统治地球的时代，并未遗留任何文化，只能让我们挖到恐龙化石；然而，人类所留经之处，却能够挖出由人力改造自然界的成果，譬如城堡。由此可知，其他生物的生命的确不能与人类等量齐观。

形成传统

人类文化的另一个特色，在于随着时间的延续发展，可以累积、创新、学习、认同，形成传统。人一开始学习母语及文字，便已经开始接受文化的熏陶，因为一个人的思考，必须在母语的结构中发展。它提供我们丰富的概念，也就是单字、语词，以及使用这些概念的方法，同时也塑造了我们的思考模式。

西方当代诠释学极力强调语言的重要，因为对人类而言，语言就是一切。如果没有语言，人类的生命无法摆脱大自然生生灭灭的规则。

人类文化经过语言的累积、创新、学习、认同形成传统之后，一方面成为重要的资源，相对地也成为很大的负担。譬如，我们有时会觉得中国人看起来比较老成，活得比较辛苦，是因为中华文化太悠久了，五千年的文化压得我们喘不过气，光是要学会粗枝大叶就很不容易了；相反，西方文化显得充满活力，原因之一是他们的文化发展的时间较短、内容较少，人们可以直接与自己当前的经验接轨。以今日来说，中华文化光是语言就有文言与白话之分，我们现在接触的只有白话文，而白话文只有一百年的历史。如果我们完全舍弃文言文，中华文化还剩下什么？如果忽略了整个传统，我们将无法分享文化资源，只能困处于模糊的过去与茫然的未来之间了。

自为中心

每一个民族对自己的文化都有一个核心信念，亦即相信自己具有特殊价值，譬如犹太人自视为上帝的“选民”。犹太人的历史从一开始就认定自己蒙受恩宠，得到上帝的青睐。然而，这究竟是福是祸？犹太民族从有历史记录以来，充满了悲剧色彩和严酷考验，因为选民必须作为其他民族的模范。然而平凡的人怎么可能作为示范？人的生命从好的方面来看，固然可以展现许多伟大的典范，但无可避免的是也有其幽暗的一面，犹太人为此而受苦受难。因为从上帝的观点来看，他既然选择了你，你就必须是纯洁而圣洁的，那么当然必须通过他给你的各种试炼了。

在《圣经》的《出埃及记》中，摩西（Moses，生平约在公元前十三世纪）带领犹太人出埃及，那段路程只需要十一天，他们却走了四十年。因为犹太人在埃及世代为奴，已经习惯自认为奴隶。离开埃及最主要的用意即是要涤除他们的奴隶性格，而四十年的时间，正好让老一代的人全部凋零，就连摩西本人都无法进入应许的迦南福地，要靠下一代的约书亚（Joshua）带领。

再来谈谈中国。我们自称为“中国人”，又岂是单纯的事情？“中”是中间，这个字的象形义在古代是指“旗子”的意思。古代是部落社会，酋长所在的地方必须插上旗子，演变到最后就形成了“中”这个字。以酋长为中心，接下来才有东南西北的方向，因此从前所称的东夷、西戎、南蛮、北狄，都代表着在“中心”以外，文化落后的地方。由此可知，自称为“中国”，其实是出于原始的信念，别的民族也会质疑我们凭什么说自己位居中间，处于重要地位。

如果“中间”代表的是文明和开化，每个民族都会认为自己位居中间。举例来说，参考雅典的历史，会发现他们称其他民族为“野蛮人”（barbarians），意思是只有雅典人是开化的；又如，伊朗人相信国境内的高山是上帝造人时亲临的那一座山，因此自己位居创世的核心地位。不仅如此，在每个原始部落的神话中，一定都会谈到神明直接与他们的祖先建立关系。一个民族如果没有这样的信念，等于承认自己的文化位于边陲地带，是属于次级和附属的文化。如此一来，这个民族要如何自我认同，稳定群体而存活下去？

请不要小看一些人口较少、规模也较小的部落，因为当我们从经济角度看不起他们时，他们也许会从精神层面看不起我们。在他们眼中，一个民族的人口较多，代表着质量比较差；相反，人口少，才可能成为精华（如所谓的“选民”）。由此可知，肯定自己为中心，是任何一个民族的文化特色，否则自己的生命将失去存在的必然理由。

生命周期

文化是有生命的，所以有兴盛衰亡，那么如何免于步入衰亡？了解文化有生命周期，就会警惕自己保持创新的活力。一种文化要长期存续，必须处于“挑战与回应”的过程中。举例来说，当前中华文化面临各种考验，最主要的是来自现代化的挑战。

本章稍后会说明近代以来的几种革命，由此凸显人类文化共同的挑战。中华文化如果可以适当回应，将会顺利度过生命周期，重现生机，进而在世界上扮演重要的角色。以下先就文化内涵作一说明，再谈如何重现文化生机。

文化之内涵（结构）

听到“文化是人类生活的全部表现”这种说法时，会觉得内容无所不包，但也不易明白其重点为何。说明文化的内涵，也就是对文化作结构上的分析。

文化有三个层次：器物层次、制度层次、理念层次。文化由人创造，所以它展现在人类生活中的每一部分。一个人的举手投足，做一个简单的动作，说任何一句话都会反映他所使用的器物为何，在什么制度下成长，有什么样的人生理念。举例来说，观察一个人吃一顿饭，就大概知道他的出生背景、教养过程以及生活态度。譬如，他在长辈还没开动前先吃，这种行为比较像在西方文化中成长的人，因为西方人用餐是各有各的分量，互不干扰。中国人则不同，长辈没动筷子之前，晚辈必须安静等待，甚至座位也是长幼有序。

看一个人见面如何打招呼，也可以猜测他来自什么文化背景。记得我刚到美国的时候，系上的秘书是一位很胖的女士，她习惯与人见面时要拥抱。我到系上报到之后，她伸开双手要拥抱，我不禁吓得后退两步，真是手足无措，因为我们不习惯一见面就拥抱，何况还是陌生人。这就是文化差异所造成的状况。

文化是一个整体，不能分割，这是我们分别介绍文化三层结构时，必须牢记于心的。

器物层次

器物层次是指经济、科技等实用方面的发明。以交通工具为例，古人的交通要靠走路、乘马车，现在则有火车与飞机。又如通讯，古人传讯很困难，寄一封信称为“鱼雁往返”，也有“家书抵万金”之说，现在很少听到所谓的家书了，E-mail 一按就能解决问题。孔子说：“父母在，不远游，游必有方。”重点就是不要让父母挂念。现代人就不必担心这一点，因为只要一打开手机马上可以与父母联络。由此可见，现代人最明显的进步，是在器物方面。

谈到器物，一般人总认为西方的科技一向远远领先我们。这种想法值得稍作探讨。英国生化学家李约瑟（Joseph Needham，1900—1995）对中国科技文明的发展，作了半世纪的研究，写了几十部书。这些研究证明中国的科技水平在公元 1500 年之前，是领先全世界的。

李约瑟采用的研究方法称为“滴定法”（titration），此种化学实验方法是把许多元素放在一起，观察什么元素决定什么变化。结果发现中国的科技水平领先全世界。举例来说，骑马时所设的马鞍是中国人发明的，运河如何开凿，万里长城如何兴建，等等，也都需要一定的科技作为基础。至于火药、印刷术这类发明就更不用说了。

中国科技能够长期领先全世界，是因为中国是一个统一的国家，只有朝代的更迭而没有国家的存亡问题，因此，科技发明仍然会延续下去。这同时也产生了一些缺点，亦即科技难免沦为服务政权的工具。譬如，有些帝王即位时会修改历法，如此一而再，再而三地修改，导致历法变得非常复杂，却未必可以对应大自然的节气。

既然中国的科技水平原本是领先的，为何近代的科学革命会从西方开始，而不是从中国开始？自十六世纪起的四五百年以来，西方的科技一路领先全世界，往后还可能继续领先，关键在于“科学心态的培养”。

西方近代的科学革命，是经过两千年的准备之后才开花结果的，这种准备就是“科学心态的培养”。根据怀特海的说法，西方科学心态的培养有三个基础：希腊悲剧、罗马法律、中世纪的信仰。

本书第四章谈过希腊悲剧，指出其中的主角不是人而是命运。命运的安排，超越人的愿望与情面，该怎么样就怎么样，即使所有观众都希望有不同的结局也无济于事。这种命运的规定后来变成物理上的法则，完全不考虑人的主观意志或情感需求。

罗马法律也是如此，它基本上不是通过归纳法，而是通过演绎法，确定大原则之后，其他部分则按照规定推衍下去，没有任何例外。

至于中世纪的信仰，简单用一句话来说：如果没有等到时机成熟，没有上帝的允许，就算是一只麻雀或一根头发，都不会掉在地上。换言之，这是强调一切都有定数，不会受到人为因素的影响。

悲剧、法律、信仰这三样东西，听起来都属于人文的领域，好像与科学没有直接关系。然而，人是一个整体，因此这三种基本的人文素养融合并培养出一种心态，叫作“科学心态”（scientific mentality），可以用“实事求是”四个字来形容。以戏剧为例，我们可以发现，华人世界至今仍然希望每出戏都有圆满的结局，亦即善恶到头终有报。这是因为华人文化面对不义的现实世界时，习惯以小说、戏剧来满足内心的需求，然后才有勇气继续面对现实，而不像希腊悲剧，当它描写命运残酷时，所想到的其实是要改善自己的人生态度，而不是麻痹自己。由此可见，中国人离科学心态还有不少差距。又如，许多学生参加大考前，都会到庙里拜拜祈望自己考试时表现优异，至少不会心烦意乱。然而，这些人真的相信求神拜佛能提升成绩吗？其实未必。这一类行为就是缺乏科学心态的表现。

总之，现在谈到科技发展，都是以西方为先进的指标。换言之，在文化的器物层次上，我们必须向西方学习，尤其不可忽略培养科学心态。

制度层次

人类社会需要制度，主要是因为人有自由，有自由当然就会替自己着想，以致忽略或侵犯了整个团体的秩序与和谐。即使有人自认大公无私，这也只是个人看法，别人未必认同。事实上，“我这个人最客观”这句话本身就不够客观。因此，人可以要求客观，但同时也要记得，人不可能真正做到完全客观。

我曾在台北参加一场座谈会，这场座谈会是在美国发生“9·11”事件之后，伊斯兰教希望取得其他教徒的谅解所召开的。我的角色是代表儒家发言，最后我忍不住表示，这场座谈会的意义不大，因为每个人都有自己的立场。举例来说，假设一个人信仰伊斯兰教，他会辩称，“9·11”事件是一个“结果”，造成这个结果有很多的原因，因此我们不能只看“9·11”事件，更要看几十年来美国帝国主义在中东的霸权干预，譬如，如何争取石油、掌握经济动力，等等。这一连串过程造成了“9·11”事件这个结果。以这种方式来解释的话，我们就不应该完全怪罪恐怖分子，反而要责怪美国自作孽不可活。然而，如此一来将会产生其他方面的混淆，亦即每个人所做的任何事，都可以找到以前的原因作为借口。譬如，我走在马路上，有人瞪我一眼，于是我打了他一顿。我可以说“我打他”只是结果，因为我早就察觉社会充满敌意，如果有人瞪我而我不采取行动，恐怕就会受到伤害。如此解释，试问哪一个人做的事情不是结果？又有谁可以从零开始？

社会需要制度，这个制度在一开始是很简单的，就是所谓的“禁忌”（taboo）。在古代社会，一个人如果触犯禁忌，就会受到众人的批评及惩罚。例如，在农业社会中，大人没吃饭以前小孩不能吃，男人没吃饭以前女人不能吃。这种禁忌是因为男人没吃饱就无法耕种，而女人与小孩不需要下田。禁忌慢慢演变为风俗习惯，而法律不外乎就是风俗习惯的具体化。至于英文的“道德”（moral）这个词，在字源上也是指“风俗”的意思。

制度中最明显的就是法律，而法律需要靠教育来配合。这个世界上没有一套完美的制度，因为每一套制度都离不开特定社会的条件。举例来说，中国与西方从前都有专制政体，但是这两种专制政体是有差别的。根据历史学者钱穆先生的说法，中国的专制有两点特色：一是监察权，一是考试权。监察权就是御史大夫，能对皇权作适度的节制。历代许多御史大夫，能够对皇帝的过错勇于进谏，丝毫不畏惧死亡。这种约束力虽然有限，但至少让专制不至于形成完全的独裁。考试权也相当重要，如果没有考试制度，将会由权贵子弟掌握各种资源，互相勾结、交换利益。所谓“十年寒窗无人问，一举成名天下知”，古代的考试制度，让许多穷人抱有希望，能够通过公平的制度提升自己的社会阶级。如此一来，社会才有源源不绝的新生的力量。否则，一个社会一旦陷于封闭或僵化，必然会导致腐败或崩溃。

西方中世纪的专制政体只靠一个力量约束，就是神权，亦即倚赖宗教界来制衡，只是这种制衡的效果相当有限。不过西方后来也慢慢转变为民主制度。西方民主制度的起源，即与宗教信仰有关。尽管在日常生活中，人与人之间有阶级区分，但是星期日上教堂时，则要同声齐念“我们在天上的父”，因为在上帝面前人人都是兄弟姐妹。以这个信仰作为基础，后来才能够发展出“人人平等”的观念。

有些国家没有像基督宗教这样的信仰，所以不易发展出民主制度。以印度为例，现今仍保有“种姓制度”（Caste System），还有所谓“不可接触的贱民”这种阶层。许多西方倡导人权者建议印度废除种姓制度，但是印度人却不放过自己，仍然坚持着。因为一旦放弃这种制度，整个社会将不知如何重新定位人际关系。换言之，全面解放对他们而言等于失去生活行事的依靠。

总而言之，不同社会中的制度很难互相引用。就以民主制度为例，英国是欧洲最早的民主国家，但是现在还有女王；而实施民主最彻底的亚洲国家是日本，他们也还有天皇。由此看来，究竟什么是民主？难道只有美国那一套制度才能称为民主吗？显然不是。因此，不必询问哪一种民主制度最好，应该问它是否适合一个社会的传统，以及这个社会的教育程度能否配合。

理念层次

文化架构中最重要的是理念层次。许多学者在研究自杀的问题时，发现某些先进国家的自杀率一直居高不下，譬如瑞典、丹麦、澳洲，甚至亚洲的日本。这些国家具备两个特色：第一，都是器物层次非常发达的现代化国家；第二，都是制度层次非常完善的民主国家。那么，在二者都如此理想的状态下，一个人为什么会不想活？这是因为丧失理念。譬如，许多国家本来是以宗教信仰为理念的基础，然而由于现代化的冲击，宗教信仰被逐渐瓦解、淡化了。

有宗教信仰的人原则上是不会自杀的，因为如果遭逢苦难，宗教会告诉他，受苦是一件好事，它在使人饱受折磨时，也会使人更纯净；或者告诉他，受苦能使人产生智慧，了解苦难的来源而加以化解。然而，现代化的冲击使得宗教信仰被漂白了，许多人的信仰不再具有真正的力量，星期日上教堂时也感受不到内心的震撼。此外，现代人好像要什么都不难得到，想做什么都可以如愿，最后发现生命只是量的累积，似乎抓不住什么非坚持不可的理想了。

没有理念或者理念模糊的社会，问题会层出不穷。许多人强调现在是后现代社会，所谓后现代社会，若以一句话来说明，就是："所有已经被接受的，都必须再加以质疑。"譬如，我们原本以为的善与恶、美与丑，都必须重新界定。换言之，后现代社会的特色是"价值归零"，"零"代表着回到出发点。这种思想表面上看来，似乎是一种解脱和解放，让每个人都享有完全的自由。然而，当一个人可以自由做任何事时，将会发现没有任何事是绝对必要或不必要的。如此一来，恐怕会觉得自己的生命亦非绝对必要，却因为有了自由，必须为自己的选择负责，而变成一项负担。最后，就会想要逃避自由，甚至逃避自己的生命，而出现忧郁症的现象。现代人最大的问题就是忧郁症。忧郁症患者的特征是缺乏斗志，活得一点都不起劲、不快乐，似乎生命只是无尽的烦恼。

后现代社会表面上看来是一种解脱和解放，却一变而为虚无主义，因为每个人今天所作的选择，恐怕到了明天就会改变。举例来说，同样一件事情，我昨天认为对，今天不一定觉得对。由此可知，后现代社会展现出的是多元并存、相对主义，甚至虚无主义的倾向。以西方社会来说，在理念被淡化为可有可无之后，许多人不知道生存是为了什么而不想再继续活下去。

文学、艺术、宗教、哲学等领域，是保存理念的最佳载体。一个人的人生观是从小在童话、小说中学来的。我们小时候听父母讲童话故事，自然就会相信其中的价值观，譬如，善有善报，勇敢的人一定能达到目的，诚实的人一定会得到报偿等。小学毕业以后，可能会自己阅读《三国演义》《水浒传》之类的书，从中得到对人性的了解，以及做人处世的原则。诺贝尔物理奖得主杨振宁先生曾经公开说，他的人生在三十岁以后靠的是自己小时候背诵的儒家经典，亦即孔孟的思想。换句话说，是哲学家的见解提供他生活的原则，使他相信自己只要做该做的事，就会心安理得。

事实上，一个人即使不懂儒家思想，在做自己该做的事时，内心也会感到平安，只是不太有把握罢了。孟子所谓的“我善养吾浩然之气”，就是在说明，人的经验有时候需要概念才能展现内涵。了解某些概念之后，就容易体会类似的经验。假设遇到一种经验，却无法用言语形容，我们怎么能确定它真的存在？并且，这种体会可能过了今天就忘了，即使再遭逢类似的经验，也缺少先前的心得作为对照。当然，概念也有缺点，因为它彰显多少就遮蔽多少。这一点提醒我们，生命经验的本身才是真实，概念则是重要的认知工具。

再以艺术为例。中国画善于留白，不懂的人看了总觉得浪费纸张。事实上，有时作画者刻意在画面留白，希望观者体认，这幅画所要展现的不是客观实物，而是观赏时体验的意境。此外，中国画习惯把人画得很小，融入山水之中，代表着人与山水融为一体。西方人作画时喜欢凸显个人，意图表现出画中人物的特色、个性，以及生命特质，并且习惯画满整块画布。这就是中国和西方在艺术理念上展现的差异之一。

东西方在宗教方面的发展，也是截然不同的。西方的三大宗教（犹太教、基督宗教、伊斯兰教）都是以父亲的形象作为上帝的形象，东方的宗教则偏向母性温柔的一面。父亲代表正义，母亲代表仁爱，这两种力量其实应该合作。如果光谈正义，很多人犯错之后可能会自暴自弃。弗洛伊德甚至说："很多人因为先有罪恶感而犯罪。"人们怀着罪恶感，害怕不能得到救赎，最后干脆放弃希望。由此可知，父亲的严厉角色，会使很多人无法回头；反之，如果光讲仁爱，则一个人无论做好事或做坏事、有罪或无罪，都有母亲照顾着。既然好人或坏人都能被接纳，那么为什么要做好人？做坏人不是更容易一些吗？由此可知，这两类宗教有各自的特色以及优缺点，应该互相配合。

至于哲学方面，西方哲学一直都有明显的二元论倾向。古代是上下二元（理想的世界与现实的世界）。以柏拉图的学说为例，上层的世界称作理型界，亦即理性所针对的原始典型，它是永恒不变的，也是知识的真正来源；人类以感官所见的世界，则充满变化。充满变化代表不可靠，所以能够认识某物，是因为我们通过理性认识了此物的理型。然而，我们怎么知道那是理型？原因是我们前辈子的灵魂见过理型，只是出生时忘记了。所以柏拉图认为，知识即是回忆。知识如果不是回忆，只能靠今生经验的累积，由经验累积的叫作归纳法，而归纳法并不具有普遍性与必然性，所以知识不能来自于归纳，只能来自于回忆。

然而，从笛卡尔之后，近代的西方思想变成了内外二元。笛卡尔说：“我思故我在。”这句话一旦成立，人立刻陷入一个封闭的自我内在世界，因为我们所能掌握到的“我”就是思想。“我”是纯粹的思想，是思想的主体，并且这个主体除了思想之外，别的都不能肯定。如此一来，心（mind）与身（body）就分开了。西方哲学光是探究如何联结心与身，就花了几百年，到了康德，则演变成唯心论立场，后来又有唯物论的出现，让二元对立难以整合。西方人到现在还是一样喜欢“分”，譬如把人的生命分为几个不同阶段，因此西方的法律或生活方式都擅长于区分，至于要整合，则力有未逮。

中国哲学则是一开始就讲究人际关系，譬如儒家认为，善是“我与别人之间适当关系的实现”。这个定义是整个中国哲学的精华所在。西方讲个人主义或个体主义，这是把个人孤立，由此尊重个人的生命抉择；中国哲学则认为人不是孤立的，从一出生就在人际关系的网络里。一个人的生命如果趋向完美，他的整个人际关系就会往上提升。这是中国哲学与西方哲学的不同之处，很难评断孰优孰劣，因为它们分别在不同的时空，由不同的条件所造成。本章稍后会专就“中华文化的理念”加以说明。

借由探讨理念，才可以区分各种文化的特色，因此文化之间的沟通，绝对不能只放在器物层次。举例来说，我们不能以麦当劳快餐店数目的多寡，来判断这个社会是否进步，因为这是把文化等同于“食”了；同理，也不能以汽车数目的多寡，来判断这个社会是否进步，因为这又是把文化等同于“行”了。器物层次的进步是不够的，因为即使一个社会拥有全世界最好的科技，也不能保证生活在其中的人可以活得快乐。制度也是一样。就算一个社会的制度不断改善，譬如从金钱政治转变为选贤与能，也不表示人们会活得比较快乐。

除了器物及制度层次，更重要的是理念层次。古代的器物和制度非常落后，但是很多人照样可以活得很快乐，譬如颜渊“一箪食，一瓢饮，在陋巷”，却能够继续着这种生活而“不改其乐”。由此可知，理念的重要性不言而喻。换言之，一个人活在世界上，可以没有丰富的物质享受，可以没有良好的制度，却不能没有正确的理念。

现代人的考验

既然探讨文化的视野，就须追溯现代文化是如何演变形成的，因此我们要从近代以来的几次革命谈起。

天文学革命

西方从十六世纪开始，逐渐兴起了天文学革命。天文学革命的主要代表人物是哥白尼（Nicolaus Copernicus，1473—1543）。哥白尼所引起的革命，简单地说，就是从“日动说”变成“地动说”。“日动说”认为太阳绕着地球转，这其实很符合一般常识，因为我们总是说“太阳从东边升起，从西边降下”。只有当太阳绕着地球转，以地球作为核心时，才能说太阳升起和降下。从前的人还没有地心引力的观念，如果告诉他们正确的现象应该是地球绕着太阳转，他们可能会质疑：“为什么我不会头昏呢？”

“地动说”被提出来之后，人的视野忽然开阔，因为如果以地球为中心，人们的宇宙观只局限在地球四周；相反，如果以太阳为中心，看到的宇宙自然比之前大上千万倍。太阳有九大行星，地球不过是太阳的一个行星而已，在整个宇宙里面算得了什么？因此人类的视野逐渐扩大到难以想象的程度。

天文学的革命，意义在于：其一，人们由此更清楚宇宙是怎么回事；其二，不再认为地球是宇宙中心，随之也挑战了人类中心的观念，至少不会轻易相信上帝创造地球是为了安顿人类；至于由此推翻宗教中的过时宇宙观更是不在话下了。

生物学革命

达尔文在1859年出版《物种起源》，指出现存的生物是经由演化过程而来的。这种演化是从简单趋于复杂，并且实行“一条鞭”的方式，亦即只有一条路线的发展，衍生出人类也是从其他动物演化而来的理论，因为人类是所有生物中最后出现的。于是“万物之灵”变成了“万物之末”，这实在是令人震撼的说法，令人看到其他生物的时候不禁想：“这些生物以前和我们的祖先是平起平坐的啊！”

而从前人类以为自己是上帝特别创造的宠儿，这种信念也变得不这么肯定了。当然，关于这一点可以采取新的解释，来调和创造论和进化论，亦即主张上帝不一定直接造人，也可能是以更复杂也更合理的方式创造人类。

这种生物学上的革命意义重大，因为它把人的生命从最高的地位贬到一般生物的层次。不过事实上，达尔文本人也承认，他尚未找到联结人类与其他生物的那个“失落的环节”。然而，一般人众口铄金认为“人是猴子变的”，好像这句话代表了达尔文的重大成就。把尚未证实的假设当成了科学上的命题，其实是一件不幸的事。如果人真的是由猴子演化而来的，为什么人的行为要比猴子高尚？生物世界不过就是“物竞天择，适者生存”，那么人类为什么要讲求仁义道德？如果这个社会是一座城市丛林，我们与人来往也只需依循“成亡败寇”的原则，不必坚持任何道义。换言之，生物学的进化论，使人们特别留意到人类生命中负面的因素。

心理学革命

造成心理学革命的是弗洛伊德。弗洛伊德在心理学上最大的成就，是提出了“潜意识”的观念。弗洛伊德广泛分析人类的做梦经验指出，人之所以会做梦，是因为人有潜意识。潜意识理论引起很大的震撼，因为这一部分的领域太广了。意识和潜意识的比例是六分之一比六分之五，六分之一的意识就像是浮在水面上的冰山一角，而水面下的六分之五则是潜意识。换句话说，每一个人的生命都有丰富的潜意识，之所以称为潜意识，是因为我们无法察觉也无法意识到它。既然这部分占了这么大的比例，人恐怕很难再说自己了解自己。

弗洛伊德采取一种化约主义的解释，他把潜意识解释成一种生物性的、原始的、性欲的冲动，如此一来，所有文化的表现都是性欲的升华，人的生命显得复杂而诡异。这种理论在当时也许说得通，因为在他所处的维多利亚时代（Victorian era，1837—1901），社会上对人性的压抑非常严重，很多绅士淑女变得伪善，产生稀奇古怪的性幻想。这是因为压抑得越重，就会相对产生各种变态的发展。由此可见，心理学家自己也难以超越时代的限制。

弗洛伊德的学生在其后提出许多不同的看法，譬如阿德勒（Alfred Adler，1870—1937）主张，潜意识并非性欲，文明也不是性欲的升华，而是自卑的超越。每个人小时候都会有自卑的情结，因为小孩看到大人时，相较之下自然觉得自己每一方面都相去太远。小孩想做什么事，都必须得到成人的准许，自己一点反抗能力都没有，久而久之就会造成自卑感。而人在成长的过程中，为了克服孩童时代埋下的自卑，于是创造了各种成就。

这种说法十分吻合一般人的经验，因为人必定是从小孩长成大人，而童年的各种欲望也多少会受到父母的压抑，而产生自卑感。许多人一辈子的努力就是为了克服年幼时不被准许的部分，也因而获得各种成就。举例来说，一个人如果像贝多芬一样耳朵失聪，可能当上音乐家；然而如果四肢五官都很健全，很可能只成为普通人。这样的理论虽然有一部分道理，但是显然也有盲点，因为同样的缺陷可能发展出相反的结果。

经过心理学的革命，人们开始认清，每个人都是一个复杂无比的生命。而从天文学革命、生物学革命，乃至心理学革命以后，人类对自我的了解越来越深刻，也就越觉得生命缺乏保障与希望，这已经为现代人造成重大的困难了。我们在第十二章谈论宗教时，提到了弗洛伊德的一句话："宗教是人类心理上的拐杖。"在心理学革命之前，一般人有了宗教之后，如果愿望无法实现，可以投射出去，相信有位慈祥的天父，他是人类的救世主，因此活在世界上还有安慰。现在呢？这一切恐怕只是我们主观的幻想而已。

以这样的方式来理解，人的生命显然相当悲惨，但是人类还是提出了一种希望，亦即科学和教育。很多人把希望放在这二者的进步上，然而科学不断发展，也会造成一些问题。例如，科技进展往往造成环保问题，我们可能以更新的科学技术来解决眼前的环保问题，但是谁知道更新的科学发展会不会带来更严重的问题？以《K-19：寡妇制造者》（*K-19:The Widowmaker*）这部电影为例，潜艇上的核子弹因为人员操作错误，面临可能产生核爆、引发世界大战的危机，我们看了之后立刻能体会到核子弹有多可怕，辐射有多恐怖。如果当初科学家没有发明核子弹，也不会产生这些问题。以前的社会虽然较为原始，但是战争时拿刀砍砍杀杀，顶多造成少数人伤亡，然而现在只要核子弹一爆炸，影响的可能是全人类。这就是科技所造成的重大影响，但是科技仍然继续往前发展。

至于教育，我们也知道关键在于内涵而不在于程度。即使教育普及，或者人人都念大学，但是试问：我们所学的知识能够适应人生的各种挑战吗？知识分子可以免于精神官能症的威胁吗？弗洛伊德对此未免太过乐观了。

信息化革命

信息化革命就是所谓的计算机革命。计算机革命发展至今，甚至出现了虚拟现实，人们因此发现，重要的不是实际上发生了什么事，而是自己“感觉”发生了什么事。换言之，一个人的感觉可以取代客观上发生的事件。举例来说，我告诉一个人：“张三对你很凶，你知道吗？”这个人回答：“我不觉得啊，我觉得张三对我很好。”究竟张三对这个人是好还是凶？当然是这个人自己觉得好就好！就算在另一个人看来，觉得这样的态度让人不能忍受，也无损于这个人的感觉。由此可知，重要的不是发生了什么事，而是一个人对这件事有什么样的感受。

计算机在这方面显示出惊人的成就。在这个信息急速发展的时代，我们开始怀疑自己看到的是否真实？就算原本是假的，看久了之后也变成真的了，因为我们生活在影像的世界中，无法判断何谓真实，即使接触到现实情况，也难以确定那就是真实。这可以说是人类注定的命运。这种对世界的不真实感与怀疑就好像你认识一个朋友，但你真的认识他吗？就算大学时代就认识，毕业几年之后还是一样认识吗？你当然可以认得出这个人，但是却无法知道他心里在想什么。再说到自己，你对自己了解吗？一个人很难真正做到认识自己。有时候忽然会觉得："咦，我怎么会做出这种事？"如果连自己都怀疑曾经做过的事，那么还有谁能证明你做了或没做？你在做这件事的时候真的是你在做吗？还是别人在做？

《指环王 2：双塔奇兵》(*The Lord of the Rings: The Two Towers*)中有一个叫作"咕噜"的角色，他代表的就是现代人精神分裂的状况，一下说："嘿，我要去害他。"一下又说："不行！我不能害他。"一下说："主人出卖了你啦！"一下又说："我不能背叛主人，他对我很好！"他讲的话究竟哪一句才是真的？这就代表了现代人两面挣扎的情况。电影中其他善恶分明的角色，到最后也只肯定一句简单的格言："我相信这个世界上毕竟还有某些善是值得去坚持的！"当然，这种电影能够受到重视，也反映出人类想要回到原点，重新再出发的心情。因为面对这个世界各种复杂的处境，许多人都觉得自己很辛苦也很疲倦，因此也不愿意再去碰触这些问题。

信息化革命带来影像的新世界，我们在生活中有时候看到的画面是新闻真正的现场，有时候则是完全虚拟的电影。我们从同一块面板不断地接收这些讯息，久而久之完全分不清什么是真实、什么是虚假，也无从判断是非。因为从小小的屏幕中所展现出的世界，人根本无法消化。知识上不能分辨，情感上不能消化，所以在真实人生中面临选择时，常常不知道何去何从。所以许多人一离开屏幕，面对现实人生时，会感到枯燥、无聊、乏味，于是又回到由影像建构的世界中。如此不断重复，人生恐怕就这样过去了。由此可知，信息化革命让每个人毫无限制地接收到他无法使用的信息，对现代人形成一种很大的考验。

基因学革命

当代科学对基因的研究，已经有了惊人的发展。专家认为如果能够掌握人类基因的组合并加以改善，人类最多可以活到一千两百岁。然而，生命重要的不是存活时间的长短，而是活得有没有意义。意义是指“理解的可能性”，如果人类真的活到了一千岁，你能理解自己这样活着的用意吗？或者那只是生命的延长而已？

谈到基因学革命，最主要的是复制人的问题。第一个被复制成功的生物是多利羊，总共经过了二百七十七次的实验。那么，前面二百七十六次失败的成果何在？那些胚胎可能沦为实验室中各种畸形的羊了！复制羊的实验失败或许比较无所谓，但如果是复制人的实验失败，该怎么办？

如果复制人真的出现，还会产生许多复杂的伦理与社会问题，譬如老化的问题。无论是多利羊，或者是台湾培养出来的复制猪，都老化得特别快。如果幼小的复制人惊觉自己不断老化，我们如何向他解释？当复制人老年出现病痛、赡养等问题时，又该怎么办？又如，复制人如果犯罪，该由谁来负责？是复制人本身还是被复制的那个本尊？

许多国家的政治与宗教领袖都反对复制人，就是因为这些问题无法解决。复制人最大的特色在于，他与本人的同构型超过同卵双胞胎。同卵双胞胎的相似程度是84%～85%。美国曾经做过一项有趣的调查：一对双胞胎女性，出生之后立即被分开抚养，彼此都不知道对方的存在。三十年之后这对双胞胎相见，两个人一聊，才发现自己有一半的经验与对方完全一样，譬如，先生的名字、车子的颜色与品牌、喜欢穿的衣服、喜欢的发型等。这就是基因相似造成的结果。

复制人的情况比同卵双胞胎还要严重，恐怕有90%以上的相似度。当你看到一个与自己几乎完全相同的人时，会有什么感觉？当然，人的成长过程也会造成生命的重大差异，不过如果先天的基础相同，后面的变化相当有限，除非你能够自我教育，让自己生命的内聚力非常明确，由此建立起坚强的核心，否则只能顺着天生的本能发展。许多人的一生就是顺着天生的基因发展，他所做的一切事情，无论是好是坏，都不过是基因的表现而已。只有少数人，经过长期的教育，懂得自我修养，因此能够表现得与众不同，并且与自己先天基因所设定的路程大不相同。

回溯传统，因应挑战

从以上五种现代人面对的革命的分析中可以发现，过去三百多年人类的确面临史无前例的挑战。关键在于这是一个自由开放的社会，每一个人必须为自己负责。自己一旦从群体游离而出，得到的几乎是完全而绝对的自由。拥有这种自由的条件，现代人如何安排自己的生活？是继续模仿别人或盲从流行吗？如果得到了自由，却仍然模仿别人、过着同样的生活，岂不是一种难以理解的情况？人的生命，至此面临了全新的挑战。

如何面对这种挑战？我的建议是，重新回溯传统。人如果脱离传统资源，根本没有立足点去观看世界，与人来往也不知道自己的立场。我们常以为人有立场不好，因为有立场就会有成见。事实上，人本来就不可能没有成见，有偏才有见，一个人如果没有特定偏差的立场，不可能提出任何有价值的见解，因为他所说的不过是泛泛之论，是每个人都会说的。相反，如果你知道自己所偏之处，那么你的见解反而可以代表某一种明确的观点。因此，不必担心自己有所偏，重点是要因此而有所见。有了见解之后能为自己的立场提出理由，这才是一个人生命成长的重要阶段。

中华文化的理念

儒家的人性论

当我们开始询问“人是什么？人生应该如何？”的时候，其实应该参考儒家的人性论。儒家的人性论相当精彩，因为它是从经验出发的。现实社会中有人做好事，有人做坏事，而做好事的人会比较快乐，做坏事的人会心里不安。或许有人会说："不会啊，我觉得做好事的人很痛苦，做坏事的人很快乐！"那么他恐怕只是从表面来看事情而已。

我曾经举过例子，说明一个人做坏事时虽然是自由的，但是之后心里会不安，因此总要想办法弥补；相反，一个人做好事虽然表面上看起来比较辛苦，但事实上内心很快乐，否则他为什么愿意坚持下去？谁愿意一直做一件痛苦的事情？也正因为如此，有些人虽然生活穷困，却能安于平淡，乐天知命；而另一些人虽然生活富足，但有时候却会于心不安或于心不忍。这样的例子很多。

儒家对人性的看法值得我们参考，其中最重要的是"真诚"。身为一个人，无论别人怎么看待你，都不必太在意，只有在自己面对自己时，才是一个稳当的出发点。一个人必须面对自己，夜深人静时，觉得天地之间好像只剩下自己一人，这时候会觉得需要与自己对话。这种对话如果不真诚，连对自己也伪装起来、无法说真话，那么这个人的生命就分裂了；相反，言行设法合一，内外尽量一致，他就能够保持真诚，也就是一个完整的生命。

那么，什么是真诚？举例来说，张三工作时，无论老板是否在旁，他做的都是同一套，这就是真诚。他不会因为老板在或不在，而调整态度。并且，他对老板与对属下的态度是一样的，绝对不会欺上瞒下。当我们越了解真诚的道理，就越懂得他人有没有一致性与完整性。而且，真诚的人，会发现内心有一股力量，要求自己去做一些可以改善人际关系的事情。举例来说，你坐在公交车上，看到一位老太太上车，这时候你会要求自己让座。一旦让座，内心立刻涌现一股自我肯定，觉得这种行为符合自我的期许，然后由衷地快乐起来。站着虽然比较辛苦，需要的能量也较多，但是年轻人消耗一点身体的能量，来增加内心的能量（对自己的肯定与欣赏）是很值得的。

儒家的人性论让我们对于很多事情的苦与乐，不会只看表面，而可以设法从内在去判断。也就是说，我的苦与乐不会被别人左右，而是由我自己决定。这种力量永无止境，只要活在世界上一天，就有一种由内而发的自我要求，要求自己遵守法律、遵守礼仪、与别人和睦相处、奉公守法、做自己该做的事。这种对人性的看法，使得个人在追求自我实现时，能够与整个社会良性互动，并且符合群体的福祉。

当然，有人会反驳：“可是，这个社会还是有很多罪恶啊！”有罪恶代表人性有弱点，所以没必要说人性本善，但重要的是，人性向善。“向”这个字是关键，它是一种力量。一个人如果永远由力量的角度来看自己，就会感觉到自己的生命力日新又新。

儒家的人性论对文化的发展，甚至对全人类来说，都是重要的资源。把生命看作一种力量，进而自我要求，从这一点出发，再由个人所信仰的宗教提供教义、仪式、戒律，如此一来，儒家和宗教之间不但没有冲突，反而可以携手并进。

道家的自然观

专就人的社会来谈，总会觉得狭隘及压迫，因为要改善这个有各种复杂的利益交换的深层结构的社会，的确困难重重。许多时候批评别人很容易，但是一旦事情发生在自己身上，顿时发现每个人都是软弱的，希望拥有一点弹性或通融，此时道家的自然观提供一个调节的空间。

大自然之所以可贵，是因为大自然有自己的规律，不会因为人而改变。一个人如果多接触大自然，就会体认到什么叫作“顺其自然”。举例来说，该下雨的时候一定下雨，它不会因为人不希望下雨而有所改变。有时候无为反而会让一切自行实现，这就是“无为而无不为”；反之，当一个人在某些方面有所表现（有为），可能就必须以其他方面作为代价，生命因此而受到扭曲。

道家的自然观，是要人通过欣赏自然，体验什么是“道”。道是“究竟的真实”（最后的真实）。人活在世界上的时间非常短暂，几十年以前没有我，几十年以后也将没有我，这个世界上每天都有人出生，每天都有人离开。那么，到底什么是人生？不就是昙花一现罢了？如此说来，人生岂不是虚幻的？那么我们为什么活下去？道家思想认为，这全是因为我们与道有所接触。

道家思想与儒家不同。儒家强调修行，认为每一个人，从少年到老，都可以学习儒家，努力保持与别人之间的适当关系；道家则认为，只有少数成熟的人，可以在智慧上得到启迪，并从道来看待万物。这就是所谓的“以道观之，物无贵贱”，这样的心态叫作“一往平等”，亦即任何东西，只要存在，都分享着道的资源，因此它的存在也就值得欣赏。这是一种审美的态度，既不功利也不实用，不谈道德也不讲知识，纯粹就一物的存在来肯定它的价值，因为有道，一切才能存在。

东郭子请教庄子：“道何所在？”庄子回答他：“道无所不在——在蝼蚁，在稊稗，在瓦甓，在屎溺。”(《庄子·知北游》)这些东西在一般人看来是非常卑微的，然而，从动物到植物到矿物，甚至到废物，道都在其中，因为这些东西只要存在，即有道的力量在支撑。

道家的这种思想，的确不是一般人可以体会的。但是若把这种思想当作文化的理念，可以让我们了解：一方面人要在社会上尽自己的力量；另一方面则可以跳开一步，设法与大自然的规律配合。那么，这种思想如何在人间实践呢？用三个字来说，就是“不得已”。不得已不是被迫或者无奈，而是指：当各种条件成熟的时候，人该怎么样就怎么样，尽量避免主观意愿的操作。凡是勉强或有所为的，必然招致后遗症；相反，当各种情况与条件成熟之后，该往哪里走必定往哪里走。虽然在别人眼中你好像是有所为，事实上是无所为，这就是无心于为。举例来说，工作时工作，却不计较成果，是放得开；相反，如果工作时一直想着成果，就是执着。

完成一件事之后要放开，不必念念不忘，人只能活在当下，过去种种如何评断，端看你今天赋予它什么意义。举例来说，我过去觉得这件事情很好，但是今天发现了真相，因而觉得它并不好。就好像国家历史可以翻案，每个人过去的历史也可以随时翻案，至于翻成什么面貌，全视你现在的观念而定。譬如，你现在觉得某个人是你的贵人，但是几年之后你看到他的日记，发现他其实是利用你。那么这个人对你到底是善是恶？其实，人非常复杂，有时候好与坏很难截然划分。每个人都有自己的考虑，而所谓的好坏也就掺杂一起。

道家思想可以帮助一个人超越人间各种相对的束缚与压力，其自然观也能让人摆脱世间的执着，找到另外一条出路，引发智慧，接近究竟真实的领域。

儒道皆有超越界

无论儒家或道家的思想，都属于人文主义，亦即尊重与肯定人性的潜能，并且把人性当作价值的基础，而不是手段或工具。人文主义可以分为开放与封闭两种，而儒、道的思想都属于开放的人文主义。

（一）封闭的人文主义

封闭的人文主义认为人就是一切，亦即是最伟大的，但是由此产生一个困难：所谓的“人”究竟指谁？我们不能说是人类，因为人类是一个集合名词，现实生活中真正存在的，是每一个不同的个体。然而，如果“人”指的是个人，则变成每个人都是价值的唯一基础，是最后、最高的目的。如此一来，人与人之间如何相处？很多时候，人的目的是互相冲突的，有人成功必定有人失败。选举就是最好的例子，不可能所有的人都当选，而是一定有人落选，这时候该怎么办？由此可知，封闭的人文主义找不到一个客观的标准来判断是非，可能最后变成人与人之间互相伤害。

（二）开放的人文主义

开放的人文主义认为人是向超越界开放的。人是有限的，譬如人会犯错，人有生有死等。知道这些局限以后，我们接着要问："限制的另外一边是什么？"另外一边就是超越界。如果没有超越界，那么痛苦、罪恶、死亡这些难题，不可能得到理解。为什么有些人一出生即罹患不治之症？为什么有些婴儿不幸夭折？这些问题不能统统归之于命运，因为命运就是需要被解释，若仅是把它当作无法解释的笼统说法，那只是一种逃避。

罪恶也是一样。为什么有些人会犯罪，而有些人会成为受害者？为什么有些人第一次坐飞机就罹难，有些人经常搭乘却平安无事？死亡是最公平的，因为每一个人迟早都必须面临这个关卡，但它同时也是最难理解的。由此可知，如果没有超越界，人生所有的一切都无法被理解，也没有意义可言。

古代的哲学家在提供理念时，当然知道人生有所限制，也知道必须有超越界，所以孔子就曾谈到"天"，当他两次面临杀身之祸时，毫不犹豫地诉之于“天”[①]；同样，老子与庄子谈到人生的最高境界时，也以“道”为终极答案，并且指出，道是无法用言语表达的。

这种对超越界的信念可以配合宗教，也可以单独发展，全视每个人如何在生命中体现它的启发。

结论：文化的未来展望

多元化与全球化

各个民族都有自己的文化，譬如原住民有原住民的文化，不同族群之间都会有所差异。除此之外，还有闽南人、客家人的文化。由此可见，文化是多元的。多元是指各个文化自成系统，跟其他文化可以互相对照参考，但是无法完全融合为一。

多元化之所以特别重要，是因为1994年之后，美国政治学者亨廷顿（Samuel P. Huntington）提出“文明冲突理论”。他指出，二十一世纪将会出现三大文明的冲突：基督宗教文明、伊斯兰教文明、儒家文明[②]。可能有人会问：“既然提到多元化，为什么没有谈印度教或佛教等宗教？”这是因为这些宗教有轮回的信仰，他们把生命

① 分别参看《论语·子罕》与《论语·述而》，以及本书第八章253页注①。

② 亨廷顿对儒家的理解是有偏差的。他把儒家等同于大陆政权，把大陆经济的发展当作儒家文明势力扩充的具体表现，并且将其加入基督宗教与伊斯兰教这两个长期处于对抗的文明，使之变成三个文明鼎足而立。

的重点放在来世，因此不会在这个世界上你争我夺。换句话说，他们认为要争的是千秋，而不是一时。但是，离开一时，千秋何在？信仰印度教与佛教的地区，现代化缓慢的原因之一，就是因为他们相信轮回，所以何必急着现代化？现世的舞台就留给其他宗教去表演吧。

然而，其他宗教照样有许多冲突，这都是由人的欲望所造成的，譬如，扩充经济实力、成就世界霸权等。并且，一个社会本身的文化，往往要通过排他性来产生内聚力。

全球化（Globalization）是当前许多大国的目标，希望促进世界地球村的实现，但是基本上有各种经济的考虑，譬如签署京都协议，主张限制能源的使用。而事实上，美国本身是最应该被限制的，美国人口只占全世界的4%，却消耗全世界四分之一的能源。美国希望其他国家不要发展核武器，是因为自己已经部署完毕，这种心态相当主观。美国总以圣人自居，要求所有国家相信他，由他来安排世界的秩序。全球化如果从既成的现实条件出发，实在是不公平也不可取的。

全球化其实不可能实现，因为如果真正达成全球化，全世界应该只使用一种语言，也就是最强势的英文。你能想象以后中国人之间都以英文交谈吗？这是不太可能的，因为文化是一代一代发展下去的，不可能从某一代开始，每个人的英文全部提升至流畅娴熟之境。并且，如果使用英文，要学习什么材料？莎士比亚吗？文字和语言是人类生命的重要内涵，我们怎么可能舍弃中文？“9·11”事件之后，本·拉登的威胁一直对美国形成困扰，有人问："恐怖分子到底如何才会停止攻击美国或自由世界？"答案是："所有美国人都改信伊斯兰教。"美国人会因此改信伊斯兰教吗？当然不可能，因为逼到极端，他们也会起而捍卫国家。

目前谈论全球化所得到的结论，只是一些很边缘的题材，譬如，要重视环保问题；或者，要有全球伦理、各国互相尊重等。这些主张既空洞又抽象，实现之日遥遥无期。

各文化基本理念的沟通

各文化基本理念（如宗教）之间，要如何沟通？在这方面，儒家与道家可以扮演重要角色。这是我最近所持的观点。上述提到儒家的人性论与道家的自然观，这两种想法可以让全世界接受。譬如，主张人性向善，做人以真诚为本。一个真诚的人，会发现内心的强大力量，而实践自我的时候，则需要适当的礼与法来规范。这种说法相信每一个人都可以接受，至于行善的程度，则要配合各自的信仰去实践。

儒家对人性的看法没有任何勉强之处，不会因为相信人性向善论，就无法接受原罪说。相信人有原罪，是一个人的信仰，但是活着的时候，该做的事不做，或者做了不该做的事，都会心里不安。这是一种普遍的现象。我在比利时与荷兰教过一些外国学生，我特地问他们，在车上看到老太太站着，如果自己不让座，是否觉得不安？外国学生听到这个问题都要思考一下，因为在欧洲很少发生这种情况，每个人上车几乎都会有位子可以坐。但是他们想过以后的答案都是肯定的。这说明人同此心，心同此理，人性向善是一个普遍存在的事实。

道家的自然观也很容易让人接受。现在全世界都在谈环保，这种问题很难从儒家的角度切入，因为古代没有生态破坏；如果从道家的角度切入，好像层面又太高，因为道家基本上是欣赏大自然。但是道家的思想确实能够让人看得更远。由此可知，古代的智慧对现代人而言，反而变成对未来很好的引导。

我对中华文化深具信心，正因为我认为儒家与道家这两种思想，对所有现代人都是重要的参考，并且不会引起任何冲突。所以，文化的沟通绝非不可能，只要从人类的生命经验去作适当的解释，就能够顺利开展。

在善的基础上发展真与美

善可以说是“人与人之间适当关系之实现”。研究西方哲学的人都知道，善是不能定义的。有人说：“善是做该做的事。”但什么是该做的事？或是说：“善是恶的反面。”那么，什么是恶？也有人说：“善是结果有利于大家的。”但是一般人不会做有利于群体的事，而会做有利于自己却伤害群体，或者是有利于自己也有利于群体的事。这样继续推衍，善将变成一种实效主义或效益主义。由此可知，善的原则很难厘定。

康德对于善的要求很严格，他认为善是“我认为该做我就做，不考虑任何效益”。举例来说，如果我到医院探病，对生病的朋友说：“我来看你不是因为我喜欢你，也不是因为看了你心里比较愉快。我来纯粹因为你是我的朋友，所以我应该来探望你的病。”这种态度才是康德所谓的善。但是对方听到这番话一定会觉得：“你回去算了！”

康德这种看法自有高尚的理由，亦即你去做一件该做的事，不是为了任何理由，纯粹是因为你该做，所以做。遵守义务与规则，远超过你对一个人的好感与情意。然而这种冰冷的人际关系，不太符合实际的生活情况。而儒家所说的“为善最乐”，与康德所说的“为善不乐”，二者也难以相容。

一旦我们能建立行善的原则，就可以谈真与美了。真与美其实都需要机缘。譬如求知就需要机缘，一个人如果没有受教育的机会，将变成文盲，不过他还是生活愉快，因为他可以一生行“善”，实现自己与别人之间的适当关系。

再谈到审美。审美是很主观的，一个人觉得美的，在另一个人眼中，可能完全没有感觉。譬如，你去看马蒂斯的画展，也许看不出其中奥妙，只知道价格高昂。又如听音乐，如果问一个音乐系学生，哪些乐曲比较好听，他一定会推荐贝多芬、莫扎特、巴赫这些音乐家的作品。但是你听了可能无动于衷。那么，到底什么才是美？美是由别人所界定的吗？当然不是。

总而言之，善是人生的基础，由此再随机缘增加真与美的部分。这三者互相配合，生命才能发展得比较圆满。哲学之有益于人生，就在于阐明这其中的道理，开拓一条人人可行的康庄大道。

第十五章　拓展生命的深度与宽度

自从跨进二十一世纪以来，萦绕在我心头的，就是有关身、心、灵的整合与定位问题。能够厘清这个问题，才可化解现代人忙碌、盲目、茫然的困境，进而减轻忧郁症的威胁，然后人生的快乐才有贞下起元的契机。

这一系列的探讨是严肃而沉重的负担，要求心智付出代价，否则难以享受解谜出惑的喜悦。

在这一章中，我提出的是一个完整的思考架构，依序探讨：

一、肯定人生的意义

（一）现代人的考验（二）有工作可以做（三）有人可以关怀（四）有痛苦可以受

二、开发自我的潜能

（一）保持观念畅通（二）培养美好情绪（三）主导自我意志

三、建构完整的生命

（一）身、心、灵的架构（二）身心活动的意义（三）化解潜意识的盲点（四）命运转化为使命（五）宗教信仰的正途

四、学习传统的智慧

（一）儒家的修养之乐（二）道家的觉悟之乐（三）日新又新的人生

肯定人生的意义

积极肯定人生，明白人生是有意义的，才可能面对自杀这个严肃课题。

加缪在《西西弗斯的神话》中，一开头就说："真正严肃的哲学问题只有一个，就是自杀。"他认真研究之后的心得，当然是反对自杀了。但是，除了想出各种理由反对自杀之外，更应该积极肯定人生，亦即明白人生是有意义的。

为了说明此理，我们首先必须面对"现代人的考验"，然后分由三方面论述人生确实值得一活，这也就是稍后所要谈的：有工作可以做，有人可以关怀，有痛苦可以受。

我曾多次谈到类似的题材，但是在此所论，无疑是最用心与最完整的版本。

现代人的考验

根据世界卫生组织的研究，二十一世纪最可怕的三大病症是：癌症、艾滋病以及忧郁症。前两者是生理方面的困境，可以预测、防备，并且尽力治疗。至于忧郁症，则是心理方面的困境，每个人都有他的临界点，并且谁也没有把握什么时候与何种状况下，会出现压垮自己的最后一根稻草。

一位美国记者来到台湾之后，回美国写了一篇报道，描述台湾地区的社会现象。台湾的趣事，在他们眼中当然是一箩筐了。那么，结论呢？这位记者用两句话来形容，有如对联。上联是美国人常用来劝小朋友的话：每天吃一个苹果，就不必看医生了（An apple a day, keeps the doctor away）。这是因为苹果有益于健康。下联是讲我们台湾地区的人：每天发生一件八卦丑闻，就不会罹患忧郁症了（A scandal a day, keeps the bule away）。

（一）幸灾乐祸不健康

当我们看到别人的八卦消息时，免不了会有一些幸灾乐祸的心理，而相对的也会觉得自己还算平安愉快。

问题在于：幸灾乐祸也会逐渐变得麻木不仁，有如见怪不怪，然后需要更大的刺激来满足需求。这当然是不健康的，长此以往，将会形成集体性的精神官能症。譬如，几年前只要发生自杀事件，就会引起广泛的讨论；现在呢？大概只有全家三口人以上的自杀事件，才会让人谈论了。

前面提及的世界卫生组织早就警告世人说：在二十一世纪，自杀将成为人类的第三大死因。自杀的主要原因，则是忧郁症。

我在台大教书，每年都会有学生问我：为什么不应该自杀？我思前想后，觉得有三个理由可以说得通。

（二）不该自杀的三个理由

首先，生命的所有权并非完全属于个人。

我的生命是父母所赐予的，并且在成长过程中受到或多或少的关爱与照顾。对于生命，我可以发展、改变、创新，但是却无权去“消灭”。

有些人质疑：生命过程充满痛苦，父母为什么要把自己生下来？但是，反过来想，生命中难道没有欢乐时光吗？如果“苦多乐少”是个事实，那么人生的功课不正是要努力使它变成“乐多苦少”吗？

其次，自杀与自私的关系难以撇清。

一个人考虑自杀时，应该设想：天下有没有人会因为我自杀而伤心呢？只要有一个人会伤心难过，我就不应该为了自己解脱而自杀。因为这无异于把自己的快乐（假定解脱痛苦是一种快乐）建立在别人的痛苦上。这不是自私的行为吗？反过来想，为了避免自私，就必须鼓起勇气，面对自己的苦恼。

有些人认为自杀是勇敢的表现，事实上，活下去并且努力解决困难，才是真正的勇者。死亡只有一句可能的描述，就是“逃避”；活着却有千百种可能性，永远有着不一样的明天。

最后，从主体的选择权来思考。

人有理性，会选择某些行动来帮助自己，即使这些行动在别人看来是愚蠢的，或者由后果来看是无效益的。因此，世间众生迷迷惘惘，或者糊里糊涂过日子的不在少数。但是，不管是多么愚笨或多么无益的选择，都不能走到“消灭自己”这一步。

换言之，人的选择都是主体要采取行动来使自己“趋吉避凶”的；但是，自杀这种选择却使主体死亡，实在是矛盾到了极点。原来想要帮助主体的，现在却消灭了主体。颠倒错乱莫过于此。

上述三个反对自杀的理由，只是防御性的说法。亦即，它们也许可以使人打消自杀的念头，却不足以让人活得充实而有意义。因此，探讨现代人的考验，必须兼顾两面：一面是破除偏差的观念，降低忧郁症的压力与威胁；另一方面，则需说明生命的完整架构有如一座高山，若是努力攀登，将会不断发现新奇的景观、体验美妙的境界。世人的痛苦指数不断提升，如果没有相对的快乐作为报偿，岂不是太不公平了？

我们且以这样的目标来互相期许，共同迎向下一阶段的挑战，亦即由三方面来肯定人生的意义。

有工作可以做

我去看电影《钢琴家》（*The Pianist*），内容描述第二次大战时一位波兰籍的犹太音乐家的遭遇。欧洲地区犹太人的命运很悲惨，第二次世界大战期间被德军杀害了六百万人。从电影院出来时，我想起另一位犹太人，他是心理学家，名为维克多·弗兰克。

弗兰克算是侥幸的，他是关入集中营而在盟军解放时极少数存活的犹太人。走出集中营之后，他才发现自己的亲戚朋友全都成了冤魂。他认真询问自己：为什么在举目无亲、受尽苦难屈辱之后，还要活下去？

他的心得归结为一派心理学，以“意义”为其核心，肯定：只要人生有意义，就值得我们活下去。

（一）生命的意义

但是，怎样的人生可以算是有意义的呢？答案有三：有工作可以做，有人可以关怀，有痛苦可以受。

在此，先说明“意义”是什么。意义是指可以让人“理解”的部分。譬如，我每天这样过日子，很快就觉得重复而乏味了，那么，我的这种生活模式可以被“理解”吗？如果答案是肯定的，那么它就有意义了。以下我们先就第一点来说。

有一天我搭乘地铁，上车之后没有座位，只好站着。坐在我前方的是两位女士，年近四十，她们显然彼此认识，一路都在聊天。右边的女士说了一句话，引起我的注意，她说：“我先生最近变成流氓了。”

我看她一眼，心想她先生应该是个中年人，怎么会变成流氓，走上邪路呢？左边的女士紧接着问：“不会吧，你先生年纪也不小了，怎么会变成流氓呢？”这等于是替我发问了，所以我竖起耳朵，想听清楚右边的女士怎么回答。她不慌不忙地说：“我先生现在‘留’在家里帮‘忙’。”原来如此，她把“留”与“忙”这前后两个字，组成“留忙”，然后故意用谐音说成“流氓”，让别人大吃一惊，也达到了自我解嘲的效果。

这是一件“中年失业”的个案。真正遇上了中年失业，恐怕很少有人能像这位女士那么豁达，以如此幽默的口吻来描述。失业的日子不好过，我们有工作时，怎能不珍惜呢？

（二）工作能激发活力

有一所养老院，曾经公布一项调查研究的结果，让我们对于工作有了更深入的认识。

院方将老人分为两组，一组中，每人负责照顾一盆花；另一组的老人，什么事都不必做，纯粹只是休息养老。长期下来，观察所得的数据显示：在身体状况相似的前提下，第一组要负责照顾花的老人，平均多活两年以上。由此可知，一个人有工作可以做，哪怕只是照顾一盆花，也会激发更强的生命力，活得更久。

许多人在退休之后，主动到医院或慈善机构担任“志愿者”或“义工”，这时他们所考虑的不是薪资待遇，也不是社会地位，而只是单纯的“有工作可以负责”，因为这样将使生活变得踏实。

我有一位朋友，当了三十几年公务员，退休之后一个月就觉得无聊了。原先真的没有料到，每天的上班“居然”是个甜蜜的负担。现在不必上班了，反而开始烦恼。他心生一计，就吩咐太太说：“以后你每天买菜之前，请先写一份菜单，由我来批‘可’之后，你才可以去买。”原来他上班所做的事，主要就是批公文，现在没有公文可批，只好试图批菜单了。

看到以上的说法，足以肯定工作是必要的。找到任何一份工作，都表示自己是有用的，可以发挥能力（心力或体力、知识或技能），对社会有所贡献，并且取得应有的报酬（包括薪资与身份地位）。

然而，问题在于：有多少人是“乐在工作”的呢？工作的压力难道不是我们烦恼的来源吗？做一行怨一行，是相当普遍的现象，但是从反面来想，什么工作都找不到时，不要说没有待遇来维持生活，连自己为什么还要活下去都没有把握了。

工作使人获得定位，在人群网络中成为互相支持的一个点。只要想到“如果没有我这一份工作，社会将会变得不一样”，心里就会踏实了。

有人可以关怀

法国学者涂尔干在《自杀论》一书中，分析自杀的三种原因及类型，依序是：利己型、利他型、断裂型。

利己型是指原本对自己有利的条件都消失了，好像温室中的花朵被移到日晒雨淋的空地上，受不了逆境的煎熬，因而放弃了求生意志。

利他型是指为了群体（如族群、社会、国家、人类）的福祉，而牺牲了自己的性命。

至于断裂型，则是在遭遇天灾人祸时，原有的生活脉络及生命信念受到严峻的考验，因而产生虚幻之感，不愿继续存活下去。

涂尔干的著作写于十九世纪末期，距离现在已经超过一百年了。这一百年以来，个人自由的幅度逐渐扩张到极限，随之而来的自杀问题，也大都围绕着涂氏所谓的“利己型”展开了。

以“自我”为中心的思考模式是合理的，但是如果只知自己而罔顾别人，以致引发人际关系的紧张、对立、矛盾、冲突，结果受害的还是自己。

心理学家弗兰克认为：只要有人可以关怀，人生就是有意义的。说得清楚一些，“有人可以关怀”，可以兼指两面：一是有人可以被我关怀；二是有人可以关怀我。这两者虽有主动与被动之别，但是效果是相似的。

（一）崇拜偶像，不会自杀

以崇拜偶像为例。许多影迷与歌迷能够活得下去，进而活得有些趣味，全靠偶像的帮助。

2003 年 4 月，香港报纸刊载一则消息，说张国荣跳楼自杀事件发生后，香港地区在九小时之内就有六人跳楼自杀。根据报道，这六人都是张国荣的影迷与歌迷，他们听到偶像死亡的消息，就觉得世间再无可以依恋的事物，于是选择以同样的方式结束自己的生命。

偶像被许多“粉丝”（影迷、歌迷在英文都称为 fans，译音就成为“粉丝”了）关怀，由此产生两全其美的效应。偶像人物看到成群结队的粉丝，跟着自己跑来跑去，不禁感觉自己的生命非常充实；而众多粉丝的生活重心就放在偶像的一颦一笑上。

孟子谈到舜时，说他是“象喜亦喜，象忧亦忧”，象是舜的弟弟，所以有此一说。我们如果有些幽默感，可以说：对粉丝而言，“偶像喜，我也喜；偶像忧，我也忧”。你能想象这个世界上没有所谓的“偶像”与“偶像崇拜”这样的东西吗？

我肯定偶像的作用，因为对许多人来说，尤其是心智正在成长的青少年，偶像的示范以及对偶像的关怀，将使日渐觉得孤单的个人获得生存的勇气。我在多年前，还为此写了一篇小文章，强调“崇拜偶像的孩子不会自杀”，但是文章最后还是要提醒大家：万一偶像自杀的话，就要赶紧采取防范措施。

（二）双向的关怀

关怀如果是双向的，将使人更珍惜自己的生命。

1999年的“9·21”大地震之后，“中华电信”发布一项消息，说：地震之后的十分钟，电话线与手机线路，几乎全部塞爆了。原因是大家都急着“互相”打电话关怀自己的亲友。从这个简单的事实，我可以清楚肯定：台湾人的自杀率“不可能”飙到死亡原因的第三名。

不过，我们不能忽略一项趋势，就是：在短短的一两年内，诈骗案件风起云涌，多达六成的人都碰到“疑似诈骗”的状况，以致人与人之间的基本信任受到严重的打击。

今天若想找到可以互相关怀的人，最好的办法莫过于在家庭与社会之间，建立一些“中介团体”。譬如，参加志同道合的社团，其性质大致有三：益智类（如读书会、研习会），娱乐类（如健身、运动的组织），公益类（如医院及慈善机构的志工、义工团体）。

互相关怀的人要真诚相待，朝着共同的目标努力。以道义相期许，不但利人利己，也对整个社会有所帮助。这真是何乐不为呢？

总之，有人可以互相关怀，就足以肯定自己具有某些价值。有价值的人生，是值得活下去的，因而也是有意义的。

有痛苦可以受

一个人在受苦受难的时候，难免怨天尤人；如果一时想不开，甚至可能自暴自弃，走上自杀的绝路。因此，如果主张“有痛苦可以受，人生就有意义”，会不会显得太刺耳，或者只是唱高调呢？

若想明白这种主张，关键在于先认清“人生是不断改变的过程”。“改变”有两种：一是被动的与无奈的，譬如，人只要活着就会逐渐老去；二是主动的与积极的，就是在遭遇苦难时，激发潜能面对考验，结果增加了自己的专长，也改变了自己的命运。

一位女作家接到一笔稿费，是以邮政汇票支付的。邮政汇票上写着她的大名，所以她在提款时，被邮局小姐认出来了。邮局小姐立刻美言几句，说：“你会写文章，真令人羡慕。”作家为了表示客气，就说：“会写文章有什么用，头发都白了。”邮局小姐随口答说：“可是，我不会写文章，头发也会白啊！”

只要一直活下去，头发就会变白。这是身体外形上的变化，谁也无法抗拒。至于会不会写文章，则是在某种努力之后所获得的专长。

（一）把握受苦的机会

我们要珍惜的是什么？答案很清楚，就是：把握受苦受难的机会，主动而积极地改变自我，让自己变得不一样。

有些朋友在网络上查到我的资料，发现我曾有过“口吃”的毛病，都会觉得难以置信。事实上，当我在小学三年级因为模仿别人口吃，而自己变成更严重的口吃患者时，我也无法想象自己有一天可以在大庭广众面前说话，甚至以教书为业。

我一罹患口吃，立刻成为同学嘲笑的对象，然后产生很深的自卑感，几乎陷于自闭症中。我的直觉告诉我，如果要降低别人嘲笑的音量，只有把书念好。于是我自动喜欢念书，成绩名列前茅，一路到了中学都是如此。

高二那一年，我在一位老师的鼓励之下，参加了何西哲老师主持的“口吃矫正班”，历经两个月每周三个晚上的训练，终于可以勉强上台说话了。

（二）提升自己

我有九年的时间生活在口吃的阴影下，这是我青少年阶段最大的痛苦。为了减轻自卑心理我拼命念书，但是我的改变除了念书成绩不错之外，主要是以下两点：

一是我这一生都不会嘲笑别人，尤其是弱势的、受苦受难的人。我在不知不觉中，养成了同理心，很容易从别人的角度来设想问题，像“己所不欲，勿施于人”，对我而言不算太难；在我的字典中，没有“优越感”三个字；我对生活的要求不高，很容易知足常乐。

第二个改变是：我非常珍惜说话的机会，并且说话总要设法让人听得懂。我一路念的是哲学，教的也是哲学，而哲学在许多人心中的印象是：“把简单的说成复杂，把你懂的说成你不懂。”我立志改变这样的印象，所以特别在言语表达方面下功夫，长此以往似乎有些成效。

经由自我反省，我知道自己若是不曾患过口吃的毛病，不曾在九年之内深感痛苦，我就不太可能主动而积极地改变自己。那么试问：有痛苦可以受，人生不是有意义的吗？

（三）生命变得不一样

在此所谓的意义，是指生命变得不一样，由于开发及锤炼了潜能，使自我进入不同的境界。换言之，任何一种或大或小的痛苦，都提供了一次机会，让自己提升转化。提升转化的可以是身，可以是心，也可以是灵。

譬如，身体生病时，心智可能变得坚强，灵性也可能领悟一些做人处事的道理。硅统公司的老板杜俊元在经历了癌症考验之后，捐出了数十亿资产给功德会，希望能为社会做一些事。试问：这种疾病所带来的苦难，不是很有意义吗？

能够明白这种主张，人就立于不败之地了。因此，我们不必奢望无灾无难的人生，却要在面临痛苦的挑战时，主动而积极地以改变自我来展现生命的不同面貌。

开发自我的潜能

生命运作的机枢在于“心”，大体可以归纳成“知、情、意”三方面。

在肯定人生的意义之后，等于找到了坚实的立足点。以此为基础再往上建构，所要做的就是开发自我的潜能。

人的生命有三重结构，亦即大家常说的“身、心、灵”，但是运作的枢机则在于“心”。起心动念将会决定一个人往何处去，是走向身还是走向灵。“心”的功能非常复杂，大体上可以归纳为“知、情、意”三方面。

因此，若要开发潜能，就必须从“心”做起，亦即在“知”方面，保持观念畅通；在“情”方面，培养美好情绪；以及在“意”方面，主导自我意志。以下分别论之。

保持观念畅通

我有一位老师，学识非常渊博，无论是听他讲课还是与他聊天，都会有“天地无限宽广”的感觉。我在毕业离校之前，向他请教学习的秘诀。他说：“我从年轻的时候开始，就养成一个习惯，每天晚上临睡前，都要问自己，今天有没有学到新的东西？如果答案是有，我才去睡觉；如果答案是没有，我一定要从书架上找一本书来看，要确定学到了新东西才愿意去睡觉。”

这位老师每天学习一点新东西，也就是增加了一些新的观念。数十年如一日，试问他怎么可能不博学呢？当然，他是大学教授，以教书与研究为业，与一般的上班族不可同日而语。然而，上班族也不妨学习他的好习惯，就是每天增加一些新观念。

观念的作用有二：一是对外的，要理解世间发生的事，包括宇宙的与历史的，以便认清自己的处境以及未来的挑战；二是对内的，要说明自己的人生体验，逐渐提出完整的与根本的蓝图，由此界定生命的意义与价值。

（一）理解大千世界

以上这段话显然过于严肃，但是实际上却不乏应用的机会。譬如，前段时间有一部电影《后天》（*The Day After Tomorrow*），描写地球温室效应使南极的冰帽提早融解，造成全球气候上的急剧变化，北半球随之陷入冰河时期。从电影院出来之后，我觉得寒冷，并且是冷彻心扉，一时之间完全忘记了周遭每天发生的不愉快新闻。

这个“观念”提醒我：人类只有一个地球，我们何必还在为小小的台湾地区的政治现实烦恼呢？为什么不敞开心胸，从宇宙的角度省思自己的处世态度呢？

看完电影后一星期，报上刊出一则消息说：专家认为《后天》所描写的内容，将在一万五千年之后出现。这则消息使我松了一口气，因为一万五千年实在还远得很呢！不过，到了那时活着的，不正是我们的后代吗？我们又怎么忍心让后代子孙陷入这样的绝境呢？经由上述反省，我将更为主动地配合环保政策了。

看电影可以带给我新观念；不过，看书才是更有效也更可取的途径。谈到阅读，除了恒心之外，最难的是选择问题。我认为上班族的考虑应以"人文"为主。

所谓人文，又以文学、艺术、宗教、哲学为其代表。这一类作品会随着我们的人生体验而展现新的意义。

譬如，《红楼梦》第一回就有一首《好了歌》，提醒我们在世间忘不了"功名、金银、娇妻、子孙"，但是结局很清楚，都是执着与错觉，难免如梦似幻。

我们不必因而采取消极的悲观主义，却要一方面珍惜奋斗的成果，同时也培养"放开"的智慧。正是因为明白一切转眼成空，所以对于随缘而来的人与事与物，都要以惜福的态度去面对。等到缘尽情了，就需顺应形势，勇敢地迎接后续的挑战。

（二）清楚自己何去何从

观念固然重要，但是许多观念却是双刃剑，全看你怎么运用。譬如，法国有句格言，说："了解一切，就会宽容一切。"在此，"宽容”是指不再计较与要求，对一切都视若无睹，还是指保持内心的温和与慈悲，但依然“知其不可而为之”，做自己分内该做的事？我想答案很清楚。

换言之，观念使我们理解无奇不有的大千世界，同时也帮助我们更清楚自己应该何去何从。

一个人的作为与表现，不外乎“言、行”二字。近年也流行一句孔子的话，叫作“听其言而观其行”。深入思考言行背后的主导因素，则答案依旧是“观念”。不过，这里所谓的观念，应该形成一个完整的系统，称为人生观或价值观，就是一方面明白人生的起伏变化，同时又知道自己究竟在追求与实现什么样的价值。

拥有这样的观念，才能有所不为、有所舍，也才能有所为、有所得。在舍与得之间，自在从容，保持平静而愉悦的心境。要想做到这一步，请由保持观念畅通开始。

培养美好情绪

人的情绪反应，往往走在理智前面。譬如，我今天心情不错，看到每一个人都觉得颇有善意，在言行互动上也较为正向积极；反之，则可能形成一连串的不悦与误会。

人有情绪，但是应该予以调节及控制。如果请教 *EQ*（《情绪智商》）一书的作者，则方法有以下五种，就是运动、善待自己、改变观点（如比上不足，比下有余）、为人服务（如担任志愿者），以及信仰宗教（寻求精神寄托）。

我们可以换个角度来分析，由情绪的来源进行思考。情绪若不来自人我互动（如亲情、友情、爱情），就是源于个人的感受。以人我互动来说，就是所谓的人际关系。要谈人际关系，上上之策莫过于参考儒家的观点。

（一）人际相处三个要素

与人相处时，要考虑三个因素，就是：内心感受要真诚、对方期许要沟通、社会规范要遵守。

先谈真诚。人有可能不真诚，如言不由衷、交浅言深、言行不一、引人误会、故意欺骗等。无论原因是无知、天真、恶意或无奈，都会造成各种后遗症。因此，真诚面对自己的内心感受，言行表现都要恰如其分，绝不说一句违心之语，常常想到孔子所不齿的“巧言、令色、足恭”（说话美妙动听、表情讨好热络、态度过度恭顺），如此与人相处就站稳了第一步，可谓立于不败之地了。

其次，谈到“对方期许”，可以由察言观色着手，若有机会再多作沟通。对待父母、长官、老板、前辈，我们怎能不察言观色呢？如此将可做到：在适当的时候说适当的话，做适当的事。至于沟通技巧，更是现代人必修的学分，其内容不外乎明确获知彼此的意愿、能力、做法与期许，以减少认知上的落差与对结果的错误期待。

至于第三点“社会规范”，则是大家约定俗成的行为模式，应该是人际关系的基本共识。

（二）用“美”调节自我情绪

人我互动的方式上了轨道，人际关系对情绪的影响自然也转向正面了。接着要思考的是个人感受问题。

前面提到过我在美国求学时，功课压力很大，每天必须花十二个小时以上才念得完教授指定的教材。长期下来，宿舍里的同学见了我就问：“你什么时候崩溃？”

我不但没有崩溃，反而由此领悟了美感的重要意义。

我的方法之一是：睡觉时打开收音机，锁定的是音乐电台。我的睡觉其实与昏倒差不多，但是在昏睡中，音乐产生纾解与治疗的效果，使我第二天起床时恢复了八成的精神，可以再接再厉，最后顺利在四年之内获得了学位。

那么，我所说的“美感”是怎么回事呢？

有一天晚上将睡未睡时，听到芭芭拉·史翠珊的《回忆》，一刹那之间觉得心情完全平静下来，像是感动又像是幸福，但是已经排除了情绪的杂质，超离了喜怒哀乐。简单用一句话来描述，就是：“只要让我听到这么美好的歌曲，人生再苦也值得。”后来我念到阿拉伯诗人纪伯伦的文章，谈到“美——就是你见到它，甘愿为之献身，甘愿不向它索取”。正是于我心有戚戚焉。

（三）幸福的秘密武器

从此以后，我养成一种习惯，只要听到动听的歌曲，看到感人的电影，阅读精彩的小说、散文、诗词时，使我当下觉得“既感动又幸福”的，我就购置一份收藏在手边，形成我的秘密武器，亦即我的美感泉源。有了这样的装备，我的情绪经常得以调节，也随时可以归零，回到原点再重新出发。

俗话说，“人生不如意事，十常八九”。如不如意，首先要看主观的欲望是否太多太高；其次，则是自己的心态问题，就是有了解及化解不如意感受的方法。我们也许无法消除由外而来的不如意，但是却不妨练习培养美好的情绪，主动把握美感，在美的品味中体验“再苦也值得”的心境。

若想活得愉悦，与其等待世界改善，不如先由内心开始，美化自己的人生。

主导自我意志

我们从小习惯接受大人的安排，父母怎么说、老师怎么教，我们就乖乖照着做。到了国中阶段，进入所谓的青春期与反叛期，表面上好像开始要为自己而活，事实上依然摆脱不了同侪团体的压力以及社会上的流行风气。等到成为上班族，自己做了大人，生活中处处都是框架，更是习以为常地过着“被动”的日子。

一个朋友半夜开车，一点多了还在路上奔驰，这时看到前方亮起红灯，他眼光一瞥就知道既没人也没车，于是脚踩油门闯了过去。然后呢？一辆警车从后面树林中闪了出来，鸣起警笛追了上来。这位朋友只好靠在路边停车，警察上前问他："你没有看到红灯吗？"他答："看到了。""你不知道红灯要停车吗？"他答："知道。""那么你为什么没有停车？"他答："因为没有看到你啊！"

（一）被动人生的两个缺点

这是标准的"被动"的例子。从遵守交通规则、上班守则、纳税、投票等，到生活中的衣食住行的细节，甚至看电视、上网玩游戏等，我们都被某种无形的力量所操纵，自己只是被动而无奈地跟着走而已。所谓"被动"，就是随时注意守好规矩，以免引起别人的非议、责怪或惩罚。

这样的人生有什么缺点呢？

一个是随时心存侥幸，等待机会胡作非为。

譬如，美国做过一项调查，在街头询问许多民众："如果可以隐形，你要做什么事？"访谈结果真是恐怖，因为有高达百分之八十的民众回答说："要抢银行。"隐形之后，肯定不会被逮到，就违法乱纪去做损人利己的事了。当然，目前人还无法隐形，于是只好被动地守法，无奈地等待"机会"出现；然后，一生都没有遇上这样的机会，而这一生也就徒然浪费掉了。

另一个缺点是：无法激发生命的活力。

颜渊请教孔子如何走上人生正途，孔子的回答是"克己复礼"。这四个字的白话意思是："能够自己做主，去实践礼的规范"。因此，孔子会接着说："走上人生正途是要靠自己的，难道还要靠别人吗？"

换言之，人生的正途是“化被动为主动”，去实践一切规范，亦即自己该做的事。

在此，关键有二：一是“明白”为何要有规范；二是主动“愿意”去照着做。把“应该”转化为“愿意”，人生就将全面改观，生命的活力也将源源不绝地涌现。

（二）从应该到愿意

我在台大教书超过三十年，教得好不好是另一回事，至少我做到了一点：从不请假也从不缺课。我的秘诀就是把应该上课，转化为愿意上课。我把上课当成权利而不只是义务，然后上起课来心情自然轻松多了。

不仅如此，我到现在还保持一个习惯，就是在走进教室之前，告诉自己：“今天是我第一次上课。”这是自我催眠法，效果十分显著。我们第一次做一件事时，不是充满新鲜感以及高度的趣味吗？

由于时间一去不回头，任何事情都是独一无二的，亦即没有“重复”的可能性。譬如，每天都是“今天”，但是没有两个“今天”是一样的或同质的。那么，我此刻所做的事不是宇宙中、历史上“唯一”的一件事吗？唯一的不正是“第一次”吗？所谓“第二次”或“下一次”，不过是我们自己的幻想而已，是我们用来麻痹自己的。

（三）人分为三种

在探讨“逆境智商”时，首先把人分为三种：一是止步不前的；二是安于小成的；三是奋发上进的。看到困难就止步不前的，生命只能留在谷底；稍有小成就要享受的，后半生难免白白浪费了；唯有一直努力奋发上进的，才无愧于人生的丰富潜能，也才能预期精彩的一生。

在具体规划方面，我们可以每隔几年选定一个座右铭，念兹在兹，力图完成。座右铭最好不涉及外在的功名利禄，而是全以自我修炼为主，要求更高的品格表现。

能够主导自我意志，生命将会充满活力，并且在品格的修养上，也将带来无限的希望。

建构完整的生命

我们不会忘记“身”的需求，“心”的运作也如影随形，“灵”的角色却常被忽略了。灵的作用是什么？

从肯定人生的意义出发，经由开发自我的潜能，接着要积极进行的，自然是“建构完整的生命”了。生命之完整，是就“身、心、灵”三个层次而言。

通常我们不会忘记“身”的需求，总是在追求与计较世间的有形成就。与此同时，“心”的运作也如影随形，好像人生就是身与心的竞逐场所而已。于是，“灵”的角色被忽略了。无形无象的灵，真的存在吗？又要如何界说清楚？

因此，本章在说明这个问题之后，随即分由四点描述灵的作用，亦即：身心活动的意义、化解潜意识的盲点、命运转化为使命，以及宗教信仰的正途。

身、心、灵的架构

专家的见解不论如何权威，也必须落实在我们的生活中加以检验。譬如，心理学家荣格累积数十年治疗精神病患的经验，提出一句著名的警语：“许多人身体健康，心智正常，但是并不快乐。”

看看我们四周，确实有不少荣格所描写的人，甚至我们自己也可能有类似的状况。试问：谁不渴望活得快乐？难道“众生皆苦”是命中注定的？或者，若想离苦得乐，一定要信仰特定宗教，甚至要到死后才有希望吗？

我想换个角度来理解荣格的话。一般人追求的是身体健康与心智正常，原本以为如此将可获得快乐。现在既然发现了并不快乐，就需进一步省思是否漏掉了什么部分。

因为一方面世间还是有少数快乐的人，另一方面，我们也觉察自己还有某种潜在的力量没有开发出来。因此，我们可以合理假定：在生命架构中，除了身与心之外，还有“灵性”的层次存在。

暂且以果树来比拟人的生命。果树的树干与枝叶，就像人的身体；所开的花，就像人的心智；所结的果，就像人的灵性。果树长大之后，若不开花，犹如心智障碍者，非常可惜；开了花而不结果，则是灵性层次未能发展，这样的人依然是不完整、不完全、不完美的。

（一）必要、需要、重要

关于身心灵，我的基本观点是：身体健康是必要的，心智成长是需要的，灵性修养是重要的。

首先，所谓身体健康，还包括一个人有形可见并且可以量化的具体成就。这些称为“必要”，是说“非有它不可，但有它还不够”；世间的名利权位不论如何可欲，都是不够的。

其次，心智成长以“需要”来描述，是因为人的“知、情、意”必须一直推陈出新，譬如，保持观念畅通，培养美好情绪，主导自我意志。

心智是我们一切活动的枢纽，它的“知、情、意”可以往身体层次去追求成就，也可以往灵性层次去提升转化。于是，所谓灵性修养是重要的，意思是要以“重要”来标识人生的目的与意义。

为了说明这一点，必须先就“灵性”一词加以说明。

灵性是无形无象的，但是却有具体的作用。谈到灵性，首先要问：人除了身与心之外，真的有灵（一般称为灵魂）存在吗？答案必须是有或没有。

如果主张没有，则所有关于灵界的东西（如上帝、神明、鬼魂等）也都全属虚构。这种主张称为无神论。无神论者认为人死如灯灭，因此人总要想尽办法活下去，万一活着太痛苦则不妨自杀，因为迟早是死，又何必受苦？

依无神论者的看法，人生一切活动，将与植物或动物的遭遇一样，并无意义可言。在此，所谓“意义”，是指“被理解之可能性”。亦即，人生无法被理解：这样活或者那样活，并无差别；甚至活或不活，也无差别。如果采取此一看法，则人生只是南柯一梦。

（二）人人有灵性生命的潜能

另一方面，凡是认为人生应该可以被理解，亦即人生应该有意义的人，不论自觉或不自觉，都会倾向于接受灵魂存在的说法。不过，主张灵魂存在，并不表示对于灵界也有类似的观点。譬如，世间各大宗教无不主张灵魂存在，但是它们对灵界的解释则各有特色，有些甚至千差万别。

哲学思考必须以经验事实为根据。经验上所无的，哲学不能凭空想象；经验上所有的，哲学也不能视若无睹。自古以来，并非人人皆能发展出灵性生命，但是清楚显示灵性生命的人，则史不绝书。只要各个族群都有成功的例子，我们就可以肯定：人人皆有此一潜在能力，只是未必都能将其体现而已。

因此，所谓“灵性修养是重要的”，意思是：如果没有进行灵性方面的修养，则人生不仅残缺不全，而且错失其真正目的，等于是虚度此生了。明白了身心灵的架构，然后才可能针对灵性的作用再作深一层的思考。

身心活动的意义

我清晨七点出门，经过公园时，看到一群人在练习气功。我佩服他们早起的毅力，也相信他们将会保持健康的身体。相形之下，我对于健康似乎无所用心，遇到朋友的询问，就搪塞说：走路及上课都会让我汗流浃背。好像这样也算是运动了。

我对身体的要求并不高，正如我对其他的欲望（如名、利、权、位）一样，我都视之为同一个层次，并且清楚界定自己的主张，那就是“身体健康是必要的”。必要的虽然不可或缺，但是它所提供的是基础条件，犹如树的树干与树枝，无论长得多么粗壮，都需等待开花与结果，否则岂非本末倒置？

身体与世间具体的成就，“最后”是注定消逝的。那么，心智方面的成绩呢？我们可以由“知、情、意”三方面来省思。

（一）知

首先，以知来说。

我在耶鲁大学念书时，每次到图书馆找书，走在一排排书架之间，都会觉得有些凄凉，因为许多皓首穷经的学者，一生之中的研究成果就是那么几本书，而我们这些后生晚辈眼高手低，又怎能体会他们的苦心孤诣，顶多报以无情的一瞥就走过去了。

我们自己呢？面临知识爆炸的时代，在备多力分的情况下，能够熟悉一两门学科已经不容易了，那么面对浩瀚的知识大海，还敢心存狂妄之念吗？如果在求知方面，不能向上提升到智慧的层次，无法对人生作完整而根本的体认，那么无论念多少书，也依然无法摆脱迷惑的困境。

（二）情

其次，以情来说。

一个人的情绪智商很高，各种人际关系都顺利运作，人缘好得可以选上民意代表，但是他的情绪归根结底仍然未能超出“自利”的范围，还谈不上慈悲、博爱之类的利他行为。

换言之，他的喜怒哀乐依然处于被动的状况，自己能够调节掌握的程度是有限的。我经常孕生美感来化解情绪上的波动，但是长期下来，还是必须体认它的效果是“来得快也去得快”，可以治标而无法治本，终究达不到平静安详的坦荡境界。

（三）意

然后，以意而言，一个人可以自我做主，显示独立的选择能力，走在清醒的人生道上，但是他有必要成为君子或圣贤吗？他会愿意舍己为人，甚至杀身成仁（如孔子所云）或舍生取义（如孟子所云）吗？

因此，我们肯定“心智成长是需要的”之时，所谓的需要是指必须随着人生而不断实现其潜能，正如果树的花随着季节而新陈代谢，美则美矣，仍然要以“结出美好的果子”为其目的。这里所说的果子，自然是指灵性修养了。

人的身心活动若想突破自我的局限，使自己不会在遇到“痛苦、罪恶、死亡”的威胁时，就手足无措，言行失常，或茫然不知所从，那么只有一个办法，就是开始灵性修养。

有些例子显示，人在不知不觉中进行此一修养。譬如，父母每日辛勤工作，身心活动皆属平凡而刻板，目的只是为了栽培子女。表面看来，人类代代相传，走的是相似的模式，好像与灵性无涉。但是，稍作观察，往往发现这样的父母信奉祖先，希望子女光宗耀祖，所以可以长期维持此种身心活动。换言之，他们的身心活动可以被理解，并且因而具有意义，正是由于某种灵性修养，就是类似祖先崇拜的那种信仰。

反之，如果排除此一信仰因素，则父母能考虑的只是希望子女将来孝顺自己，而一旦发现此一希望落空，则要自问：还有什么活下去的理由？附带说一句，即使认为子女是来讨债的，也需先相信有因果业报之类的宗教观念，而这也与灵性有关。

总之，如果采取宏观的角度，全面省思人生，就不得不承认身体与心智的活动及表现，终究是要结束的，那么这一切“如何”展现其意义呢？答案很清楚，要以灵性修养为其方向与目的。除此之外，还能有什么出路呢？

化解潜意识的盲点

还记得许多年前有一本书十分畅销，书名是《前世今生》(*Many Lives, Many Masters*)，其中描写一位女性精神病患的就医经过，包括她在接受催眠的情况下，叙述自己转世轮回八十六次的经验。

这本书引起广泛的讨论，有些人读到“许多人一世又一世地聚在一起，是为了清偿彼此的恩怨”，以及“他们每一世的角色与关系并不相同”这一类的话，不免对人生更觉得迷惑与失望了。原来我现在喜欢的与讨厌的人，都曾经在前世与我有过互动，那么我如何分辨是非，又如何计较善恶？在因果报应的不断循环之下，我又何必执意要对谁好或对谁坏呢？

换言之，我今天所遭遇的一切，原来是前世所种下的“因”，我想负责也未必做得到；那么，我今生应该如何安排才是正确的？答案是：一方面逆来顺受，不必力图改变；另一方面理解这一套轮回的机制，然后获得解脱的智慧。

从该书女主角的经验看来，效果如何？我想并不乐观。她辛辛苦苦轮回了八十六次，而在这一世必须定期找心理医生诊断及治疗。看来好像她没有学到什么教训，甚至处境越来越恶化。试问：人生的希望何在？

（一）心理治疗的缺失

“心理医生”这个行业是二十世纪的产物，其根据是弗洛伊德的

"潜意识"之说。

人在做梦时，浮现出各种景象、情节与故事，这些都是我们白天清醒时无法想象的，因为它们来自于潜意识，亦即意识底部的一个广大世界。这个世界累积蕴藏了我们从幼年时代的一切遭遇，尤其是受到压制的遭遇。潜意识收容这些经验，再作有机的组合，结果形成"受苦的灵魂"在现实生活中的处境，亦即莫名的恐惧与长期的苦恼。

心理医生的挑战是巨大的。有些电影，如《沉默的羔羊》，就描写心理医生自己成为变态者或杀人魔的故事。在他们眼中，天下没有所谓"正常"的人，因为每个人都有或轻或重的精神官能症，只是尚未碰到导火线或最后一根稻草而已。美国政府规定：领有执照的心理医生，每半年必须互相分析一次。由此可见此一问题之严重。

人的潜意识中，有一些复杂的"情结"，主要是他在幼年时期的经验所造成的。这些情结是隐藏的"因"，而我们现在的苦恼则是"果"。心理治疗法的假设是：只要找出因，就可以消除果的作用。这一假设即使正确，也不保证我们有可能找出"真正的因"，因为人的生命历程本身并非机械式的拼凑，而是有机式的运作及整合。

于是，在求教于心理医生时，他的方法不外乎通过病患的回忆与梦境，甚至采用催眠术，来测知最初的原因。使原因浮现，则其结果或病况得到合理说明，就不再对病患纠缠不清了。这种办法的成效如何，也许仍有争议，但是潜意识中的情结可以由此化解吗？

（二）提升灵性层次

如果把潜意识当成深层意识，那么越往深处挖掘，所得到的越是个人的特殊遭遇，以及这些遭遇对个人所造成的特殊影响。譬如，人若只就自己的处境来考虑，很容易产生自怜的情绪，而自怜不会因为深化而消失。若想减轻自怜的程度，最好放眼四顾，看看世间无数不幸的人。

灵性修养的作用与此类似。灵性不像身体之互不兼容，也不像心智只有某种程度的兼容；它可以超越身体、突破心智，与所有的灵性相融为一。这是人的“超自我”或“超个体”的层次。

换言之，灵性修养使人不再斤斤计较他从小在潜意识中所留下的情结，也不再受限于他意识中清楚分辨的人我关系，而是可以助他走上单纯而统一的“人”的领域，仅就人来看人，孕生手足同胞、生命共同体的感受。

在精神官能症普遍肆虐的今日，心理治疗的成效远远低于社会大众的需求与期待，我们若不改弦更张，从事灵性修养，使自己提升到人类层次，由此化解潜意识的情结，试问还有什么别的秘方？

命运转化为使命

灵性修养的另一效用，是帮助人把命运转化为使命。

什么是命运呢？有生之物必有命定的条件，在人身上则称为命运。譬如，一个人生在什么家庭，长在什么环境，处于什么时代，以及他从天赋资质到早期生活的经验，大都是身不由己、无可奈何的，这些都可以视之为命运。

按常理而言，命运犹如锁链，它对一个人的捆缚程度，会随着他的心智逐渐成长而降低。譬如，我如果相信星座的指令，那么我越明白星座的规律，就越能主动而有意识地反其道而行，由此挣脱星座的安排或控制。人对待命运也是一样。

遗憾的是，许多人明明知道命运的陷阱，却还是一步步越陷越深，最后只能怨叹造化弄人。西哲有所谓“人的性格即是他的命运”之说，但是有多少人能改造自己的性格呢？

现在，灵性修养凭什么转化命运？所凭的还是对身心处境的超越能力。

所谓命运，常以个人自我为核心，评估利弊得失与吉凶祸福。此时的自我又以身（连带各种有形的成就）与心（包括知情意的欲求对象）为其主体。于是，命运常在人与人之间互相比较竞争之下，形成可怕的枷锁。如果寻求灵性修养，则命运将成为每个人往上提升的垫脚石，亦即可以化被动的命运为主动的使命。

（一）使命的三种形态

所谓使命，还需分辨三种形态。

一是群体所赋予的，如民意所选出的代表与首长。这种使命是相对于群体的需要的，“时势造英雄”大概即是此意；但是在民主时代，“民意如流水”，也将使这种使命在一段时日之后落空，而当事人又回到命运的旧途上。

二是个人所规划的，亦即个人审时度势，立志要完成某一任务，然后念兹在兹，全力以赴，显示主动的生活态度。这即是一般所谓的追求自我实现。但是，通常同一个社会里的人所定的目标都大同小异，以致少数人达成愿望时，将使多数人的希望落空。

三是个人自觉有了使命，但其来源既非群体也非自我，而是为了更高的理由，譬如孔子所谓的“五十而知天命”即是此意。这种使命不受身、心所限，而是指向灵的层次。只有灵性修养，才有可能使一个人不论从事任何活动，也不论其具体遭遇如何，更不论其是否完成既定目标，皆可以活在充满使命感的氛围中。

史学家钱穆曾为一群士兵演讲。他说，一个士兵站岗时，如果全神贯注、尽忠职守，连上将来做也无法做得比他更好，那么他就是“小兵的圣人”，也是“圣人的小兵”。钱先生所谓的“圣人”是指完美的人格典型。他的意思是：一个人的现实角色（命运）是小兵，而他的努力目标（使命）却依然可以是圣人。

重要的不是你做“什么”事，而是你“如何”（以什么态度）做这件事。因为“什么事”是由外在条件决定的，而“如何做”则是自己可以决定的。

凡是自己决定的事，都必然对自己的性格造成影响。因此，一个经常主动行善的人，久而久之就成了一个真正的善人，不但气质改变了，连整个人的生活态度都会随之转化。

（二）从志向认识人

孔子谈论如何识人时，说："视其所以，观其所由，察其所安，人焉廋哉？"意思是：看明白他正在做的事，看清楚他过去的所作所为，看仔细他的心安于什么情况，这个人还能如何隐藏呢？

要认识一个人，当然要先了解他"现在与过去"的状况，但是最关键之处是："他的心安于什么情况"。

换言之，要辨明他的志向何在，他身为一个人的使命感是什么。如果他胸无大志，或者人生目标只是追求荣华富贵，那么其余一切就不必多谈了，因为他将注定局限于个人命运的狭隘天地中。

人本心理学家马斯洛以"自我实现"之说而驰名于世，但是他在临终前所认真探索的却是更进一步的"自我超越"。自我之实现与超越，两者合而观之，正是要以灵性修养来提升自我个体的限制与成就，由此登上身为一个人的最高层次，亦即成为真正的人。

宗教信仰的正途

台湾地区的宗教现象可以用多姿多彩来形容。许多社会福利机构的捐款收入越来越少，原因之一是大部分的善款都流向宗教团体了。宗教团体在行善方面的表现，无疑是值得称赞的，并且受到了国际上的肯定。

一个朋友前往土耳其旅行，进海关时，关员问他哪儿来的，他答"台湾来的"，关员立即点头说："喔，慈济来的！"

原来在土耳其发生大地震时，慈济功德会捐助大批物资前往救援，还为灾民盖房子。取之于台湾，用之于土耳其，因为宗教没有国界之分。

这是一个正面的例子，但是宗教也有不少让人担心的情况。譬如，有些人信仰宗教，理由是师父所教导的气功治好了他的宿疾，使他在“身体”方面宛如重获新生。这也许可以成为善的机缘，但是却无论如何不能作为信教的目的。身体再怎么健康，终究也是会衰老及死亡的，连师父也不例外。

每逢考试季节，某些寺庙就香火鼎盛，考生与家长虔诚礼拜，呈上准考证复印件堆了一大沓，好像神明会因此而大显神通，让这些考生取得理想的成绩。我不反对祷告可以助人安定心思，并在考试时能有正常的表现。但是，宗教岂是为满足人们的世俗欲望而设立的？更不必说万一逢庙就拜还是考得不好，又该怎么办？

（一）敬鬼神而远之

事实上，又何止考生如此。每当天气干旱，长久不雨，就会有热心官员想要举行祈雨仪式。如果这种仪式真的有效，我们又何必盖水库，又何必讲求水土保持？如果连上天要不要下雨，都可以用祈祷来干预，那么人们还需要努力做什么事呢？

难怪当学生请教孔子如何才算明智时，孔子的答复是：“务民之义，敬鬼神而远之，可谓知矣！”他的意思是：专心做好为百姓服务所该做的事，敬奉鬼神但是保持适当的距离，这样可以说是明智了。

对鬼神敬而远之，因为人应该自行承担责任。并且，这里的“敬”字显然提醒我们：不要利用鬼神来谋求我们个人在世间的利益。世间的利益只考虑到“身、心”的需求，而忽略了“灵”的开展，而宗教的根本要旨正在于“灵”这一点上。

（二）以灵性互动

事实上，人是以灵性生命来与神明互动的，这时身心条件成为附属的，甚至是可有可无的。试问：在神明面前，帝王能优于村夫吗？博士能胜过文盲吗？恐怕没有人敢说“是的”。原因正是：除了灵性修养，其他途径在宗教中都可能造成偏差的结果。

在此，先扼要界说“神明”一词。我们要以其作用来彰显其意义。“神明”是泛指宗教中的超越界或至上神而言，如上帝、安拉、天、道、梵、涅槃等，皆属此一范畴。

神明的存在无法被证明，但其作用则显然不可被忽视。试问：我们若想理解世间的痛苦、罪恶与死亡，能不涉及神明吗？宇宙有开始也有结束，若非神明，难道这一切只是偶然出现的吗？个人生命虽然短暂，却可以引发终极的关怀之情；他在世间无论成败，也都可能孕生绝对的依赖之感；若无神明，这种情与这种感都将落空。

我们如果无法认同万物皆属荒谬的想法，就只能承认神明的作用及其存在了。

宗教是信仰的体现，而信仰是人与神明之间的关系。在维系此种关系时，除了靠灵性修养，还有别的选择吗？

换个方式来说，神明是大的灵，人身上有小的灵；人只有发展灵性，才可能回归神明；并且在回归神明时，也与别的无数的灵会合。在此所述，只是对一般的宗教信仰的理解，不涉及任何特定宗教的内容。

从上述讨论看来，灵性修养的重要性无异于人生的根本目的所在。人活着，就是要以身体作为基础，开出心智的花朵，结成灵性的善果。并且在此一过程中，人也由成长而成熟，可以坦然迎向衰老与死亡。

只有兼顾人的“身、心、灵”，使之健全发展，才是理想的人生。

学习传统的智慧

正确地理解和诠释传统文化，就能体会古人智慧的精彩与高妙。

传统文化是包袱还是资源？回答这个问题，当然要看你所采取的角度了。不过，更紧要的是理解与诠释。

我这几年致力于探讨儒家与道家的“经典”，稍有心得，就想在“经验”上予以印证。经由长期的实践，可以从忍受、接受到享受的境地，于是才觉悟古人智慧的精彩与高妙。

以下只约略叙述儒家的修养之乐与道家的觉悟之乐，并归结为日新又新的人生。有关儒家与道家的思想，本书前面已有专章讨论。

儒家的修养之乐

修养就是勉强自己去做该做而不想做的事。既然是勉强，就表示情非得已或无可奈何，当然是被动而不是主动的。不过，我的解说很容易引起误解，好像天下凡是有修养的人都在伪装或吃苦似的。

所以，我要换个方式再说一次：修养就是“化勉强为自然”，去做所有该做的事。问题是：为什么要进行这样的转化？儒家学说的重点，就是要为这个问题提供一个完整的理解系统。

（一）人性向善

孔子期许学生“真诚”，因为人是所有动物之中唯一有可能“不真诚”的。如果不真诚，根本是在做戏或作秀，以自己扮演别人，试图获得某些利益而已。

孔子认为，人若是真诚，将会察觉自己内在有一种力量，要求自己去行善。这种想法称为人性向善。理由很简单，就是：如果我未能行善，内心将会不安或不忍。许多人在年长之后，还会为过去不为人知的恶行忏悔或懊恼，这就是人性向善的明显例证。

那么，什么是善呢？以大家常说的“孝悌忠信”来说，善是指“我与别人之间适当关系的实现”。这种界说可以解释儒家为何深具入世情怀，一定要投入世间服务人群；并且在谈到“人之道”时，会以“择善固执”为标准答案；进而，在谈到人生最高目标时，会揭示“止于至善”了。

宋朝哲学家周敦颐教导学生时，常要求他们寻思“孔子与颜渊的快乐何在”。依我看来，孔子与颜渊，以及后来的孟子等人，都是明白了人性是怎么回事，然后找到了人生的光明大道。

换言之，他们的修养有了人性作为基础与依据，就不难“化勉强为自然”，以主动且自动的态度去行善。不仅如此，他们的内心还有对天（连神明在内）的深刻信仰，可以从灵性角度来整合自己的身心活动，进而把命运成功地转化为使命。

（二）品味儒家

若想品味儒家的修养之乐，我们现代人可以参考以下四句话：其一，对自己要“约”；其二，对别人要“恕”；其三，对物质要“俭”；其四，对神明要“敬”。这四方面涵盖了全方位的生命，值得稍加说明。

首先，我如何对待自己呢？“约”是指对身心活动的约束，除了不可放纵及沉迷于欲望之外，还需设定言行的规范；除了守法重礼之外，还须收敛心思，在“知、情、意”三方面按部就班地成长。

其次，与别人相处时，心中常常想到“恕”字。这个恕，并不是指宽恕，而是孔子所强调的“己所不欲，勿施于人”，把别人当成自己来看待，互相尊重。我不喜欢别人利用我，把我当成工具，那么，我就不要以这种态度对待别人。只要持守这个原则，将不难发现“四海之内，皆兄弟也”，人与人之间自然可以和睦相处了。

然后，面对物质以及大自然，要爱惜而不可滥用与浪费。地球资源很可能在四十年之内濒临耗尽边缘，未来的子孙该怎么办？养成节俭朴实的生活习惯，其实对自己是最好的，因为如此将使身体更为健康，欲望更为单纯，并且将有较多时间从事心智成长与灵性修养的工作，正是何乐而不为呢！

最后，对神明要“敬”。一个人若有特定的宗教信仰，自然必须谨守教规、虔诚祷告、日进于德，并且活在希望之中，无惧于世间的苦难以及死亡的威胁。即使是没有信仰的人，也会明白自己的生命限制，因而对于无名之神表示敬畏，如此让自己的处世态度变得谦卑与平和，安于一个人的身份与角色，依然可以展现不凡的灵性修养。

以“约、恕、俭、敬”四字为生活守则，长期实践之后，在遇到该做而不想做的事情时，就会渐渐产生“化勉强为自然”的效果。等到真正自然而然去做时，就近似孔子所说的“七十而从心所欲不逾矩”。

谁不想从心所欲呢？但是要做到不逾矩，才能体会真正而持久的快乐。这样的生命所展示的是“身、心、灵”的整合，值得我们羡慕。

道家的觉悟之乐

觉悟是指发现了究竟真实或最后真相。我们以感官与外界接触，凭想象去猜测一切事物的状况，然后用言语来表达自己的看法。庄子说，人的言语就是“风波”，造成世间无数的困扰与纷乱。

古代道家的代表人物是老子与庄子。他们的观点与众不同，常让人耳目一新，原因就在于他们觉悟了。

（一）老子

老子觉悟了什么？答案是“道”，不然凭什么称之为道家？但是如果追问道是什么，又不易说清楚，因为老子在他的书中，一开头就说：“道可道，非常道。”意思是：道，可以用言语表述的，就不是永恒的道。

为了明白永恒的或真正的道，老子的方法是“致虚极，守静笃”，就是追求“虚”，要达到极点；守住“静”，要完全确实。

所谓虚，就是要排除一切在身心层次的“实”。譬如，身体所带来的物质欲望会使人神志不清，而心智所理解的知识，人间情感互动所造成的恩怨情仇，都可能形成障碍与盲点，使我们看不清楚真相。

所谓静，是与动相反，人怎能不活动呢？但是人的活动忙忙碌碌，都是有所求，有所求者必有所待，如此就陷入束缚中；在层层的网罗中挣扎，不但没有出路，反而越陷越深。

老子讲求虚与静，并不是要与世人的作风背道而驰，而是因为他发现了一个真理，那就是“道”。简单说来，人类社会的兴盛衰亡，自然世界的沧海桑田，无一不在变化生灭之中，那么这两大领域是纯属虚幻，还是有其本源？

正如笛卡尔在怀疑一切时，发现无法被怀疑的只有那正在怀疑的自我，所以他肯定了“我思故我在”为第一个自明的真理。但是，他随即发现这个自我其实也是有生有死的，那么试问自我是个幻觉还是真正存在？于是，他要推出自我的本源，也就是“我在故上帝在”。如果没有上帝，则一切皆为虚妄。

不过，必须立即说明的是：这个“上帝”是个名称，与它相等的名称还有天或道等等。老子坦白说：“吾不知其名，强字之曰道。”原来道家的“道”字是老子勉强定名的。

这个道有何特色呢？一是内存性，就是它内存于万物之中，因为万物都是由它而来、受它支持的；二是超越性，就是不管万物如何变化生灭，它都完全不受影响，依然圆满自足。

道的这种双重性，使老子可以活在世间而不受干扰，亦即秉持“无为而无不为”（无所作为，却又做成了一切），也就是让一切自然发展。而老子的心态是一个“观”字，在观赏与品味中，享受自在安详的喜悦。

（二）庄子

到了庄子，则使用各种寓言来描述他的心得。

以《庄子·逍遥游》为例，他说鲲可以化为鹏，鹏又可以飞到九万里的高空，然后俯视人间，看出一往平等的妙境。这是什么意思？意思是人的生命可以转化及提升。

鲲不能脱离水，正如我们的身必须活在世间；但是变而为鹏，就可以自由翱翔，正如我们的心可以海阔天空地运作；飞到“寥天一”的高处，则是灵的力量得以伸展，化解了身心的困境，可以“无待”，也可以欣赏一切。

觉悟之后的表现是什么？庄子以“外化而内不化”一语道破。外表上他与别人并无差异，但是内心世界则不放弃他对道的向往。

人的外在处境受到各种条件的制约，因此庄子采取“不得已”的方法，亦即在发现条件成熟时，就顺其自然。风吹向东，他顺着东走；风吹向西，他就顺着西走。但是，他心中领悟了道，明白自己从未离开过道的怀抱。他的朋友都有同样的智慧，于是大家见面时，“相视而笑，莫逆于心”，这简短的语句已经足以点出庄子的快乐了。

我们常以为道家的乐趣来自于大自然，事实上并非如此。只有源自于“道”的快乐，才是深刻而永恒的。也正因为如此，道家的智慧对广大群众仍是待解之谜。

日新又新的人生

在肯定人的生命结构有“身、心、灵”三个层次之后，接着要思考这样的生命应该如何发展。

我们以“身体健康是必要的，心智成长是需要的，灵性修养是重要的”三句话来概括这三方面的基本态度，但是问题依然存在，就是：一个人要如何安排时间与力气，去因应必要的、需要的与重要的？譬如，上班族每周工作五天，这是谋生所必要的；那么周休两日做什么事呢？自然要考虑心与灵的层次，亦即从事需要的及重要的事了。至于退休之后，则更要全力投入心智与灵修的活动中，使人生有一个精彩的压轴与完美的句点。

为了达成此一目标，平日就需提醒自己：是否一直在成长及进步，是否日新又新？人若缺乏持续的努力，是不可能突然改头换面的。

西谚有云："观念引发行为，行为养成习惯，习惯塑造性格，性格决定命运。"发动的起点是观念，亦即我们在求知及学习时所获得的。

（一）儒家的人生观

以儒家为例，孔子劝勉弟子"好学"，而他自己也以好学自许。他的"学"要配合思与行，亦即"好学、深思、力行"三者并进，将使一个人见闻广博、心得丰富，并且德行日趋卓越。若是未达德行上的日新又新，就很难得到孔子的赞许。

孔子自己也以"德之不修，学之不讲，闻义不能徙，不善不能改"作为他的忧虑，因为进德修业的需求是永无止境的。他从十五岁立志求学以后，一路从"三十而立"往上直到七十岁，每十年就有新的境界。如果他活到八十岁，我们有理由相信他也会说出一番新的体悟。

换言之，人的生命处境是：身体难免于衰老，心智也必然有其限制，而灵性的运作却可以持续发展，甚至突破生死的界线，就是一方面无惧于死亡，另一方面可以坦然说出“杀身成仁”，好像深信死后将有一个别开生面的永恒世界。

儒家的人生观充满了“目的”意识，肯定人生不是徒然无谓的苟且存活，而是要完成向善的人性，追求止于至善，从而抵达圆满的结局。这样人生是日新又新的，因为改革的动力由内而发。这是以灵来整合身心的具体示范。

有了儒家这样的观念，人生的遭遇不论如何困窘，都可以像孔子与颜渊那般快乐，并且为人处世依然有如行云流水，豁达大方而从容自得。

如果眼光转向道家，也可以得到类似的印象吗？

（二）道家的世界观

道家强调“智慧”，就是要从“道”来理解及观看万物。庄子说：“以道观之，物无贵贱。”从道的角度看来，万物并无贵贱之分，如此一来也谈不上什么新旧之分了。那么，人生一切活动岂非重复而乏味，好像春夏秋冬依序循环而已？事实上并非如此。

老子知道人的心念常在活动，如果目标投注于人间，则将难免于争夺暴乱甚至死于非命。那么，要如何才好？他说：“保此道者不欲盈。夫唯不盈，故能敝而新成。”意思是：持守这种“道”的人，不会要求圆满。正因为没有达到圆满，所以能够一直去旧存新。

譬如，我们每达成一个目标，立即设想此目标只是过程之一站，是长程目标的一个阶段；或者，从生命终点回顾此一目标，则只是小成而已；再或者，从历史观点、从宇宙观点、从道的观点来看，我们还有无限的天地可以提升。如此一来，生命不是常在创新之中吗？

总而言之，由于各种机缘的配合，一个人得以诞生于世。他越早明白自己的生命有“身、心、灵”三个层次，就越容易作出完整的人生规划。他还需学会：心智是活动的枢纽，应该以何种态度分别对待身心与灵；并且，灵的修养是人生最重要的事。

以这些观念为基础，我们在拓展生命的深度、宽度与高度时，就会觉得层次井然，可以日起有功、日新其德、日增其慧，稳健而充实地善度一生。

生命的完整架构有如一座高山，
若是努力攀登，
将会不断发现新奇的景观。

一个人有工作可以做，
也会激发更强的生命力，
活得更久。

关怀如果是双向的，
将使人更珍惜自己的生命。

把握受苦受难的机会，

主动而积极地改变自我，
让自己变得不一样。

我们不必奢望无灾无难的人生，
却要主动而积极地改变自我
来展现生命的不同面貌。

谈到阅读，除了恒心之外，
最难的是选择问题。
我认为上班族的考虑应以人文为主。

培养美好的情绪，主动把握美感，
在美的品味中，
体验“再苦也值得”的心境。

美，就是我一见到她，
就甘愿为她奉献一切，
甘愿不向她索取任何回报。

唯有一直努力奋发上进，
才无愧于人生的丰富潜能，
也才能预期精彩的一生。

座右铭最好不涉及外在的功名利禄，
而是全以自我修炼为主，
要求更高的品格表现。

身体健康是必要的，
心智成长是需要的，
灵性修养是重要的。

如果没有进行灵性方面的修养，
则人生不仅残缺不全，
而且错失其真正目的。

人的身心活动若想突破自我的局限，
只有一个办法，
就是开始灵性修养。

灵性修养使人不再斤斤计较，
也不再受限于
意识中清楚分辨的人我关系。

命运犹如锁链，

它对一个人的捆缚程度，
会随着他的心智逐渐成长而降低。

重要的不是你做“什么”事，
而是你“如何”做这件事。

一个人的现实角色是小兵，
而他的努力目标却依然可以是圣人。

人是以灵性生命来与神明互动，
这时身心条件成为附属的，
甚至是可有可无的。

人活着，就是要以身体作为基础，
开出心智的花朵，
结成灵性的善果。

善是指
我与别人之间适当关系的实现。

道有何特色呢？
一是内存性，

二是超越性。

身体难免于衰老，
心智也必然有其限制，
而灵性的运作却可以突破生死的界线。

一个人越早明白
生命有“身心灵”三个层次，
就越容易作出完整的人生规划。

附录　何谓真善美圣

“真”是什么

亚里士多德说：“人类天性渴望求知。”求知来自好奇心与理解力。小孩喜欢追问：这是什么？为什么？怎么回事？得到答案或发现真相，就会产生满足的快慰。然而，谁能求得一切知识？谁能在一生之中，通晓所有的真理？庄子说：“吾生也有涯，而知也无涯，以有涯随无涯，殆已！”到图书馆走一圈，常会觉得求知的渴望受到挫折，学海无涯的悲哀浮现心头。

既然求知是天性，那么在有生之年若不自我麻醉，就自然会以某种方式继续学习。学习的目的是求得真理，因此不妨分辨：什么是真理？西方的基本立场是：思想若与实在界符合，即称为真。譬如，思想所形成的概念与判断，如“世界有七十亿人”，究竟是真是假，就需由事实上的统计而得知。但是，这种真理不是会随着时间的改变而消失吗？是的，因此必须加上“时间”条件，指明是在2012年。人类社会与历史事件中的真理，皆受此一条件所限，因此不能以今日标准来为二十年前的事件翻案，除非当时的判断已经偏离了当时的标准。

那么，自然科学是否包含更多真理？譬如，关于风雨雷电的现象，自然科学的解释是放诸四海而皆准的，因此在久旱未雨时，原始部落的祈雨，与今日政府官员的祈雨，同样是不相干的，差别在于：原始部落科学未昌，除了求神，别无良策。今日社会科学大盛，难道不知何以某些地区缺水？既然知道，为何不早做准备？此时祈雨，是放弃科学知识，还是回归原始蒙昧？或者以为大家都像自己一样，喜欢作秀？

科学真理的特色是"至今有效"，明天若有新仪器、新方法，可能就有新发现，改变了过去的知识。那么，有无永恒的真理呢？在此，人文世界值得探讨，像本节开头引用亚氏的话，谁能反驳？若是反驳，不正好是渴望求知？我不想列举这一类知识，却想说明怎样可以由知识转化提升为个人的生命智慧。以下三个步骤可以参考。

第一，向外求知。这是一般所谓的念书，念得越多，见闻越广博，上知天文，下晓地理，中及于人间万象，都可以用来表达个人心得。西方把"博士"之名封给最高学位，在其原文是"哲学博士"，正是因为"哲学"所代表的是"爱智"，就是永远在追求智慧而绝不停止。因此，念书应该成为个人习惯，如此才能不受世俗过度干扰。不过，知识与智慧之间，还有一步必须跨过去，就是向内反省。

第二，向内反省。不论念了多少书，都是别人的研究成果，我们只是借来受用而已。若是记忆力衰退，所念之书日益模糊，岂不可惜？因此，念书应该向内反省，就是以"自己"的生命作为实验，用心体会书中道理，并诚心实行，看看这些道理是真是假。譬如，孟子说："惟顺于父母，可以解忧。"孝顺父母就可以解消一切忧愁吗？我个人有何体会？若无体会，这句话只是口号；若能体会，人生自此得一明灯。

第三,一往平等。西谚有云:“真理使人自由。”意思是:人若领悟真理，即不受困惑所摆布，心灵可以自在愉快。这是何种真理呢？一往平等的真理。知识所偏重的是万物的差别相，越分越细，智慧所观看的却是万物的共同相，能够异中求同。庄子说:“天地与我并生而万物与我为一。”能到此一境界，自然不会计较人间的得失利害与成败。何况祸福相生相倚，今日得意，来日失意，反之亦有可能。既然如此，何不保持一颗平常心，以“平等”对待万物,“不以物喜，不以己悲”，求得真正的自由与解脱？唯有一往平等的精神，才能使人在求知时不致为欲望所操纵，进而可以享受领悟真理的乐趣。世间纷纷纭纭，是非对错难以定案。与其求一相对的知识，不如敞开心胸，学习庄子所说的“有真人然后有真知”。

“善”是什么

孟子说:“可欲之谓善。”他大概没有想到，西方对“善”的定义正是“值得欲求者”。但是两者的立论背景与基本观念仍然大不相同。以西方来说，谈到“可欲”，难免随主观的认知与需要而改变，那么，天下之善岂不都成了相对的？若如此，又何必从事道德教育？

在此，先区分三种“可欲”，一是因为“有用”所以可欲，如想要买车代步，以及一切可资利用之物。二是因为“令人愉快”所以可欲，如自由、爱情等。三是因为“内在价值”，所以可欲。凡是具有内在价值者，才是真正的善，也才是所有的人都“应该”欲求的。

然而，何谓“内在价值”？就是它本身不能成为工具或手段的。如财富与健康，都是我们获得快乐的条件，因此不能单单视之为善，却需问自己：要以财富健康去达成什么？依此推论，最后的答案是：达成人生目的，但是人生目的又是什么？是人性的充分实现。再问：人性是什么？

因此，道德教育的内涵是说明人应该欲求什么，再归结于人性是什么。不能辨明这个问题，如何肯定善的普遍性与必然性？以亚里士多德为例，他认为“人类天性渴望求知”，因此“知识”应该是人人欲求的善，不过知识本身极为复杂，怎能全部称为善？并且，知识也可能成为工具，以求获得更高的善。

探讨人性，儒家独树一帜。孟子说的“可欲之谓善”，是指“心之可欲”，而非物质或身体的可欲。由心说性，这种人性是什么？是《三字经》所说的“性本善”吗？

用来劝导小孩的书，不论有无教化意义，都未必与现实人生相符合，因为其中所标举的是理想状态。真正的儒家是同时考虑现实与理想两面的。如果人性本善，不但无法回答“恶”的由来，也无法解释在实际上人确实有一些劣根性。因此，我们愿意指出：如果仔细研究儒家原典，会发现其立场是“人性向善”。

以“向”来说，它代表人有自由，又有内心直觉的反应。自由是指人有能力行善，也有能力行恶。内心反应是指行善则心安，行恶则心不安。两者合而观之，可以肯定人确是具有潜能与愿望，要以行善来满足内在要求的。

以“善”来说，是指“人和人之间适当关系之实现”。儒家重视人伦，如传统五伦包括“父子有亲，君臣有义，夫妇有别，长幼有序，朋友有信”。由此推而广之，可以涵盖所有的人，非到世界大同不可。这样的“善”观念是十分具体入世的。儒家为何“知其不可而为之”，明明没有希望了，他照样努力奋斗？因为他的目的不是为了外在的功名利禄，而是为了实现自我内心“向善”的要求。一个人若有能力没有发挥，或者看到周围有人受苦而自己坐视不管，心中就会觉得不安与不忍。

当然，人类社会自古以来不曾完全安定和谐，个人不论能力再强也不可能为所有人谋福利。因此，政治上的合理制度与教育上的普遍机会，就成了儒家所坚持的理想了。孔子与孟子无不致力于此。

以现代人的背景看来，若要追求“善”的价值，就必须由亲及疏，由近及远，妥善安排人我关系。譬如，“百善孝为先”的古训，就是十分正确的。由孝、悌、忠、信开始，推及整个社会，才是有原有本的做法。源头活水在于“内心的真诚感受”，具体实践时，则须体认“对方的期许”与“外在的规范”。然后选择合宜的言行，来表达及呈现个人的心意。

唯有行善，也就是保持人际关系之和谐，我们才能得到快乐，但是所谓“人际关系”，绝不是指好好先生或乡愿，而是兼顾仁爱与正义的原则，先求尽己，再求正人，使人我双方都日趋完美。个人在如此实践时，向善的人性也更趋成熟了。

“美”是什么

我们常说“某人很美”“某花很美”，好像这种判断是大家可以接受的。事实上，在讨论“真、善、美”时，美是最没有根据的。你可以说人性求真，也可以说人性向善，但是若说人性爱美，则等于说人各有所好，海边的逐臭之夫亦可自称爱美了。

原因何在？在于美的本质是“令人愉悦的”，因此它因人而异。各人的气质、背景、观念不同，加上文化传统的影响又大，譬如，中国人推选的美女如何让西方人或非洲人欣赏呢？美是缺乏客观性的。西方哲学曾经探讨客观之美，认为一物若是具备“结构完整、比例匀称、模样清晰”三条件，就是美的。即使如此，照样不能忘记，是“谁”在审美？这个审美者本身的修养扮演了关键角色。对一个流浪汉来说，酒瓶之美犹胜于蒙娜丽莎的微笑。

稍加分析，可知人的审美是由“感受”(或感觉、感情)在决定。感受有当下立即的作用，必须由个体而领会一物之合宜妥适，同时又不能引发任何求知及可欲的念头。这正是康德所谓“无目的的目的性”：心中不存目的，遇上了又觉得恰到好处。

譬如听音乐，我事先“知道”这是帕瓦罗蒂的曲子，也预期可以“欣赏”一段美声，但是随着乐曲的进行，到达浑然忘我的地步，只“觉得”自然妥当、无懈可击、陶醉不已。这就是美感。我也可能走在街上，忽然听到一段不知名的乐曲，顿时心中欢畅，无以言表。这也是美感。“无目的的目的性”可以依此二例推知。

当然，欣赏者本身的修养越高，越能看出宇宙万物之美。辛弃疾有一阕词，其中一句是：“我见青山多妩媚，料青山见我应如是。”能由青山与我的对照，表现万物之美皆在于主观心境。

因此，审美教育十分重要。中国传统以儒家与道家为两大学术系统，对于“美”的观点也各异其趣。儒家无法纯粹为了欣赏而欣赏，因为它的关怀在于人间。譬如，孔子说：“仁者乐山，智者乐水。”山水代表大自然，但是谁能与之呼应？是仁者与智者，而不是未受教化的原始人。孔子并不反对天生的质朴，但是更肯定“文质彬彬”，要把质朴的人性与礼乐教化配合起来，才能善度此生。这是“人文之美”的理想。像“里仁为美”，说明乡里若有仁风，才是美好的。美与善之间是互通的。

何以如此？因为人性向善。若非嘉言懿行，怎能令人心仪？孟子更进一步肯定了“人格之美”。他说：“充实之谓美。”一个人无论何时何地，都不疏忽自己应尽的职责，没有任何欠缺，才能称得起真正的美，才值得我们欣赏赞叹。问题是：这样的美似乎不是我们平常用来描写艺术品或大自然的。儒家对世间的深刻关怀亦由此可见。

道家由于观点不同，看出宇宙万物各有自己的规律，不必念念执着于人类社会，因而可以享受另一种“虚灵之美”。人若摆脱世俗的烦恼，不再为了名、利、权、位而忧心忡忡，就比较容易提升心灵，由一往平等的眼光去观看万物，然后体认其中确实像庄子所云：

“天地有大美而不言。”以此为基础，就不难体会“万物静观皆自得”的境界，而觉得优哉游哉了。

如果把儒家与道家合而观之，对于“充实之美”与“虚灵之美”的妙谛都可以明白及受用，人生的乐趣自然日益增加了。除此之外，我们现代人还可以借着许多学习的机会，得知艺术领域的奥妙，如音乐、美术、戏剧、电影等，这就是我们常说的：要有艺术修养，使人生多彩多姿。如果每天想的都是人间琐事，岂不辜负了自己的感受能力，因此，“得开怀时且开怀”，只要自己有了审美品位，人间何处不能展现为美的世界？

“圣”是什么

“圣”是什么？

在探讨了真、善、美之后，对人的认知、意愿和感受的需要及潜力，作了比较完整的说明，接着可以由整体来思考人的安顿问题。中国古人谈“圣”，常指内在的道德修养已臻完美境界，并且与“天”相应，有如“天人合德”。《中庸》有云：“不勉而中，不思而得，从容中道，圣人也。”意思是自然去做的都是应该去做的，不必多想就得到了答案，从容自在就符合人生正途的要求。问题是如何做到这一步？

西方谈“圣”，明白认定这是宗教领域，要信仰上帝而有不凡的行为表现，如无私、博爱等，并且人生必须背十字架赎罪，至死方才解脱，因此活着的人不能称圣，只能努力朝向圣的理想前进。

依此看来，儒家的宗教功能表现在“自强不息”“日新又新”的道德要求上。配合传统的祭祀（祭天地、祭祖先、祭圣贤），也可以在人间过一种宗教生活。问题是：儒家的圣不是出世取向，却明显肯定“内圣外王”（语出《庄子》），要在人间实现高尚理想。结果因而与政治及教育产生较深的依存关系，有时甚至忽略了超越性格的重要意义。在帝制时代，帝王称为天子，政治与宗教原本就有合一的作用及外观，影响所及，读书人常在“忠君”与“个人信仰”之间挣扎。至于民间，信仰流于折中妥协，且沾染了世俗的功利倾向，其利弊十分明显。满足欲望与安顿身心之间，不能画上等号。暂时的幻象与麻醉，更不能取代个人在德行上的自我期许。人并非生而完美的，世间更是充满痛苦与危机，宗教上所谓的圣与佛，其实并非自我否定，而是自我解脱及得救。

何以需要解脱？因为人生在世，总有各种痛苦及业障，束缚了人的心灵，常在生灭烦恼中打滚。佛教对“苦”的描写十分清晰：“生、老、病、死、忧、悲、苦、恼、爱别离、怨憎会、求不得、贪、嗔、痴”，都是人的生命及七情六欲所无法避免的。细究原因，则是“无明”。在没有智慧、缺少光明的情况下，以假为真，以妄为实，自寻烦恼，永无宁日。然后一切行动都在造业，有如滚滚红尘，形成天罗地网。这种可怕的状况，怎能忍受片刻？又怎能不想要求得解脱？

因此，宗教的目的在劝人“能舍”。只要看得破，自然比较容易放得下，就是不再执着于自我的得失成败，进而发挥博爱的精神。唯有“无我”，就是无私忘我，才能真正爱人助人。为了达到“圣”的理想，必须“德慧双修”或“悲智双运”，一方面有大悲愿，积德行善；另一方面有大智慧，看破一切迷惘与幻觉，然后人的心灵才能步步登上圣的境界。

的确，宗教讲究的是“永恒”，如果从“永恒”的眼光来看待人间，谁还会热衷于世俗的成就与享乐？“浮生若梦，为欢几何？”“生有何欢，死有何苦？”这些消极的悲叹，只是出发点，还需由此转为积极的态度，才是宗教的期许。宗教徒必定是善尽人间职责与本分的，能够“以出世精神，作入世事业”，坚持原则，永不退缩，牺牲奉献，死而后已。

只要是历史悠久、名门正派的宗教，都会支持上述的基本立场。可惜的是，今日社会的功利之风盛行，已经影响到宗教圈，使某些宗教为了迎合世人需要而降低品位与格调。我们需要宗教教育，让国民从小就知道人的心灵有一个最高向往，就是“永恒的精神世界”。只有摆脱物质与欲望，提升心灵向着“永恒”努力，我们才能安身立命，才能真正实现自我的一切潜能。宗教所标举的“圣”，不像真、善、美，而是属于人的生命之整体的安顿。因此，宗教界的虔诚信徒使人肃然起敬，他们的信心与爱心有如世间明灯，照亮了大地。

图书在版编目（CIP）数据

哲学与人生：珍藏版 / 傅佩荣 著. — 北京 : 东方出版社，2018.8
ISBN 978-7-5060-9456-6

Ⅰ. ①哲… Ⅱ. ①傅… Ⅲ.①人生哲学 Ⅳ. ①B821

中国版本图书馆CIP数据核字（2017）第012926号

哲学与人生（珍藏版）
（ZHEXUE YU RENSHENG）

作　　者：傅佩荣
责任编辑：柳　媛　王　端
出　　版：东方出版社
发　　行：人民东方出版传媒有限公司
地　　址：北京市朝阳区西坝河北里51号
邮　　编：100028
印　　刷：北京汇瑞嘉合文化发展有限公司
版　　次：2018年8月第1版
印　　次：2020年10月第4次印刷
开　　本：880毫米 × 1230毫米　1/32
印　　张：17.25
字　　数：316千字
书　　号：ISBN 978-7-5060-9456-6
定　　价：85.00元
发行电话：（010）85924663　85924644　85924641

ISBN 978-7-5060-9456-6
9 787506 094566